KB068221

돈의 본능

THE PATH

세계가 변해도 결코 변하지 않는

돈의 본능

토니 로빈스 · 피터 멀록 지음 | 박슬라 옮김 | 정철진 감수

RHK
알에이치코리아

/ 차례 /

감수의 글   6

서문   9

1부   여정의 시작

1장 | 경제적 자유로 가는 길   17

2장 | 세상은 생각보다 괜찮은 곳   31

3장 | 모든 투자 결정의 원동력   57

2부   계획 세우기

4장 | 나만의 가이드 선택하기   83

5장 | 성공 투자의 3대 원칙   113

6장 | 인생의 보험, 위험 관리   137

7장 | 자산관리의 끝, 상속설계   163

3부 길 떠나기

8장 │ 시장은 어떻게 작동하는가   197
9장 │ 정답은 전부 내 머릿속에 있다   245
10장 │ 세상의 모든 투자 자산군   279

4부 등반하기

11장 │ 현명한 포트폴리오 만들기   329

5부 정상 정복

12장 │ 인생에서 가장 중요한 결정   361
13장 │ 오로지 행복을 추구하라   379
14장 │ 정상에서 만끽하는 뿌듯함   389

주   396
참고자료   411
감사의 말   414

두려움 없는 포트폴리오를 구축하라

토니 로빈스의 전작 『흔들리지 않는 돈의 법칙』에 이어 다시 한번 감수를 맡게 됐다. 다시금 느꼈지만 그의 메시지는 언제나 한결같고, 명확하고, 실증적이다. 이 책 또한 '투자'에 대한 그의 일관된 견해를 명쾌하게 피력하고 있으며 제목에서 알 수 있듯 세부적인 투자 테크닉보다는 큰 여정을 이야기한다. 그리고 이 길은 바로 '재정적 자유'를 향하고 있다.

토니 로빈스는 항상 부자보다 '재정적 자유인'을 강조한다. 그렇다고 해서 돈이 넘치도록 많고, 자고 일어나기만 해도 돈이 몇 배로 불어나는 사람을 비난하지는 않는다. 본인이 지금 그런 상태라면 뭐가 나쁠 게 있겠는가. 하지만 토니 로빈스에게 '돈'이란 내 인생을 주체적으로 살 수 있는, 주도권을 잡고 흔들 수 있는, 그래서 진정한 자유와 기쁨을 느끼는 수단일 뿐이다. 돈에 대한 그의 이런 관점 때문에 책의 목적 또한 '부자가 되는 길'이 아니라 '재정적 자유를 찾는 길'이 된 것도 같다.

재정적 자유는 단 하루 만에, 몇 달 만에, 2~3년 만에 가질 수 있는 게 아니다. 최근 암호화폐 열풍에 4~5개월 만에 수십 억 원을 벌고 회사를 떠나는 2030 밀레니엄 세대의 사례를 들어보았을 것이다. 하지만 책에서는 이런 길을 말해주지 않는다. 적어도 10년을, 나아가 20~30년간의 투자 여정을 가정한다. 그리고 이 과정에서 가장 확률 높은 방식으로 재정적 자유를 얻는 방법을 알려준다. 주식과 채권, 대안투자, 부동산, 절세 등등 각 분야를 다루면서 포트폴리오의 중요성과 함께 너무 익숙해 오히려 놓치는 부분들을 냉혹하게 짚어주고 있다. 특히 '마켓 타이밍'에 대해서는 과하다 싶을 만큼 독자들에게 경고하고 있다. 시장의 등락을 맞추고 이에 따라 매매를 할 수 있다는 마켓 타이밍의 논리는 애당초 불가능한 일이다. 저자는 "누군가 이걸 할 수 있다고 여러분을 유혹한다면 그건 무조건 거짓말쟁이"라고 역설한다.

우린 종종 자신이 특별하다고 생각한다. 내가 주식을 사면 반드시 올라야 한다고 믿는다. 또한, 내가 팔면 주가는 무조건 떨어져야 한다는 신념이 내재화돼 있다. 하지만 절대 그렇지 않다. 시장(주가) 등락에 대한 예측은 신의 영역이다. 우리가 할 수 있는 건 '맹신의 낚싯대'를 수차례 던지는 게 아니라 수십 년 동안 '촘촘한 그물망'을 짜면서 다가오는 물고기를 건져 올리는 것이다. 그래서 분산투자를 하고, 우량주에 집중하고, 어떻게 해서든 세금을 최대한 줄이려 노력하고, 자산 배분을 조정하는 것이기도 하다. 이런 여행을 묵묵하게, 때론 역동적으로 걸어가다 보면 어느덧 목적지에 도달할 수 있을 것이다.

워런 버핏은 "내일 주식시장이 닫히고 5년 후 열린다고 해도 눈 하나 꿈쩍하지 않을 주식을 사라."고 했다. 이런 관점에서 이 책의 메시지도 너무나 명확하다. 내일부터 어떤 투자도 할 수 없고, 10년 후 다시 시장이 재개된다고 해도 두려움 없는 포트폴리오를 구축하라는 것이다. 독자들도 그런 포트폴리오를 구성하고 단단히 맘을 먹은 후, 수십 년의 재정적 자유를 향한 여정을 떠나기를 바란다. 코인이 가져다주는 '횡재'는 없을지라도 여러분의 삶은 너무나 평안할 것이다. 그리고 그 길의 끝에서 재정적 자유인으로의 새로운 삶이 다시 시작되리라 믿는다.

정철진
경제 칼럼니스트

작금의 금융 서비스업계는 망가졌다. 동종 업계에 종사하면서 벌어먹고 사는 사람의 입에서 이런 말이 나온다는 게 깜짝 놀랄 일일지 모르겠지만 사실인 걸 어쩌겠는가. 금융 및 재무자문 서비스는 전통적으로 다양한 전문가들이 연루된 시스템을 통해 제공된다. 회계사, 변호사, 보험설계사, 재무설계사, 은행가 등등. 이들은 보통 서로 소통하지 않기에, 모든 일이 제대로 돌아가고 있는지 알고 싶다면 중간에 낀 당신이 이리저리 분투해야 한다. 이러한 모델의 문제점은 당신의 재무 관리 과정이 외부와 단절될 수 없다는 것이다. 포트폴리오와 관련된 모든 투자 결정은 소득세, 상속 계획, 기부 활동, 필요 소득, 부채 관리 전략, 사업 계획, 재정적 목표 등등 수많은 요인들의 영향을 받는다. 하지만 당신을 대신해 이런 일들을 처리하는 사람들 중에서 전체 그림을 볼 수 있는 것은 당신뿐이다. 그러니 투자를 시작하기 전에 목표를 정확히 그려두지 않는다면 어떻게 다른 사람이 당신이 원하는 결과를 달성하도록 조력할 수 있겠는가.

그중 최악은 당신이 도움을 요청하는 사람들이 당신의 돈을 사용하는데도 주의기준注意基準의 최고 수준을 충족할 법적 의무가 없다는 점이다. 많은 금융 전문가들이 일반 투자자를 헷갈리게 하거나, 아예 의도적으로 잘못된 길로 이끌고 있다. 증권회사들은 당신에게 적합하다고 판단한 어떤 상품이든 추천할 수 있다. 설령 그 상품들이 당신보다 회사 측에 더 유리할지라도 말이다. 어떤 보험회사들은 연금이나 보험 상품 안에 보험설계사들에게 막대한 수수료를 줘야 하는 상품을 숨기고 있다. 또 어떤 회사들은 '이중으로 등록'되어 있어 고객에 대한 책임에 있어 가장 엄중하게 충족시켜야 하는 기준과 그렇지 않은 기준을 제멋대로 오간다.

마지막으로, 언제나 고객의 이익을 우선으로 행동할 법적 의무를 지닌 독립자문회사들은 대개 고객의 니즈를 충족시킬 규모나 자원이 충분치 못하다. 이런 난장판 속에 당신은 홀로 내동댕이쳐져 있다. 평범한 일반 투자자, 인생에서 가장 중요한 결정을 내려야만 하는 당신 말이다! 그리곤 홀로 '어떻게 해야 재정적 기회를 최대화하고, 잠재적 위험을 회피하고, 목표를 달성할 '올바른' 투자로 이어지는 길을 찾을 수 있을까?' 같은 질문을 던지고 있을 것이다. 당신을 그 길로 안내하고 도와줄 '올바른' 가이드를 어떻게 찾을 수 있을까?

처음 금융업계에 뛰어들었을 때, 나는 주로 다른 재무자문가의 고객들을 위한 상속설계와 재무설계, 투자운용 자문을 맡았다. 덕분에 고객들의 재정 상황을 전체적으로 조망할 수 있었지만 내 눈에 들어온 광경은 도무지 마음에 차지 않았다. 많은 재무자문가들이 뛰어난 능력에도 불구하고 서로의 이익이 상충되는 환경에서 일하고 있었다. 나는 그들이 새로운 투자 전략을 실행하기 전에 고객들에게 보유한 주식을 전부 팔라고 강요하는 상황을 보았다. 세금을 얼마나 많이 내야 하든 포트폴리오에 얼마나 큰 손실을 입든 개의치 않고 말이다. 아무것도 모르는 고객들에게 자체 운용하는 금융 상품을 밀어붙이거나 정형화된 포트폴리오 모델을 판매하는 이들도 보았다. 고객의 목적에 부합하고 비용이 적게 드는 투자 상품 대신에 값비싼 보험 상품을 판매하는 상황도 봤다. 간단히 말해, 사람들은 전문가를 믿고 평생 모은 돈을 맡기지만 결과적으로 득보다 실이 된다는 사실을 깨닫게 될 뿐이다.

나는 이보다 더 좋은 방법이 존재한다고 믿었다. 캔자스주 오버랜드에 있는 작은 독립투자회사인 '크리에이티브 플래닝Creative Planning'을 인수했을 때, 드디어 이 나라에서 통용되는 재무자문 방식을 바꿀 기회를 얻었다고 생각했다. 나는 개인의 니즈에 맞는 포트폴리오를 구성하고, 세금과 법률, 재무설계와 투자를 포함한 재정적 삶의 핵심적인 부문을 두루 망라하는 회사를 운영하기로 결심했다. 2003년 처음 회사를 맡은 이래 단 한 번도 그 결심을 어긴 적이 없다고 자랑스럽게 말할 수 있다.

내가 회사를 맡은 이래, 총 운용자산은 거의 500억 달러까지 증가했다. 〈바론즈Barron's〉에서 미국 최고의 독립투자자문 회사로 선정되었고(2017) CNBC에서는 두 번이나 선정되었으며(2014, 2015), 〈포브스Forbes〉는 미국에서 가장 빠른 속도로 성장하는 독립투자자문 회사로 꼽았다(2016). 이토록 놀라운 성장을 이룰 수 있었던 또 다른 큰 이유는 일반 투자자들이 재무자문가에게 점점 더 많은 부분을 기대하고 있기 때문이다. 토니 로빈스는 오랫동안 신의성실 의무의 중요성을 설파해왔고, 이는 수백만의 사람들에게 고객에게 최선의 이익을 제공할 법적 의무를 지닌 재무자문가가 얼마나 중요한지를 깊이 각인시켰다. 2017년 우리는 『흔들리지 않는 돈의 법칙』을 통해 오늘날 가장 긴요한 투자 질문들에 대해 답한 바 있다.

지난 17년간 내가 배운 것은 다음과 같다. 고객들은 이익의 상충* 으로부터 자유로운 조언을 얻을 투명하고 간결한 방법을 갈망하고 있다. 사람들은 개개인의 상황과 목표에 최적화된 포트폴리오를, 재정적 자유로 이끌어줄 수 있는 가이드를 원한다. 이 책의 목표는 내 경험을 함께 나누고, 당신이 직면한 복잡다단한 경제적 문제들을 타파하도록 돕는 것이다. 독자 여러분의 충실한 가이드가 되어 목표를 실현하고 위험한 실수는 피하고 기회를 최대화하게 도울 수 있길 바란다. 이제 우리와 함께 재정적 자유로 가는 길을 실현해보자.

피터 멀록

---

* 투자자문가들이 고객보다 자신의 이익을 먼저 챙기는 것을 말한다.

일러두기

- 본서는 돈과 투자에 대해 저자가 정확하다고 판단하는 정보를 제공하기 위해 저술되었다. 따라서 독자는 저자나 출판사가 특정 포트폴리오나 개인의 특수한 니즈에 맞춤화된 조언을 제공하거나 투자 자문 또는 그외 법률 및 회계 등의 전문 자문 서비스를 제공하는 것이 아님을 반드시 이해하고 숙지하여야 한다. 투자, 법률, 회계 자문 등의 전문 서비스가 필요할 시에는 반드시 해당 자격을 지닌 전문가의 도움을 구하기 바란다. 이 책에 인용된 투자운용 및 실적 자료는 다수의 기간에 걸쳐 수집된 것이나 과거의 성과가 반드시 미래의 실적을 보장하지는 않는다.

  또한 투자 실적 정보와 관련 법규 및 규제는 끊임없이 변화하므로 이 책에 게재된 정보 또한 언제든지 변경될 수 있으며, 관리 수수료 또는 기타 비용 면제 등은 자료에 반영하지 않았다. 본서는 오로지 과거의 데이터를 제공하고 그 아래 숨은 원리와 법칙을 밝히고 논할 뿐이다. 아울러 이 책은 재무 결정을 내리는 증거로 사용될 수 없으며, 특정한 투자자문을 추천하거나 특정 증권의 매입 또는 매수를 제안하지도 않는다. 증권 매입 또는 매수를 추천할 때 사용되는 것은 투자 설명서이며, 투자를 하거나 자금을 지출하기 전에는 반드시 투자 설명서를 면밀히 읽고 숙고하기 바란다. 본서에 포함된 정보의 완전성 또는 정확성에 대해서는 어떠한 보증도 할 수 없으며, 이 책의 내용을 활용 또는 적용함으로써 직간접적으로 발생한 부채나 손실, 위험에 대해서는 저자와 출판사 모두 어떤 책임도 지지 않는다. 본서에 언급된 사례는 모두 순수한 설명을 위한 예시일 뿐이며 많은 사람들의 이름과 구체적인 특성은 임의로 변형했다.

- **법적 고지**: 독립적인 순위평가 서비스 및 간행물이 선정한 순위평가는 고객 또는 잠재 고객이 크리에이티브 플래닝(이하 회사)이 투자자문 서비스를 제공하는 데 관여하거나 또는 지속적으로 관여할 경우 일정 수준 이상의 성과를 경험할 수 있다는 보증으로 해석되어서는 안 되며, 회사의 현재 또는 과거에 대한 고객의 보증으로 해석되어서도 안 된다. 정기간행물 및 타 기관의 순위평가는 해당 투자자문업체가 작성 및 제출한 정보에 전적으로 의존한다. 또한 순위평가는 해당 평가에 참가한 투자자문업체에만 한정되어 적용된다. 회사는 순위 선정을 위해 어떠한 비용도 지불하지 않으나, 해당 평가를 홍보하기 위한 명판이나 재쇄물을 구매했을 수 있다. 회사의 평가순위 및 상찬에 대해서는 http://www.creativeplanning.com/important-disclosure-information에서 더 자세한 정보를 찾아볼 수 있다.

  조너선 클레먼츠는 크리에이티브 플래닝 사의 중역이자 금융교육 부문을 책임지고 있으며, 이에 상응하는 보수를 받고 있다.

  토니 로빈스는 과거 크리에이티브 플래닝 사에서 투자자 심리위원회 의장을 역임했다. 크리에이티브 플래닝은 미국 증권거래위원회에 등록된 공인투자자문사(RIA)로, 현재 미 50개 주 전역에서 당사의 자산관리팀이 활동 중이다. 토니 로빈스는 이 책의 판매와 그로써 파생될 크리에이티브 플래닝의 영업 성장률에 대해 어떤 보상도 받지 않는다. 따라서 토니 로빈스는 투자자에게 크리에이티브 플래닝을 추천하고 홍보할 어떤 금전적 인센티브도 없다. 본서에서 로빈스가 저술한 어떤 글도 크리에이티브 플래닝이나 회사 관계자, 또는 계열사에 대한 보증으로 해석되어서는 안 된다.

- 저자가 단 각주는 해당 단어와 문장 뒤에 '1, 2, 3…'으로, 감수자가 단 주는 '*'으로 표기하였으며, 옮긴이가 단 주는 '—옮긴이'로 적어 구분하였다.

1부

여정의 시작

...

제1장

경제적 자유로 가는 길

_토니 로빈스

THE PATH

우리가 두려워할 것은 두려움 그 자체뿐이다.

— 프랭클린 델러노 루스벨트 Franklin Delano Roosevelt

우리는 진정한 자유를 원한다. 마음 내킬 때 원하는 일을 할 수 있는 자유, 사랑하는 사람과 시간을 나눌 수 있는 자유, 늘 너그럽고 평온하고 감사하는 마음으로 열정적으로 살 수 있는 자유. 이것이 바로 재정적 자유다. 단순히 부자가 되는 것이 아니라 일종의 정신적 상태를 말한다. 지금 당신이 삶의 어떤 단계에 위치해 있든 혹은 어떤 경제 상황에 놓여 있든 재정적 자유라는 목표를 달성하기란 결코 불가능하지 않다. 심지어 지금 같은 세계적 위기 상황에도 그렇다. 실제로 많은 사람들이 이처럼 '비관론이 최고조'에 달해 있을 때 부를 축적한다.

모든 사람들은 각자 나름의 재정적 자유를 꿈꾼다. 이는 누군가에 게는 마음껏 여행을 떠날 수 있는 여유를 의미할 수도 있고, 또는 자 녀나 손주들과 더 많은 일상을 보내거나, 중요한 대의를 위해 투자하 는 시간을 뜻할 수도 있다. 어쩌면 돈을 벌어야 하기 때문이 아니라 그저 좋아서 일을 하는 사람도 있다. 하지만 어떤 형태의 재정적 자 유를 바라든 누구나 내심 이런 의문을 품고 있을 것이다. '정말로' 그 게 가능할까?

세계 최고의 금융전문가 50명과 대담을 나눈 결과, 나는 그 목표 에 도달할 방법이 실제로 존재한다고 장담하게 되었다. 그러나 정상 에 오르고 싶다면 반드시 따라야 할 원칙이 있다. 기필코 피해야 할 함정과 장애물도 있다. 자신의 이익을 위해 당신을 잘못된 길로 안내 하는 나쁜 사람들도 무수히 많다. 이 책은 그 모든 문제들을 상세하 게 다룰 것이다. 재정적 독립을 달성하는 방법은 전혀 어렵거나 복잡 하지 않지만 '짠' 하고 당신을 그곳으로 데려다줄 마법의 블랙박스도 아니다(그렇게 말하는 사람도 있을 테지만 말이다). 지금 미리 밧줄을 매 어놓고 튼튼한 고정못을 박아두지 않는다면 미래의 당신은 정상에 오를 수 없다. 진정으로 재정적 자유를 향해 나아갈 각오가 되어 있 다면, 스스로를 보호하고 구제할 수 있도록 그 여정에 적극적으로 참 여해야 한다.

지금 당신이 어떤 상황에 놓여 있느냐에 따라 재정적 자유는 요원 한 몽상처럼 들릴 수도 있고, 아니면 올바른 길에 들어서 있는데도 아직 자유롭다는 '느낌'을 받지 못하고 있을 수도 있다. 누군가는 학자금 대출이라는 무거운 짐을 짊어진 밀레니얼 세대일 수도 있고, 또 누군가는 다른 이들보다 한참 뒤처져 있는 베이비붐 세대일 수도 있다. 하지만 어느 쪽이 됐든 이 책은 이미 입증된 도구와 전략, 그리고 재정적 자유뿐만 아니라 이 여정을 통해 진정한 성취감을 느끼는 데 필요한 마음의 평화를 얻도록 도와줄 것이다.

/ 하룻밤 성공에도 수십 년이 걸린다 /

재정적 자유에 관한 가장 커다란 비밀을 알려줄까? 아마 당신이 지금 사용하고 있는 방법으로는 이를 실현하지 못할 것이다. 대다수의 사람들, 심지어 많은 돈을 벌고 있는 이들조차도 재정적 안전을 확보할 만큼 많은 돈을 저축하는 일은 불가능하다. 돈을 벌면 벌수록 많이 쓰게 된다는 게 신기하지 않은가? 사람들은 흔히 부자가 되는 것이 꿈이라고 말한다. 운영하는 사업체를 팔고, 복권에 당첨되고, 연봉이 크게 인상되거나 승진을 하거나, 갑자기 유산을 받는 일처럼 말이다. 하지만 솔직해져보자. 희망사항은 전략이 아니다. 이런 시나리오가 실현되기에는 변수가 너무 많다. 우리에게는 알버트 아인슈타인이 세계 8대 불가사의라고 칭한 것이 필요하다. 바로 복리複利 말이다.

『티핑 포인트 The Tipping Point』를 쓴 말콤 글래드웰 Malcom Gladwell 은 티핑

[1-1] 65세에 백만장자가 되기 위해 필요한 연간 저축액

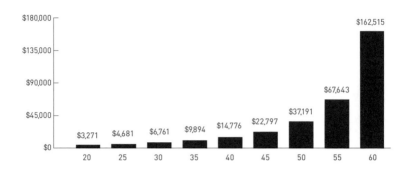

포인트를 '임계점, 한계점, 비등점'에 이르는 순간이라고 말한다. 복리의 위력이 바로 그렇다. 백만장자가 되고 싶은가? 당신은 백만장자가 될 수 있다. 일찍부터 투자를 시작한다면 말이다. [1-1]은 앞으로 당신이 보게 될 자료 중 가장 중요한 그래프일 것이다(실제로도 앞으로 이런 재테크 서적에서 엄청나게 자주 보게 될 거다!). 이 그래프는 65세에 통장에 100만 달러가 있으려면 매년 얼마를 투자해야 하는지 보여준다. 401(k)나 IRA* 같은 세금이연 계좌의 수익률이 7%라고 치자. 젊어서부터 투자를 시작하면 은퇴 즈음에는 엄청난 금액을 손에 쥘 수 있다. 스무 살에 시작한다면 1년에 3,217달러, 즉 매달 268달러면 된다. 그렇지만 50세에 시작한다면 1년에 37,191달러, 즉 매달 3,099달

• 401(k)는 미국의 퇴직연금 제도 중 확정기여형DC 퇴직연금을 통칭한다. IRA는 미국의 개인퇴직계좌로 한국의 IRP Individual Retirement Pension (개인형 퇴직연금)와 유사하다고 보면 된다. 절세 효과 때문에 장기적으로 수익을 이어갈수록 복리 효과를 키울 수 있다.

러를 납입해야 한다.

지나치게 단순화한 게 아니냐고? 물론 그렇다. 세상에 1년에 7%
씩 수익을 안겨줄 마법의 계좌 같은 건 없으니까. 실제로 2000년부
터 2009년까지 소위 '잃어버린 10년'** 동안 S&P 500의 수익률은 0퍼
센트에 가까웠다. 그러나 똑똑한 투자자들은 미국 주식에만 투자하
지 않는다. 나는 전설적인 투자자이자 『랜덤워크 투자수업 A Random Walk
Down Wall Street』의 저자인 버턴 말킬Burton Malkiel과 이야기를 나눌 기회
가 있었다. 그는 잃어버린 10년 동안 미국 주식과 해외 주식, 신흥시
장 주식과 채권, 그리고 부동산에 골고루 분산투자를 했다면[1] 연평
균 6.7%의 수익률을 올렸을 것이라고 말했다. 기술주 거품**과 9·11
테러, 2008년의 금융 위기를 전부 거치고도 말이다.

내가 이 글을 쓰는 지금 전 세계는 COVID-19라는 팬데믹의 직격
탄을 맞았고, 길고 심각한 글로벌 경기 침체에 대한 두려움이 고조되
고 있다. 여기서 명심할 점은 이런 경제적 '겨울'이 실은 돈을 벌 최고

• 　2008년 세계 금융 위기 때 증시가 폭락하면서 시장은 10년간 제자리걸음을 한 셈이 됐
　　다. S&P 500 지수의 경우 2000년 1,500포인트 이상 상승했지만 2002년 768포인트까
　　지 하락했고, 이후 2007년 다시 1,576포인트까지 올랐지만 2008년 741포인트까지 급
　　락했다.

1 　가령 포트폴리오를 채권VAMFX 33%, 미국 주식VTSMX 27%, 개발도상국 주식VDMIX
　　14%, 신흥시장VEIEX 14%, 부동산투자신탁VGSIX 12%로 구성하고 매년 조정했을 경우
　　를 말한다.

•• 　1999~2001년 인터넷 등장과 함께 IT 관련 기업 주가가 '묻지마 폭등' 후 대폭락했던 시
　　기. 일명 '닷컴 버블'이라고 부른다.

의 기회 중 하나라는 것이다. 불안과 두려움을 억제하고 감정을 다스릴 수만 있다면 시장의 후퇴는 평생 다시없는 기회가 될 수 있다. 왜? 모든 종목이 할인 가격으로 풀릴 것이기 때문이다! 대공황 때 케네디 대통령의 부친인 조지프 케네디 시니어Josephe Kennedy Sr는 값싸게 나온 부동산에 집중 투자하여 재산을 급격히 불렸다. 1929년 케네디의 재산은 약 400만 달러로 추정됐지만(현재 가치로 환산하면 5,960만 달러), 그로부터 겨우 6년 후인 1935년에는 1억 8,000만 달러(현재 가치로는 33억 6,000만 달러)에 달했다!

경제적 겨울을 나기가 어려울까? 물론이다. 그러나 겨울은 절대로 영원히 지속되지 않는다! 겨울이 지나면 항상 봄이 오게 되어 있다. 심지어 겨울에도 날마다 눈이 오거나 눈보라가 치지는 않는다. 때때로 햇살 내리쬐는 날이 찾아와 언제까지고 추운 날이 계속되지는 않을 것임을 알려준다. 앞으로 이 책에서 배우게 되겠지만, 끊임없이 변화하는 투자 '계절'을 감정적·재정적으로 어떻게 헤쳐 나갈지 결정하는 일이 가장 중요하다.

재정적 자유라는 정상에 도달하려면, 그리고 그곳에 계속 머무르려면 반드시 던져야 할 다음 질문들이 있다.

- 나는 어떤 종류의 투자를 할 수 있으며, 목표를 이루려면 그중 어떤 것들이 유용한가?
- 어떤 투자 조합(포트폴리오)을 사용하고, 이를 1년간 어떻게 관리할 것인가?

- 세금(평생 가장 큰 단일 '지출' 항목)을 합법적으로 줄이려면 어떤 전략을 사용해야 하는가?

- 과도하거나 불필요한 수수료를 줄이고 수익을 늘리려면 어떻게 해야 하는가?

- 어떻게 조정장과 폭락장을 극복하고 나아가 이를 유리하게 활용할 수 있을 것인가?

- 법적으로 가장 높은 주의기준을 준수하는 재무자문가를 어떻게 찾을 것인가?(스포일러를 말하자면 대부분의 재무자문가는 저 조건을 충족시키지 못한다)

이것이 바로 내 친구이자 공저자인 피터 멀록이 이 책에서 대답하고자 하는 질문들이다. 피터는 지난 20여 년 동안 자산 운용 규모가 500억 달러에 달하는 독립투자자문회사인 크리에이티브 플래닝을 운영하며 미국 전역에 거주하는 수많은 가구에 포괄적인 자산관리 서비스를 제공해왔다. 이 책에서 피터는 다년간에 걸친 지혜와 현장에서의 경험을 토대로, 진정한 재정적 자유와 마음의 안정을 성취하려면 무엇이 필요한지 알고 싶은 이들에게 그들이 원하는 필수적인 정보를 제공한다.

그러나 재정적 자유를 이루는 데 필수적인 도구를 손에 넣는 것과 행동으로 실천하는 것은 완전히 다른 얘기다. 행동은 언제나 지식을 능가한다. 재정적 자유를 성취하는 것이 어렵고 복잡한 일이 아니라면, 어째서 역사상 가장 부유한 현 시대에도 그토록 많은 이들이 가장 기본적인 경제적 수준에도 도달하지 못하고 있는가? 안타깝게도, 미국인의 60%가 노후자금으로 심지어 1,000달러도 갖고 있지 않으며, 40% 이하는 비상시에 500달러를 마련할 여력도 없다는 연구 결과가 있다.

미국은 소비의 나라다. 그러나 모두가 함께 번영하려면 반드시 소유 의식을 가져야 한다. 많은 미국인이 아이폰을 갖고 있다. 그렇다면 애플을 소유하지 못할 이유는 뭐란 말인가? 많은 미국인의 현관 앞에 날마다 아마존 로고가 찍힌 택배상자가 놓인다. 그렇다면 이 대기업을 소유할 수도 있지 않을까?[2] 어떤 사회경제적 지위에 놓여 있든 우리가 혁신적인 자본주의의 힘을 이용해 이익을 얻는 일을 가로막을 수 있는 존재는 없다. 누구든 몇 달러만 있으면 미국 최고 대기업의 일부를 소유할 수 있고, 세계 역사상 가장 융성하고 수익성 높은 경제 사회를 누릴 수 있다.

/   두려움 그 너머로   /

우리가 돈과 감정적인 관계를 맺고 있다는 데는 의심의 여지가 없다. 재정적 자유를 성취하기 위해 필요한 전략과 정보는 이미 존재한

---

2   특정한 주식을 사라는 얘기가 아니다. 요점을 강조하는 것뿐이다.

다. 그렇다면 어째서 그토록 많은 사람들이 뚜렷한 목표 없이 방황하고, 스트레스에 시달리거나, 올바른 길이 이미 존재한다는 사실을 까맣게 모르고 있는 것일까? 어째서 그토록 많은 이들이 경제적인 성공을 거두고도 성취감이나 충족감을 느끼지 못하고 감정적인 파산 상태에 빠지는가?

그 원인은 바로 당신도 알고 있을 세 글자에 있다.

두. 려. 움.

두려움은 우리가 진정으로 누려야 할 삶으로 향하지 못하게 가로막는 보이지 않는 힘이다. 우리의 앞길에 놓인 가장 커다란 장애물이며, 그대로 방치해 둔다면 언젠가 반드시 잘못된 투자 결정을 내리도록 부추길 것이다.

인간의 두뇌는 태생적으로 잘못되거나 이상한 부분에 집중하도록 설계되어 있다. 삶에 위협이나 해가 되는 존재들 말이다. 그래서 우리는 종종 그런 것들을 능가하는 확실성을 원한다. 하지만 이 사실을 알고 있는가? 뛰어난 투자자가 되려면 불확실성을 포용할 수 있어야 한다! 재정적 자유를 누리려면 올바른 전략이 필수적이지만, 마음을 다스리지 못한다면 잘못된 판단 때문에 결국 실패하고 말 것이다(예를 들어, 시장 변동성이 큰 시기에 주식을 처분하고 현금을 침대 매트리스 안에 숨겨 둔다든가).

반복은 실력의 어머니

나는 2014년 『머니: 부의 거인들이 밝히는 7단계 비밀』을 출간했다. 수년에 걸쳐 칼 아이칸Carl Icahn, 레이 달리오Ray Dalio, 잭 보글Jack Bogle 등 금융투자계의 전설적인 인물들과 만나 대화를 나누며 배운 모든 지식을 종합하고 정리한 책이다. 그와 비슷한 시기에 피터 멀록 역시 『투자자들이 하는 5가지 실수와 이를 피하는 방법The 5 Mistakes Every Investor Makes & How to Avoid Them』을 출간했다. 그리고 2년 뒤에 피터와 나는 『흔들리지 않는 돈의 법칙』을 집필했다. 시장이 움직이는 진짜 원리와, 조정장과 하락장이 찾아왔을 때 두려움을 없앨 수 있는 방법을 알려주기 위해서였다. 그리고 이제, 전 세계가 멈춰 서 있는 '거대한 정체'가 찾아왔다. 정상적인 삶이 돌아올 즈음에는 승자와 패자가 뚜렷하게 갈려 있을 것이다.

이 책에서 피터는 계획을 세우고 게임에서 승리할 방법에 대해 전작에서보다 훨씬 더 깊이 파헤친다. 단순한 투자 전략 개념 설명을 넘어 이를 완전히 이해하고 제 것으로 만드는 방법을 알려줄 것이다. 나는 여기에 맞춰 자기계발에 관한 두 장을 추가했다. 3장에서는 모두가 가진 '인간의 여섯 가지 욕구'에 대해 분석하고 이 욕구가 삶과 비즈니스, 그리고 부의 생성에 어떤 영향을 끼치는지 알아본다. 이 통찰력은 당신의 삶의 질에 변화를 가져올 것이다. 12장에서는 경제적으로 부유한 사람들이 종종 행복을 누리지 못하는 이유를 파헤치고, 지금의 삶에서 충만함을 느낄 수 있는 방법을 다룬다. 목표 없이 떠도는 마음은 우리를 고통의 상태(두려움, 분노, 좌절감)에서 살아가게 만든다. 우리는 두뇌가 인질로 붙잡고 있는 생각들을 구출해내야 한다. 그래야만 '진정한' 부가 가져다주는 진짜 혜택을 경험할 수 있다. 기쁨과 행복, 너그러움과 열망, 그리고 마음의 평화로 가득한 삶 말이다.

내 전작을 읽은 독자들이라면 이 두 장이 다소 익숙하게 들릴지 모르겠다. 그러나 원칙이란 거듭 읽고 되새길 가치가 있다. 나는 멘토들로부터 반복이 실력의 어머니라는 사실을 배웠다. 농구 연습을 하며 골 몇 개를 넣는다고 해서 르브론 제임스Lebron James나 스테판 커리Stephen Curry 같은 위대한 농구 선수가 될 수 있는 것은 아니다. 그들 역시 자유투를 넣는 방법을 잘 알면서도 여전히 매주 수천 번의 슈팅 연습을 한다. 그렇게 온 몸의 신경계에 동작을 새겨야만 무거운 압박감 속에서도 성공을 거둘 수 있는 것이다. 그것이 바로 진정한 대가가 되는 길이다!

이러한 원칙들이 현재 당신의 삶과 인간관계에서 어떻게 발현되는지 중요한 뉘앙스들을 찾아보기 바란다. 삶의 매 순간은 언제나 다른 법이고, 전에 본 영화를 다시 보거나 익숙한 음악을 들을 때도 항상 새로운 감정을 느끼게 된다. 내 글을 읽을 때도 비슷한 경험을 할 수 있으리라 믿는다.

궤도와 관점을 수정하라

우리는 언론과 소셜미디어가 두려움을 이용하고 증폭시키는 시대에 살고 있다. 거기에 전 세계적인 팬데믹까지 닥쳐와, 모두의 두려움이 거의 유해한 수준까지 확장된 상태다. 정보의 파도는 날마다 우리의 관심을 부여잡고, 요즘에는 '조회수 낚시'라는 새로운 용어까지 탄생했다. 반가운 뉴스들은 비극적이고 위험한 사건들, 인근 마을에 나타났다는 살인 벌 떼들 때문에 뒷전으로 밀려난다. 두려움을 관장하는 뇌 부위를 건드리는 끊임없는 자극에 우리의 불안감 지수는 기록적인 수준으로 고공비행 중이다.

그러나 이제 진실을 마주하자. 두려움을 통제하는 법을 배우지 못한다면, 마음을 다스리는 법을 배우지 못한다면, 결코 이 책에서 제시하는 훌륭한 원칙들을 실천하지 못할 것이다. 물론 용기를 낸다고 해서 당장 두려움이 없어지지는 않는다. 용기를 낸다는 것은 끊임없이 실천하고 끈질기게 앞으로 전진한다는 뜻이다. 이 책을 읽고 유용한 정보를 얻고도 당신과 당신 가족에게 적합한 목표를 성취하기 위한 행동을 실천에 옮기지 않을 수도 있다. 하지만 나는 당신이 그러지 않을 것임을 믿는다. 이 책을 구매했고 여기까지 읽었다면, 나는 당신이 말로만 그치는 사람이 아니라 진실로 '행동하는 사람'일 것이라고 확신한다.

두려움의 횡포에서 벗어나는 첫 번째 단계는 관점의 전환이다. 여기서 피터 멀록에게 바통을 넘길 테니 다음 장으로 이동하기 바란다.

올바른 교육으로 두려움을 극복하는 방법을 배울 수만 있다면, 지금 경험하고 있는 이 놀라운 시간과 우리 앞에 놓인 경이롭고 기하급수적인 미래를 한껏 만끽할 수 있다.

자, 이제 길을 떠나보자!

전작과 마찬가지로 이 책의 수익금은 전액 기부된다. 피터와 나는 이 책의 모든 수익금을 피딩 아메리카Feeding America에 기부하기로 결정했다.

제2장

세상은 생각보다 괜찮은 곳

_피터 멀록

THE
PATH

과거부터 줄곧 발전만을 거듭해왔거늘, 대체 어떤 원리로 우리 앞에 쇠퇴만
이 남았다고 예측하는가?

— 토머스 배빙턴 매콜리Thomas Babington Macaulay

1848년 런던, 상쾌한 아침이었다. 빅토리아 여왕이 버킹엄 궁전의
발코니 문을 열었을 때까지는 그랬다. 즉시 코를 찌르는 지독한 악취
에 구역질이 나왔다. 런던의 '대악취' 사건이었다. 내장을 뒤트는 듯
한 인간과 동물들의 고약한 배설물 냄새가 도시 전체를 뒤덮었다. 지
난 50년 동안 250만 명에 달하는 런던 거주민들이 길거리와 템즈 강
에 오물과 쓰레기를 투하한 끝에 마침내 그 유명한 티핑 포인트에 이
른 것이다. 런던의 가정집과 상점에는 김이 모락모락 나는 20만 개 이

상의 오물통이 있었고 주기적으로 분뇨 수거인들이 똥오줌을 퍼냈지만 아무 소용도 없었다. 오물이 저수조와 강으로 흘러들면서 콜레라가 만연했고, 식수가 오염되어 수많은 질병을 초래했다.

모두의 목표는 생존이다

우리는 늘 좋았던 옛 시절을 그리워하는 것 같다. 하지만 솔직하게 말해보자. 그 옛 시절은 별로 좋지 않았다. 400년 전, 유럽 인구의 거의 30%가 단 하나의 질병으로 목숨을 잃었다. 페스트 중 대표적 유형인 선페스트였다. 런던 전체가 악취에 휩싸였던 200년 전에는 45%의 아동들이 다섯 살이 되기도 전에 사망했다. 빅토리아 시대 영국에서 아이들이 살아남아 성인이 될 확률이, 말하자면 동전 던지기와 비슷했다는 얘기다. 자식들의 절반을 잃는 게 일상이었을 사회의 분위기가 어땠을지 상상해보라.

빅토리아 시대까지 올라갈 필요조차 없다. 겨우 100년 전에 있었던 1차 세계대전의 경우 4년 새 2,000만 명이 사망했다. 그리고 같은 해 유럽에서는 스페인 독감이 유행해 5억 명의 사람들(전 세계 인구의 3분의 1)이 감염되었고 그중 5,000만 명 이상이 목숨을 잃었다.

암울한 인류 역사에 대한 이야기는 여기까지 하도록 하자. 역사적 사건을 꺼낸 이유는 지금 이 시대에 살고 있음이 얼마나 축복받을 일인지 사고의 틀을 조정할 필요가 있기 때문이다. 인간의 뇌는 향수

鄕愁라는 사랑스러운 함정에 빠지기 쉽지만 이런 서사에는 큰 결함이 있다. 전체 그림을 보기가 힘들다는 것이다. 역사는 전쟁, 질병, 기아로 점철되어 있고 오늘날에 비하면 잔인할 정도로 냉혹했다. 심지어 코로나 바이러스로 인한 작금의 팬데믹마저도 과거에 비하면 여러 모로 나은 상황이다.

오늘날 전 세계에서 다섯 살 전에 사망하는 아동의 수는 4%에 불과하며 전반적인 소아 건강 역시 어느 때보다도 건전하다. 우리 세대는 아직 세계 전쟁을 겪은 적이 없고 대부분의 질병은 현대 의학으로 치료가 가능하다. 나아가 위생 상태는 '어마어마하게' 향상되었다 (얼마나 감사한 일인지). 그런데도 우리는 이러한 사실들을 기억하는 데 어려움을 겪는다. 현재의 경험에 갇혀 있기 때문이다. 우리는 과거 역사에 대해서는 '황금기'라고 잘못 인식하고 있으면서 미래에 대해서는 이상하리만큼 비관적이다.

국제보건학자인 고故 한스 로슬링Hans Rosling 박사는 저서인 『팩트풀니스Factfulness』에서 "모든 집단의 사람들이 세상을 실제보다 더 무섭고, 더 폭력적이고, 더 가망이 없는 곳으로, 즉 더 극적인 곳으로 여긴다."고 말했다. 수많은 다른 사실들이 입증되었음에도 우리는 미래가 암울하고 파멸적이리라는 결정론적 세계관에 치우쳐 있다. 이런 비관적인 사고는 고객들과 함께 재정 상태를 검토할 때 명백히 드러나곤 한다. 그들의 미래를 상상하며 재무계획을 짜고 있는데 편안한 노후생활을 위해 돈을 모으자는 낙관적인 대화가 갑자기 손에 빨리 쥘 수 있는 현금과 생존주의적 사고로 급선회하는 식이다. 그들은 사회가 결국엔 무너지고 말 것이라는 종말론적 견해를 드러낸다(아마 그런 서사를 끊임없이 재생산하는 웹사이트와 유튜브 영상의 영향일 것이다). 미래가 어떻게 될지는 아무도 모른다. 하지만 최근의 모습을 살펴보면 그런 근심을 가라앉힐 수 있을 것이다. 매트 리들리 Matt Ridley 의 『이성적 낙관주의자 The Rational Optimist』는 지난 50년간 인류가 얼마나 급격한 진보와 확장을 이뤄냈는지 열변한다.

 2005년 지구상에 사는 인간은 평균적으로 1995년에 비해 소득은 거의 세 배나 늘었고(물가상승률 반영) 칼로리 섭취량도 3분의 1이나 늘었다. 땅에 묻는 자녀의 수는 3분의 1로 줄었고, 기대 수명은 3분의 1이 늘었다. 또한 전쟁, 살인, 출산, 사고, 토네이도, 홍수, 기아, 백일해, 결핵, 말라리아, 디프테리아, 티푸스, 장티푸스, 홍역, 수두, 괴혈병, 소아마비로 사망할 확률은 낮아졌다. 어떤 연령대든 암, 심장병, 뇌졸중에 걸릴 가능성이 줄었다. 반면에 글을 읽을 수 있고 학교를 졸업하는 확률은 늘었다. 전화기, 수세식 화장실, 냉장고와 자전거를 소유할 가능성도 높다. 반세기 동안 인구는 두 배 이상 늘었고, 어떤 기준으로 봐도 인류는 놀라운 성취를 이뤘다.

세상은 나아가고 있다

 다음으로 보게 될 다섯 개의 그래프는 미래에 대한 불안감을 해소해줄 것이다. 소비, 삶의 질, 기대 수명, 빈곤, 교육에 대한 이 그래프들은 지금 세상이 어디로 향하고 있는지를 보여준다. 자식들을 키우는 아버지로서 나는 인류의 미래와 내 자식들, 손자손녀들이 누릴 삶의 질에 대해 낙관적이다. 곧 알게 되겠지만, 나는 투자자로서도 미래에 놓인 숱한 기회들을 보며 입맛을 다시는 중이다. 당신도 곧 그렇게 될 것이다.

[2-1]은 생존에 필요한 소득이 얼마나 급격히 하락했는지를 보여준다. 우리는 가처분 소득이 정점에 달한 시대에 살고 있다. 대학 등록금, 디즈니 크루즈, 값비싼 자동차와 시내에서 즐기는 데이트, 푹신한 가죽 의자가 설치된 영화관, 편안한 은퇴생활을 위해 모아야 할 돈, 이 모든 것들은 역사적으로 볼 때 비교적 새로운 현상에 불과하다.

다른 여러 요인들 중에서도 번 돈을 한 푼도 남김없이 생필품에 쓸 필요가 없다는 사실은 전 세계 인구의 삶의 질을 극적으로 증가시켰다([2-2]). 별로 놀랄 일도 아니다! 이제 우리는 인간의 욕구 단계에서 생존을 넘어 삶의 목적이 무엇이고 충만한 삶이란 어떤 의미인지, 소중한 시간 자원을 어떻게 사용할 것인지 등 보다 실존적인 질문을 던질 여유가 생겼다. 하루하루 빠듯하게 끼니를 때우고 집세를 걱정하는 게 아니라 그보다 더 중요한 문제에 시간을 투자함으로써 더 행복해질 수 있게 된 것이다.

[2-3]은 더더욱 놀랍다! 전 세계 사람들의 기대 수명은 계속해서 증가 중이다. 2020년에 태어난 사람은 2019년에 태어난 사람보다 평균 석 달은 더 오래 살 것이다. 내가 처음 직장생활을 할 때만 해도

심각한 건강 문제를 가진 고객들은 호스피스나 말기 돌봄 서비스 비용을 고민했다. 이제 그들은 가능한 오래 살 수 있는 방법을 탐색하고, 실험적인 치료 방법을 살펴보거나 최신 치료제를 찾아본다. 오래 버틸수록 그들에게 도움이 될 혁신적인 치료법이 나올 가능성이 높다는 사실을 알기 때문이다.

[2-1] 고정 지출

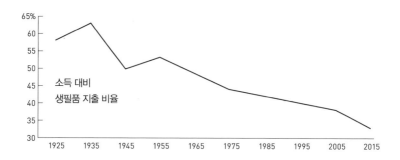

[2-2] 전 세계 삶의 질

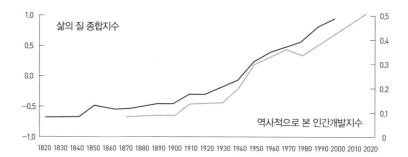

[2-3] 기대 수명

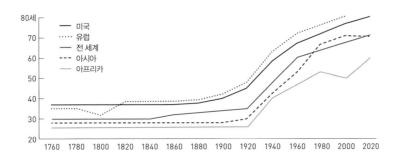

[2-4] 극빈율

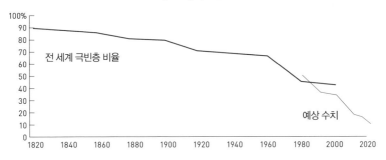

[2-5] 교육 기간

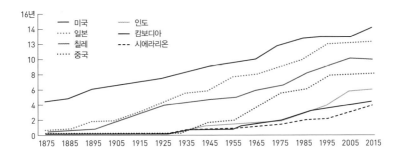

[2-4]야말로 가장 충격적으로 다가올 것이다. 귀족이나 왕족이 아닌 이상, 우리는 살아남기 위해 고군분투하던 조상을 찾기 위해 그리 멀리 가계도를 거슬러 올라갈 필요가 없다. 1950년대까지 지구에 살던 인류의 대다수는 극빈에 시달렸다. '극빈'이란 하루 2달러 이하로 생활하는 상태를 가리킨다(인플레이션 반영). 1980년대에는 세계 인구의 44%가 극빈층에 해당했다.

그로부터 고작 40년이 지난 지금 그런 심각한 처지에 살고 있는 사람은 10% 이하에 불과하다. 도대체 어떻게 된 일일까? 기술과 경제 발전이 수천만 인구를 중산층으로 끌어올렸다. 더 좋은 소식이 듣고 싶은가? 세계은행 World Bank에 따르면 20년 안에는 극빈층이 완전히 사라질지도 모른다고 한다!

마지막으로, 교육은 격차를 해소할 수 있는 훌륭한 수단이다([2-5]). 생존이 목표인 가정의 아이들은 이른 나이에 학교를 그만두고 직업 전선에 뛰어들어야 한다. 벽돌을 쌓고, 가축을 돌보고, 매일같이 먼 곳까지 물을 길어 날라야 한다. 교육은 손에 넣을 수 없는 사치일 뿐이다. 그러나 경제력이 증가하면서 이제 아이들은 생존을 위한 노동에서 벗어나 학교에서 더 많은 시간을 보낼 수 있게 되었다. 학교에서 보내는 시간이 늘수록 열악한 환경에서 벗어나는 데 필요한 기술을 배우고 새로운 기회를 얻을 가능성 또한 증가한다. 교육은 더 좋은 직업을 얻고, 더 많은 돈을 벌고, 다시 그들의 자식을 학교에 보낼 수 있게 함으로써 빈곤의 악순환에서 벗어날 수 있게 돕는다.

언론은 두려움을 자극한다

이런 수많은 좋은 소식들에도 불구하고, 우리는 왜 세상이 나아지고 있다고 느끼지 않을까? 어째서 아직도 거칠고 험난한 파도 속에서 허우적대고 있는 기분이 들까? 일단 뉴스가 한몫하고 있다고 생각한다. 인간 뇌의 가장 중요한 목표는 바로 생존이다. 우리의 뇌는 삶에 위협이 될 수 있는 요소들에 초점을 맞춘다. 뉴스 제작자들은 이런 사실을 매우 잘 알고 있다. 그래서 두려움, 위기의식, 서스펜스 등을 계속 불어넣어 우리의 관심을 붙들어놓는 것이다.

언론은 시청자를 유혹하기 위해 종종 지나치게 과장되거나 극적인 사건들을 보도한다. 많은 뉴스 꼭지들이 뇌리에 인상적으로 꽂히는 문장이나 표현, 3단계로 구성된 스토리를 지니고 있다. 거기에 작가들이 '타이머 달기'[3]라고 말하는 트릭도 자주 사용된다. 영화에서 똑딱똑딱 한정된 시간 설정으로 긴장과 긴박감을 조성하는 것처럼("산드라 블록이 90분 안에 우주 정거장에 도착하지 못하면 우주 쓰레기와 충돌해 죽을 거야!")[4] 언론 매체 역시 많은 뉴스 꼭지를 화면 우측 하단에 설치되어 있는 시계의 시간에 맞춰 보도한다. 똑딱 똑딱 똑딱.

미디어는 경제와 금융에 관해서도 똑같은 전술을 구사한다. '예산

3, 4 2013년 개봉한 블록버스터 〈그래비티Gravity〉를 말한다. 1994년 영화 〈스피드Speed〉는 "산드라 블록이 일정한 속도로 버스를 모는 동안 폭탄을 해체하지 않는다면 전부 다 죽을 거야!"니까 헷갈리지 말도록.

자동 삭감'이나 '재정 절벽' 같은 단어를 생각해보라. 이런 용어들은 사람의 목숨이 걸린 것도 아닌데 왠지 모르게 뉴스에 긴박감을 실어준다. 아니면 2019년 채무한도 증액 시효'를 놓고 조금씩 0에 가까워지던 시계는 어떤가(정말로 이걸 '분' 단위까지 체크해야 했을까?) 시계가 0에 도달했을 때 어떻게 됐는가? 정치가들은 협상을 했고, 서류에 서명했고, 채무한도는 팡파르 소리와 함께 상향 조정됐다. 이와 비슷한 예로 증시가 위아래 어느 쪽으로 움직이든 금융 관련 채널을 지배하는 비극적 숙명주의자들의 코러스가 있다. 물론 새로운 소식도 아니다. 금융 미디어는 1907년부터 금융 공황이 발발한 이래 늘 공포를 판매해왔다. 많은 서적들이 최근 언론 매체의 금융 시장 예측이 얼마나 빗나갔는지 지적한다. 1970년 스태그플레이션, 1987년 주가 붕괴, 기술주 거품(24시간 뉴스 채널이 늘어난 탓에 과잉반응 수준도 완전히 새로운 차원으로 확장됐다), 2008년 금융 위기, 2011년 유럽 재정 위기, 2019년 부채 한도 등등 전부 나열하자면 끝도 없다.

그런 광적인 사건들에 우리는 어떻게 대응했는가? 불필요한 공황에 빠진 투자자들은 피할 수 있었던 실수를 저지른다. 2008년 금융 위기, 연방정부가 일시적인 셧다운에 들어갔을 때, 채무한도 관련 논의가 진행되던 시기 모두 투자자들이 가진 자산 전부를 팔고 현금화하는 바람에 많은 이들의 은퇴 계획이 엉망이 되었다. 더구나 이

• 미국은 국가 채무한도를 의회에서 결정한다. 이 과정에서 민주당과 공화당은 처리 시한까지 치열한 정쟁을 벌인다.

들 매도자들은 위기가 안정되었을 때 얻을 수 있었던 수익을 잃음으로써 되돌릴 수 없는 손해를 입었다. 간단히 말해 엘리베이터를 타고 있다가 아래로 내려가자 거기서 내려버렸고, 그래서 다시 위로 올라갈 수 없게 된 것이다(대개는 나중에 전보다 더 높이 올라가는데 말이다!).

신체적인 건강은 또 어떤가. 투자자들은 온갖 미디어에서 쏟아내는 금융 관련 소식들 때문에 지독한 스트레스에 시달리기 일쑤다. 조지아 대학의 존 그레이블John Grable 박사와 캔자스 주립대학의 소냐 브리트Sonya Britt 박사는 〈금융 뉴스와 고객 스트레스(2012)〉에서 금융 뉴스를 본 개인의 스트레스 레벨이 뉴스의 주제와 상관없이 현저히 상승함을 보여준다. 증시가 하강하면 사람들은 투자금을 걱정한다. 증시가 상승하면 더 이상 공격적인 포지션이 아니라는 데 실망한다. 실제로 금융 뉴스를 시청한 사람들 중 67%가 스트레스 수준이 상승했다. 심지어 긍정적인 뉴스일 때도 75%가 스트레스 상승 증세를 보였다.

본질적으로 증시는 변동하지 않는다거나 시장 조정은 존재하지 않는다고 말하는 게 아니다(이런 시기에 어떻게 해야 할지는 나중에 자세히 살펴보자). 다만 현실적으로 생각해보라. 미국을 강타한 모든 약세장은 강세장에게 자리를 내어주었다. 경제 위축은 언제나 결과적으로 경제 확장으로 이어졌다. 지금 이 책을 쓰는 동안에도 투자자들은 전 세계적인 팬데믹이 가져온 약세장을 맞이해 고전 중이다. 그러나 역사상 모든 약세장이 그러했듯이, 시장은 결국 회복하고 정상적인 상승 궤도로 돌아갈 것이다. 그러나 지금 뉴스를 보고 있는 당신은 그 사실을 알지 못한다.

금융 매체의 가장 큰 문제점은 많은 이들이 그것의 목적을 잘못 이해하고 있다는 것이다. 대중 매체는 비즈니스이며, 비즈니스는 수익을 창출하기 위해 존재한다. 대중 매체의 가장 큰 목적은 정보 전달이 아니라 돈을 버는 것이다. 이들은 광고를 판매해 수익을 올리고, 시청률이 높은 뉴스 채널은 더 높은 광고가를 부를 수 있다. 그러므로 모든 뉴스 매체의 최우선 목표는 최대한 많은 시청자(그 바닥에서는 '눈알'이라고 부른다)를 확보하고, 이들이 가능한 오랫동안 뉴스를 시청하게 만드는 것이다. 간단히 계산하면,

더 많은 시청자 = 광고료 상승 = 높은 수익 = 행복한 주주들

인 것이다.

기상전문 방송사인 웨더 채널Weather Channel에서 시청자를 가장 많이 확보할 수 있는 방법은 허리케인이나 토네이도 소식을 보도하는 것이다. 대부분의 날씨 보도는 지루하고 재미가 없다. '부분적으로 맑겠습니다', '비 올 확률은 30퍼센트입니다', '폭풍우가 치겠습니다' 같은 일상적인 헤드라인은 사람들의 관심을 끌지 못한다. 금융 뉴스도 마찬가지다. '주가가 상승했습니다', '주가가 하락했습니다', '무슨무슨 회사가 주식 상장을 추진하고 있습니다' 같은 내용은 그리 참신한 소식이 아니다. 매체들은 이런 뉴스를 조금이라도 흥미롭게 만들기 위해 종종 평범한 일일 하락 주가를 금융 위기를 감지한 매도로 포장

[2-6] 다우존스 산업평균지수(1896~2016)

인류의 혁신은 언제나 두려움을 극복한다

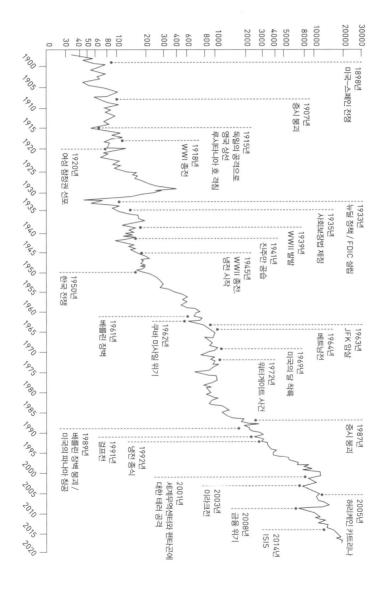

하곤 하지만, 사실 주식시장에 장기적인 영향을 끼치지는 않는다. [2-6]은 내가 제일 좋아하는 그래프다. 이 그래프의 제목은 '인류의 혁신은 언제나 두려움을 극복한다'이다. 1896년부터 지금까지 어찌나 위기가 많았는지 '헤드라인'을 다 표시할 공간도 부족할 지경이다. 그렇다면 시장은 어떻게 반응했을까? 대수롭지 않게 넘기고 지나갔다. 그리곤 또다시 새로운 고점을 갱신했고, 장기 투자자에게 보상을 안겨주었다.

/ ## 시장은 외부에 관심이 없다 /

깜박하기 쉽지만 주식은 복권이 아니라 사업체에 대한 부분적인 소유권이다.

— 피터 린치Peter Lynch

사업이 잘되면 주가는 자동적으로 오르게 돼 있다.

— 워런 버핏Warren Buffett

사람들은 가끔 이렇게 묻는다. 주가가 오르거나 떨어지는 이유는 뭔가요? 어떤 이들은 대답을 안다고 자신하지만, 대부분의 대답은 틀렸다.

투자자는 주가를 움직이는 주요 요인으로 실업률, 주택보급률, 경제 정책, 통화 정책, 달러 강세, 소비자 심리, 소매 판매 동향, 금리

등을 꼽는다. 다들 인기 있는 항목들이다. 사실 주식시장이 중요하게 여기는 것은 딱 한 가지밖에 없다. 바로 기대이익이다(예를 들면 미래 수익). 기업이 더 많은 돈을 벌게 되면 주식의 가치가 올라가고, 그 결과 주가가 상승한다. 주가는 단순히 기업의 수익력을 반영하는 것뿐이다. 나머지는 쓸데없는 잡음에 불과하다.

예를 들어 샌드위치 가게를 인수하려고 한다고 하자. 당신이 고려해야 할 사항들은 무엇일까? 사업을 시작하는 자영업자로서 당신이 고려해야 할 가장 중요한 요소는 바로 기대이익이다. 가게를 인수하는 이유는 향후 사업을 운영해 벌 수 있는 수익이 가게를 인수하는 데 들어간 비용을 정당화할 수 있다고 믿기 때문이다. 예컨대 금리가 낮다면 대출납입금을 줄일 수 있고 따라서 가게의 수익률을 올릴 수 있다.

이런 경우 은행 금리가 중요한 이유는 기대이익에 영향을 끼치기 때문이다. 원자재 가격도 중요하다. 원유, 치즈, 햄, 빵 등은 다양한 가격대를 지닌 상품이다. 유가가 상승하면 날마다 가게에 배달되는 식재료에 대해 더 높은 비용을 지불해야 한다. 식재료 가격이 오르면 당신이 지출할 비용도 상승한다. 금리가 낮으면 순이익을 늘릴 수 있고 원자재 가격이 상승하면 순이익을 상쇄할 수 있기 때문에 이 두 가지 요소는 모두 기대이익에 영향을 끼친다. 소비자 심리도 중요하다. 만일 소비자가 경제 상황이 불안하다고 생각한다면 당신이 판매하는 8달러짜리 샌드위치를 포기하고 집에서 자녀들에게 손수 샌드위치를 만들어줄 것이다. 이 모든 요인들이 당신의 매출을 감소시키고 이익도 감소시킨다. 무슨 뜻인지 이해가 가는가?

다만, 여기서 가장 중요한 단어는 '기대'다. 당신이 눈독들이고 있는 샌드위치 가게로 다시 돌아가보자. 당신은 가게 주인의 재정 상태를 살펴보며 대화를 나눈다. 그는 지난 3년간 연간 약 2만 개의 샌드위치를 판매해 매해 10만 달러의 수익을 올렸다. 꽤 안정적인 매출로 보이기 때문에 당신은 이 사업체를 인수하는 데 20만 달러를 제안할 생각이다. 가게를 인수할 때 진 부채를 전부 갚고 나면 1년에 10만 달러를 벌 수 있고, 3년차가 되면 흑자 전환을 할 수 있다고 생각하기 때문이다.

그러나 당신은 매출액을 단순한 액면가만 보고 이해해서는 안 된다는 것을 알고 있다. 당신은 상점 주인이 매년 대규모 기업 고객에게 5,000개의 샌드위치를 판매했으며, 그 고객이 얼마 전 사업체를 닫았다는 사실을 알아낸다. 이러한 사실을 감안하면 샌드위치 가게의 수익은 줄어들 테고 따라서 기대이익도 처음 예상보다 적을 것이다. 그러므로 숙련된 협상가인 당신은 샌드위치 가게에 대해 처음 생각한 가격을 제시하지 않는다. 진실로 중요한 한 가지, 즉 기대이익에 초점을 맞춰야 한다.

경제를 구성하는 다른 요소들이 중요한 까닭은 주식을 사고파는 사람들이 다양한 '지표'(실업률, 금리 등)의 변화가 회사의 기대이익에 궁극적으로 어떤 영향을 미치는지 알아내고 싶어 하기 때문이다. 건강보험 회사들이 어제까지 얼마나 벌었는지 궁금해하는 사람은 없다. 사람들은 새 의료개혁 법안이 그런 회사들의 향후 이익에 어떤 영향을 끼칠지 알고 싶어 한다. 스타벅스가 작년에 100만 달러를 벌었는지 10억 달러를 벌었는지 신경 쓰는 사람도 없다. 그들은 맥도날드의 고급 커피 판매 전략이 수익에 득이 될지 해가 될지를 알고 싶어 한다. 제너럴 다이내믹스General Dynamics가 정부에 군용기기를 납품해 이제까지 얼마나 벌었는지 궁금해하는 사람도 없다. 그들이 알고 싶은 것은 전 세계에서 군사적 갈등이 지속될지, 그래서 향후 매출 전망이 어떻게 변할지다.

바로 이런 이유로 2008년 미국 주식시장이 폭락했을 때 투자자들이 월마트 주식을 매수했다. 그들은 소비자들이 최대한 저렴한 제품을 구입해 소비 지출을 줄일 것이며, 따라서 월마트의 기대이익이 증가하리라고 여겼다. 같은 이유 때문에 패션업체 노드스트롬Nordstrom의 주가는 하락했다. 맥도날드 주가가 상대적으로 상승한 것도 투자자들이 저가 음식에 대한 수요가 늘어날 것이라고 예측한 까닭이다. 바로 이런 논리에 따라 치즈케익 팩토리Cheasecake Factory 같은 고급 레스토랑의 주가는 하락했다. 주류 회사들은 당연히 상승세를 유지했는데, 사람들은 우울하면 술을 마시는 경향이 있기 때문이다(행복할 때도 그렇다. 주류 회사는 비교적 경기 침체의 타격을 받지 않는다는 인식이 존재하는 이유다).

또 다른 재미있는 사실이 있다. 주가는 대체로 경기 침체가 끝나기 직전에 상승하는 경향이 있다. 시장은 지금 무슨 일이 일어나고 있는지에는 관심이 없다. 기업들의 미래이익에 관심이 있을 뿐이다. 주가가 하락하는 이유는 투자자들이 미래이익이 악화될 것이라고 생각하기 때문이다. 증시가 상승한다면 투자자들이 경제 상황이 바뀌어 기업의 미래이익이 상승할 것이라고 믿기 때문이다.[5]

물론 기대이익을 예측하기에는 변수가 너무 많다. 단기적으로 시장이 항상 옳은 것은 아니기 때문이다(장기적으로는 대부분 옳지만). 가령 완벽한 상황에서 완벽한 샌드위치 가게를 인수하더라도 동네의 범죄율이 상승하거나 예상치 못했던 도로 공사 때문에 가게로 오는 길이 막힌다거나 새로운 음식이 유행해 그외 종류의 빵에 대한 수요가 떨어지는 등 다양한 돌발 요소 때문에 기대했던 수익을 올리지 못할 수도 있다.

설령 거의 완벽한 경제적 환경이 조성되더라도 누군가 건물에 항공기를 돌진시켜 하룻밤 만에 세상이 뒤집힐 수도 있다. 그러나 주식시장은 한순간에 모든 것을 잃을 수 있는 샌드위치 가게와는 달리 높은 회복력을 갖추고 있다.

역사적으로 볼 때, 아무리 나쁜 일이 발생해도 미국 최고의 기업들(S&P 500)은 늘 결과적으로 돈을 벌 수 있는 방법뿐만 아니라 더 많은 돈을 버는 방법을 발견해냈다. 단 한 번의 예외도 없었다. 그리고 늘 그렇듯, 증시는 그런 이익을 좇아갈 것이다.

---

5   물론 실제로는 이것보다 약간 더 복잡하다. 투자자들은 항상 미래이익을 다른 곳에서 얻을 수 있는 이익과 비교하기 때문이다. 예를 들어 10년 만기 채권이 10퍼센트 이자를 지급한다면 순식간에 주식시장에서 자금이 빠져 채권시장으로 몰려들 것이다.

우리는 어떤 세상을 향해 가고 있는가?

나와 다른 많은 전문가들의 의견에 따르면, 인류의 전성기는 아직 도래하지 않았다. 앞에서 본 것처럼 세계는 지금도 계속 전진 중이기 때문이다. 투자자들에게 지금이 역사상 최상의 시점이 될 수 있는 까닭도 그 때문이다.

인류의 진보는 거스를 수 없는 흐름이다. 우리의 미래는 선형적이 아니라 기하급수적이다. 증거를 하나 들어볼까? 1975년, 코닥Kodak에서 일하던 스티븐 새슨Steven Sasson이라는 24세의 엔지니어가 세계 최초로 디지털 카메라를 발명했다. 무게는 3킬로그램이었고, 0.01메가픽셀 사진을 찍는 데 23초가 걸렸으며, 찍은 사진은 오직 커다란 텔레비전을 통해서만 볼 수 있었다. 상사의 반응은 탐탁지 않았다. 새슨은 〈뉴욕타임스〉와의 인터뷰에서 "그들은 사진을 텔레비전으로 보고 싶어 할 사람은 아무도 없을 거라고 말했다."고 밝혔다.

새슨은 꾸준히 연구에 매진했고, 사진의 해상도는 매년 두 배씩 증가했다. 흐릿했던 사진은 점점 더 뚜렷해졌다. 여전히 경영진은 그 성과가 인상적이라고 생각하지 않았다. 그들은 복리의 위력을 이해하지 못했다.

2배씩 10번 반복되면 1,000배가 된다.

20번 반복되면 100만 배가 된다.

30번 반복되면 10억 배가 된다.

이것이 바로 기술이 발전하는 방식이다. 방금 당신이 아이폰으로 찍은 사진이 프로 사진작가의 작품과도 견줄 수 있는 이유다. 새슨이 처음 디지털 사진을 발명하고 코닥이 아날로그 필름에서 디지털로 사업을 전환하기까지 걸린 시작은 고작 18년이다. 그러나 그 시점에는 이미 늦어 있었다. 신기술을 재빨리 받아들인 소니나 애플 같은 기업들이 일찌감치 경쟁사들을 따돌렸기 때문이다. 그 뒷이야기는 당신도 잘 알 것이다.

지금 우리는 수많은 변혁적이고 '기하급수적'인 기술들이 만나는 지점에 와 있다. 훈련되지 않은 이들의 눈에는 초기 디지털 사진처럼 미진해 보일지도 모르지만, 착각은 금물이다. 이런 기술들은 지금 투자 게임의 판도를 바꾸고 있고 나아가 인류의 변혁을 이끌고 있다.

예를 들어 우리는 지난 20년 사이 인류 전체의 역사를 통틀어 합한 것보다도 인간의 신체에 대해 더 많은 지식을 알게 되었다. 지식의 증가는 질병의 확산에 맞서 싸울 수 있는 도구들을 극적으로 발전시켰고, 의료보건에 대한 인식을 근본적으로 변화시켰다. 유전자 편집 기술은 말라리아 같은 질병을 영원히 퇴치할 수 있다는 가능성을 보여준다. 그렇게 된다면 매년 100만 명의(대다수가 아동) 목숨을 구하고, 나아가 3억 명의 감염 환자를 예방할 수 있을 것이다. 줄기세포 연구의 진보 역시 재생의학에 강력한 힘을 실어주고 있으며, 본인의 유전자 정보를 사용해 손상된 장기나 질병으로 입은 피해를 복구함으로써 인간의 수명과 삶의 질을 극적으로 증진시킬 가능성을 열어주고 있다.

이러한 혁신들은 식량과 물에 대한 접근성을 개선하는 한편 생태학적 발자국을 줄이는 데도 공헌하고 있다. 미국은 매년 약 260억 파운드(약 1,000만 톤—옮긴이)의 고기를 소비한다. 소 한 마리가 약 11,000갤런(약 41,000리터—옮긴이)의 물을 마시고 가축들은 전 세계 온실가스의 배출량의 약 15%를 내뱉는다. 살아 있는 가축들은 지구상의 농경지 80%를 사용하고 있지만 전 세계 칼로리 섭취량의 겨우 20%를 생산할 뿐이다. 나도 맛있는 스테이크를 좋아하는 사람이나, 현재 우리의 생활 방식이 경제적으로나 환경적으로나 지속 가능하지 않으며 전 세계 70억 인구의 (그리고 계속 증가 중인) 니즈를 충족시키지도 못한다는 사실을 알아차리기란 그리 어렵지 않다. 기업들은 이미 '실험실 배양육'을 내놓고 있고(마케팅 쪽 사람들은 더 나은 명칭을 지어내느라 고심 중이겠지만), 그 결과 아주 작은 고기 조각으로 최적의 영양가와 완벽한 식감, 뛰어난 맛을 지닌 고기를 무제한 생산할 수 있게 될 것이다. 지속 가능한 식량 공급 체인의 실현 가능성이 눈앞에 다가오고 있다.

혁신의 바람은 농산물 시장에도 불어오고 있다. 동네 슈퍼마켓과 식당에 공급되는 채소와 과일은 많을 경우 수천, 나아가 수만 킬로미터 거리를 운송되어 당신의 식탁 위에 오른다. 식당에서 식사하는 비용의 거의 절반가량이 식재료의 운송비다. 알래스카주의 앵커리지나 뉴멕시코 앨버커키 같은 곳에서조차 신선한 농산물에 대한 수요가 일 년 내내 충족될 수 있다고 상상해보라. 이제 회사들은 신기술을 이용해 이를 현실로 만들고 있다. 30에이커 면적에서 생산되던 식량을 면적은 1에이커도 안 되고 기후의 영향을 받지도 않는 자동화 창고에서 생산하고 있는 것이다. 뿐만 아니라 이런 '농장'에 필요한 물의 양은 일반적으로 농작물 재배에 사용되는 양의 5%에 지나지 않는다. 첨단 기술이 선진국에만 다양성과 편의성을 제공하는 것도 아니다. 이러한 혁신은 전 세계의 식량 부족 문제를 해결하는 데 활용될 수 있으며, 특히 전통적 농법이 힘든 열악한 기후조건 지역에서 더욱 유용할 수 있다.

오늘날 전 세계 많은 지역들이 직면하고 있는 위험은 비단 식량 부족뿐만이 아니다. 인류의 엄청난 진보에도 불구하고 아직도 10억 명이 넘는 사람들이 안전한 식수를 사용하지 못하고 있으며, 매년 수백만 명이 수인성水因性 질병으로 사망한다. 깨끗한 물에 대한 접근성이 증가하면 삶의 모든 측면에 물결 효과가 발생한다. 이는 건강이 증진되고 교육과 다른 활동에 투자할 수 있는 시간이 증가한다는 의미다. 아프리카 여성들은 1년에 400억 시간을 깨끗한 물을 얻는 데 투자한다. 네 시간 동안 먼 길을 걸을 필요 없이 단 4분 만에 깨끗한 식수를 얻을 수 있다면 생산성이 얼마나 증가할지 생각해보라.

기업들은 이제 전통적인 방식으로 우물을 파거나 정화 시스템을 개선하기보다 공기 중 수분을 추출하는 등 보다 혁신적인 방법을 수용하고 있다. 주변 공기에서 날마다 500갤런(약 1,900리터 ─옮긴이)의 깨끗한 담수를 뽑아낼 수 있는 과학기술이 존재하는 것이다! 모든 사람들이 깨끗한 물에 접근할 수 있게 되면 어떻게 될까? 학교에 가고, 일자리를 얻고, 수세식 화장실을 사용하고, 사업을 하고, 질병과 불필요한 죽음을 예방할 수 있다. 물론 세계 경제에도 기여할 수 있을 것이다! 그 결과 모두의 생산성과 부가 증가할 것이다.

셀룰러 데이터의 속도가 급격히 상승하면서 많은 것이 달라지고 있다.˙ 최근에는 새로운 5G 기술에 대한 기대감이 퍼져나가고 있다. 이 새로운 네트워크는 당신의 휴대용 기기를 집과 사무실을 유선으로 연결하는 DSL이나 케이블 통신보다 더 빠르게 만들어줄 것이다. 신기술의 영향력은 단순히 바닷가에서 〈프렌즈Friends〉 에피소드를 볼 수 있는 것 이상이다. 대륙 전체가 초고속 인터넷에 접속할 수 있게 되고, 그중에는 혜택을 처음으로 접하는 이들도 있을 것이다. 아이들은 전례 없는 수준의 정보와 교육 자원에 접근할 수 있다. 창업가들은 디지털 도구를 사용해 세계 시장에 합류하는 데 방해가 되었던 장벽을 무너뜨리고 새로운 시장에 접근할 수 있다. 증강현실과 가상현실, 4K 스트리밍과 같은 신기술의 확산을 가져올 것이며, 인공지능의 광범위한 적용과 삶의 편의를 높일 머신러닝 활용이 가능해질 것이다. 구글의 CEO 순다르 피차이Sundar Pichai는 "AI는 인류가 개발한 것 중 가장 중요한 것으로, 전기나 불(의 개발)보다도 더욱 중요하다."고 말했다.

• 　무선 데이터 통신 방식은 셀룰러 이동 전화망, 주파수 공용 통신 시스템TRS, 무선 호출망 등으로 구분된다. 파일 전송, 데이터베이스 검색, 빅데이터 등 정보량이 많은 경우에는 셀룰러 이동 전화망이 유리하다. 최근 이를 통해 전송하는 데이터의 양과 속도가 기하급수적으로 증가하고 있다.

지금 우리는 SF 세상이 현실화되는 시대에 살고 있다. 쥘 베른Jules Verne이 이걸 보면 어떻게 생각할까? 그는 1800년대에 잠수함, 뉴스 방송, 태양돛, 달착륙선, 공중문자, 화상 회의, 테이저, 수상비행기를 상상했는데, 오늘날에는 이 모든 것들이 실제로 존재한다.

이는 그저 우리 앞에 놓인 놀랍고도 기하급수적인 미래의 아주 작은 부분일 뿐이다. 로봇 공학, 자율주행 자동차, 패신저 드론, 3D 프린터, 블록체인 등 다른 수많은 기술들도 있다. 요는 우리와 우리의 자녀들을 기다리고 있는 미래가 신나고 흥미진진하다는 것이다.

인류 역사상 이렇게 빠른 속도로 혁신이 일어난 적은 없었다! 혹시 이 주제에 대해 더 자세히 읽어보고 싶다면 피터 디아만디스Peter Diamandis의 『어번던스Abundance』와 매트 리들리Matt Ridley의 『이성적 낙관주의자』를 추천한다.

이쯤 되면 당신은 의아할지도 모른다. '기술 혁신이 내 재정적 자유와 무슨 상관인데?' 그 대답은 바로 "전부 다!"이다.

명심하라. 시장은 무엇을 중요하게 여기는가? 미래의 기대이익이다! 12억 명의 사람들이 빈곤에서 벗어나 중산층으로 진입하고 있다. 이제껏 온라인을 접해보지 못했던 대략 30억 명의 사람들이 웹 세상이 제공하는 무한한 정보에 연결될 것이다. 시장에 새로운 소비자들이 몰려들 거대한 흐름의 시작점이다. 그들은 아이폰을 사고, 나이키 신발을 신고, 맥도날드 햄버거를 먹고, 갭GAP에서 쇼핑을 하고, 폭스바겐을 구입하고, 인스타그램에 가입하고, 넷플릭스를 보고, 우버Uber를 사용하고 싶어 한다. 그들은 아직 존재하지도 않는 회사들의 상품과 서비스를 구매하고 싶어 한다! 차세대 구글, 차세대 애플, 차세대 페이스북이 인간의 새로운 미래를 위해 개발되기만을 기다리고 있다.

이러한 놀라운 인구통계학의 추세와 기하급수적인 속도로 발전 중인 첨단기술을 고려하면, 내가 지금이야말로 장기적·국제적으로 다각화한 투자를 하기에 역사상 최적의 시기라고 믿는 이유를 알 수 있을 것이다. 언젠가 수십 억 가치의 스타트업(투자가들이 '유니콘'이라고 부르는)으로 성장할지도 모른다는 기대감에 잘 모르는 회사를 선별할 필요도 없다. 기다리면 자연스럽게 가치가 오를(여기에 대해서는 조금 뒤에 이야기하자) '모든' 최상급 회사들의 일부분을 소유할 수 있기 때문이다. 당신이 해서는 '안 될' 일이 하나 있다면 미래에 대한 양산된 두려움에 잠식돼 마비되는 것이다. 아무에게도, 특히 당신에게는 더욱 도움이 되지 않는다.

자, 그렇다면 이제 여정을 시작해보자. 어떤 길을 따라 재정적 자유로 가야 할지 지도를 그려보자. 미래에 대한 흥분과 기대가 바로 당신의 원동력이다!

제3장

모든 투자 결정의
원동력

_토니 로빈스

마음은 내 마음대로 되는 게 아니다.

— 옛 경구

한 친구(제이슨이라고 하자)가 그의 파란만장한 삶에 대해 독자 여러분에게 얘기해도 된다고 허락해주었다. 그럼 시작해볼까.

제이슨은 참 똑똑한 친구였다. 맨땅에서부터 광고 회사를 시작해 2000년대 초반 엄청난 성공을 거뒀다. 자신이 일궈낸 성취에 커다란 자부심을 갖고 있었고 회사의 수장으로서 명확한 비전과 훌륭한 역량을 갖추고 있었다. 확고한 자신감으로 모두를 이끄는 선장이었으며, 직원들도 그를 신뢰했다. 2004년 제이슨은 회사를 1억 2,500만 달러에 매각했다. 그의 비즈니스 감각과 실력이 얼마나 탁월한지를 보여주는 사건이다. 그때 제이슨의 나이는 고작 40세였다. 엄청난 부자가 되었지만, 회사 매각은 그보다 더 중요한 의미를 지니고 있었다. 제이슨은 경쟁업체들을 멀리 떨쳐내고 결승점을 넘었으며, 자기 자신과 다른 모든 이들에게 그가 진짜배기임을 입증할 수 있었다. 그로부터 얼마 지나지 않아 제이슨은 뉴욕에서 라스베이거스로 거처를 옮겼다. 젊은 억만장자에게 안성맞춤의 도시였다. 그가 가는 곳마다 레드카펫이 깔렸고, 제이슨은 마침내 '해냈다'는 기분이 들었다.

하지만 얼마 안 가 그의 사업가 기질이 꿈틀대기 시작했다. 이번에는 부동산에 손을 대보기로 했다. 제이슨은 집 몇 채를 사서 수리하는 게 아니라 판돈을 전부 걸기로 작정하고는 호화로운 고층 아파트 건물을 한 채도 아니고 두 채도 아닌, 자그마치 세 채나 건설하기로 마음먹었다. 부동산 사업을 해본 적이 없다는 사실은 큰 문제가 아니었다. 그는 거물이었고, 거물은 항상 성공하는 법이니까. 그렇지 않은가?

12개월도 안 돼 건물이 올라가기 시작했고, 계약금도 없는 아파트들이 빠른 속도로 팔려나갔다. 호사스러운 파티를 열어 펜트하우스를 사려고 수백만 달러를 척척 내놓는 A급 유명인사들을 불러 모았다. 2006년 경제가 호황에 접어들면서 제이슨의 순자산은 계속해서 불어나 거의 8억 달러에 달했다. 적어도 서류상으로는 그랬다.

나는 제이슨을 내가 주최한 한 행사에서 처음 만났다. 그때 제발 자산을 다각화하고 보호할 계획을 세우라고 애원한 기억이 난다. 안타깝게도 그는 내 충고보다 '계속 가격이 오를' 아파트를 판매하는 데 더 관심이 있었다.

"그래도 칩 몇 개는 따로 챙겨 놔요. 상황이 나빠질 때를 대비해 여윳돈을 준비해 둬야죠. 한 바구니에 달걀을 전부 담지 말고요."

더 이상 짜낼 수 있는 비유가 바닥났지만 제이슨은 그중 무엇도 하려 들지 않았다. 그는 취해 있었다. 술이나 마약이 아니라 '감정적 욕구'에 말이다. 제이슨은 자신이 무적이라고 생각했다. 그의 재산은 이제 10억 달러를 바라보고 있었다. 궁극적인 도달을 의미하는 성층권 너머의 이정표였다. "하루하루가 신나는 일의 연속이에요. 새로운 선택, 새로운 경험, 새로운 인간관계, 새로운 영업, 더 높이 성장하고 확장할 새로운 기회들이 가득하죠." 그는 이렇게 말했다.

아마 당신도 이 이야기의 결말을 짐작할 것이다. 2008년 금융 위기는 미국의 다른 모든 도시들과 마찬가지로 라스베이거스의 부동산 시장을 강타했다. 2010년에는 65%의 주택이 처음 구입했을 때보다 가격이 떨어져 있었다. 어마어마한 돈이 '물밑'으로 가라앉은 것이다. 대침체는 제이슨의 구매자들을 거의 다 쫓아내고 완공되지 않은 빈 건물만을 남겼다. 이제 제이슨은 5억 달러의 빚을 지고 있었다. 다수의 은행에 산더미 같은 빚이 있었고, 그들은 굶주린 상어 떼처럼 그의 주위를 빙글빙글 돌았다.

이 이야기를 들려주는 이유는 단순히 다각화의 중요성을 강조하기 위해서가 아니다. 그런 일화라면 수도 없이 많다. 이 이야기가 중요한 이유는 인간의 뇌와 감정적 욕구가 우리를 현명한 길, 즉 재정적 자유로 향하는 길에서 벗어나게 만들 수 있음을 보여주기 때문이다. 지금 돌이켜보면 제이슨의 감정적 욕구가 이 유능하고 탁월한 사업가의 의사결정 능력을 어떻게 손상시켰는지 명백하게 알아차릴 수 있다. 탐욕에 눈 먼 사람에 대한 흔한 우화로 치부할 수도 있겠지만, 나는 인간의 마음이(당신이나 나나) 그보다 훨씬 복잡하다고 단언한다. 사람의 감정적 욕구가 어떻게 작동하는지 이해하지 못한다면 우리는 재정적 자유로 향하는 내내 뒷좌석에 앉아 운전대는 손에 잡아보지도 못한 채 끌려가기만 할 것이다.

인간의 소프트웨어는 코딩되어 있다

사람들이 삶을 변화시킬 수 있도록 돕는 사명을 실천해온 지도 벌써 40년을 향해 달려가고 있다. 나는 전 세계 400만 명이 넘는 사람들과 직접 만나고 함께 일하는 특권을 누렸다. 이제껏 함께 교류하고 소통한 대중의 스펙트럼은 넓고도 깊다. 대통령부터 프로 운동선수, 업계 거물, 주부들, 10대 청소년에 이르기까지. 이런 나의 독특한 위치는 연령과 지역, 문화, 사회경제적 지위를 초월하는 인간의 행동 패턴을 관찰하고 포착할 수 있게 해주었다.

간단히 말하자면 인간은 모두 똑같은 소프트웨어를 탑재하고 있다. 그렇다. 우리는 각자 독특한 사연과 욕구를 지닌 유일무이한 존재지만 사람을 움직이는 근본적인 원동력, 즉 행동을 부추기고 대중이라는 한 덩어리로 만드는 것은 바로 모두가 갖고 있고 충족하고자

하는 '인간의 6대 욕구'다. 피터 멀록은 고객들에게 재정적 자유를 향한 진정한 동기와 의사결정을 자극하는 것에 대해 생각해보도록 독려할 때 이 욕구를 자주 언급한다.

우리는 인간의 6대 욕구에 따라 움직인다. 사람이라면 누구나 보편적으로 지니고 있으며, 행동과 충동, 심지어 중독을 부추기는 원료다. 긍정적인 영향을 끼칠 수도 있고 자기파멸로 몰고 갈 수도 있다. 사람은 누구나 똑같은 6대 욕구를 지니고 있지만 우선순위는 각자 다르다. 중요하게 생각하는 욕구를 충족시키는 방식 또한 다르다. 그러나 욕구를 어떤 방식으로 충족시키는지에 따라 당신이 충만한 삶을 누릴 수 있을지 여부가 결정된다.

부디 이 장을 읽고 단순하고 강력한 인간의 사고체계를 이해함으로써 당신이 삶에서 가장 중요하게 여기는 욕구와 그것을 충족할 생산적인 방식을 파악할 수 있길 바란다. 뿐만 아니라 재정적 자유를 추구하는 데 있어 당신의 욕구가 도움이 될지 아니면 방해가 될지도 깨달을 수 있을 것이다.

어떤 사람들은 돈만 원한다

누군가는 "내 감정적 욕구와 재정적 자유가 무슨 상관인데?"라고 물을지도 모르겠다. "돈 얘기만 하자고요, 토니!"라며. 글쎄, 한 가지만 묻자. 당신은 왜 돈을 벌고 싶은가? 단순히 죽은 대통령 얼굴이 그려진 종이쪼가리를 모으고 싶어서가 아니라는 데는 모두 동의할 것이다. 안정적으로 살고 싶어서? 내가 원할 때 원하는 일을 하고 싶은 자유를 원하는가? 자신이 특별하다는 느낌을 받고 싶어서 부를 좇는가? 아니면 어려운 사람들을 돕고 세상에 중요한 영향을 끼치고 싶어서? 어쩌면 전부 다일지도 모른다. 당신이 원하는 이런 감정들은 욕구에서 비롯된다.

재정적 자유로 가는 여정에서 성공했다는 느낌을 받고 싶다면 당신의 소프트웨어가 어떤 원리로 작동하는지 알고, 나아가 정상에 오를 수 있도록 코드를 다시 짜야 한다! 지금부터 인간의 6대 욕구를 하나씩 살펴보며 내가 재무관리 업계에서 일하며 겪은 몇 가지 짧은 일화들도 함께 살펴보자. 다양한 시나리오를 통해 사람들의 욕구가 재정적 결정에 어떤 영향을(좋은 쪽으로든 나쁜 쪽으로든) 끼치는지 깨닫게 될 것이다.

인간의 여섯 가지 욕구

첫 번째 욕구: 확실성

내게 확실한 건 아무것도 없지만, 별들의 풍경은 나를 꿈꾸게 한다.

— 빈센트 반 고흐

확실성에 대한 욕구는 아마도 인간의 뇌에 가장 강력하게 뿌리박힌 생존 메커니즘일 것이다. 자기보호는 우리를 움직이는 시스템의 기본 설정이고 불필요한 위험을 피하는 일은 백만 년 이상 유지된 소프트웨어의 '최우선 사항'이다. 그러나 투자에 있어서 위험 감수는 게임의 본질적인 특성이기에, 확실성에 대한 욕구가 지나치면 당신을 형편없는 선택으로 몰고 갈 수 있다(예를 들어 평생 모은 저축을 매트리스 안에 숨겨두거나, 시장의 불안한 신호를 보자마자 가진 주식을 전부 파는 등).

확실성에 대한 욕구가 재정적 자유로 가는 운전석에 앉게 되면 운전대를 너무 꽉 잡게 될 위험이 있다. 모든 위험을 회피하고 싶다는 욕구가 지나치면 도리어 성공의 기회를 잡는 데도 해가 된다. 그러나 적절한 맥락과 균형을 이해한다면 확실성은 게임의 판도를 바꿀 수 있는 중요한 요인이기도 하다. 일단 시장의 작동 원리를 파악하고 올바른 길을 가는 데 무엇이 필요한지 확신하고 나면, 여정과 종착지 양쪽 모두에서 진정한 자유를 누릴 수 있다.

다양한 재정적 자유 시나리오에서 확실성이 어떻게 작용하는지 한번 보자.

- 2009년에 겁을 집어먹고 주식시장에서 탈출한 한 베이비부머는 아직도 현금을 끌어안은 채 투자에 다시 뛰어들 '더 좋은 시기'를 기다리고 있다. 그는 역사상 가장 긴 상승장을 놓치고 있고, 느긋하고 긴 노후생활을 즐길 수 있는 확률은 점점 감소 중이다.
- 한 신혼부부는 미래에 대해 굉장히 치밀한 재무계획을 설계해

두었다. 그들은 퇴직연금 계좌에 최대 금액을 저축하고, 자녀들의 대학 등록금을 따로 모으고, 재무 및 상속 계획으로 자산을 보호 중이다. 친구들은 아무 계획 없이 돈을 버는 족족 소비하고 있지만 이들은 매우 안정감을 느끼고 있다.

- 어떤 사람은 '보증'에 대한 집착을 충족시키려고 오로지 CD Certificate of Deposit(양도성 예금증서 — 옮긴이)와 채권에만 투자하고 있다. 그러나 아이러니하게도 높은 수익률을 얻을 수 있는 더 큰 위험을 감수하고 있지 않기 때문에 은퇴자금 목표에 도달할 확률은 오히려 곤두박질치고 있다. 심리적 욕구가 현실적인 니즈 충족을 가로막고 있는 것이다.

- 사치품을 포기하고 최대한 근검절약하며 살고 있는 한 중산층 부부는 매년 연소득의 25%를 저축하고 있다(남편은 안정적인 연금을 위해 공무원이 되기로 선택했다). 은퇴가 머지않은 지금, 그들은 7자리 액수의 포트폴리오를 보유 중이다.

- 한 부부는 은퇴 후에 다 쓰지도 못할 만큼 많은 돈을 모았지만 휴가를 가거나 4달러짜리 커피를 마시거나 항상 꿈꿨던 비싼 자동차를 대여하지도 않는다. 이들은 모든 재산을 자식들에게 물려줄 작정인데, 자식들은 아무런 거리낌 없이 그 돈을 전부 써버릴 것이다!

자, 이제 자문해보라. 재정적 자유로 가는 여정에서 당신은 어느 정도의 확실성을 지니고 있는가? 적당한가, 지나친가, 미흡한가?

> **삶의 조언** 적절한 양의 확실성은 바람직하지만 이 욕구가 다른 모든 것
> 을 장악하게 내버려뒀다간 순식간에 아무것도 하지 못하고
> 마비될 수 있다. 왜냐하면 이 세상에서 정말로 확실한 것은 단
> 하나뿐이기 때문이다. 바로 인생은 불확실하다는 사실이다.

두 번째 욕구: 다양성·불확실성

다양성은 인생에 풍미를 더하는 향신료와 같은 것

— 윌리엄 쿠퍼William Cowper

다양성은 삶을 흥미롭게 만들어준다! 무슨 일이 생기든 삶을 헤쳐 나갈 수 있음을 깨달을 수 있도록 감정의 근육을 키워주는 것도 바로 다양성이다. 두 번째 욕구의 또 다른 측면인 즉흥성 역시 경이로움과 모험심을 북돋아준다. 앞에서 말한 것처럼 사람이라면 누구나 이 여섯 가지 욕구를 지니고 있지만, 자신이 확실성을 더 중요히 여기는지 아니면 다양성을 선호하는지는 이미 스스로 알고 있을 것이다. 당신은 유랑을 좋아하는 집시 체질인가? 일정을 짜고 할 일을 미리 계획해두는 것을 싫어하는가? 아니면 뭐든 정확하게 통제하는 것을 좋아하고, 뚜렷한 체계와 예측 가능성을 요구하고, 분명한 규칙이 있는 게임을 선호하는가?

다음과 같은 각각의 상황에서 다양성에 대한 욕구가 어떻게 주요 동인으로 작용하고 있는지 생각해 보라.

- 어떤 사람은 늘 남들이 아직 모르는 '섹시'한 투자 상품을 찾아 다닌다. 그래야 다음 번 디너 파티 때 쉴 새 없이 떠들어댈 수 있기 때문이다. 이런 사람은 다음에 무엇을 할지 조사하고 자료를 읽는 것을 좋아한다.
- 어떤 부부는 다음 휴가나 주말에 어디로 어떻게 여행을 갈지 오랜 시간을 들여 꼼꼼하게 계획을 짜지만 개인적인 재무계획을 짜는 데는 1년에 1시간도 투자하지 않는다. 이들이 401(k) 계좌에 넣고 있는 금액은 신용카드 이자에 비하면 쥐꼬리만 한데, 돈을 모으기보다 지금 당장 소비하는 것을 더 좋아하기 때문이다.
- 한 도박사는 재정적 자유를 성취하기 위해 늘 커다란 한 방을 노리고 있다. 그는 도박에서 이기기 위해 크고 불확실한 위험을 감수한다.

삶의 조언 만일 당신이 다양성 욕구에 휘둘리고 있고 그것이 당신의 일상생활을 이끄는 핵심적인 원동력이라면, 당신은 어떤 중요한 대상이나 의미 있는 사람에게 얽매이지 않을 것이다.

세 번째 욕구: 중요성

인생에서 중요한 것은 우리가 살아왔다는 단순한 사실이 아니다.
다른 사람의 삶에 어떤 변화를 가져왔는지가 중요하다.

— 넬슨 만델라Nelson Mandela

사람은 누구나 중요한 존재가 되고 싶어 한다. 독특한 사람이 되길
원한다. 내가 이 세상에서 중요한 인물이고, 변화를 만들고 있음을
알고 싶어 한다. 이런 욕구는 수많은 아름다운 방식으로 충족될 수
있다. 가령 배우자나 친구들이 우리가 정말로 소중하고 귀한 사람처
럼 느껴지게 대우해주는 것처럼 말이다. 중요성에 대한 욕구는 우리
의 삶을 이끄는 사명에서, 선택한 직업에서, 열망하는 호칭에서 드러
난다. 우리는 훌륭한 부모로서, 사랑받는 연인으로서, 소중한 친구나
아니면 그저 조물주의 자식으로서 중요성을 체감한다.

중요성을 갈망하는 데 있어 분명하면서도 감정적으로 만족스러운
방법들도 있다. 그중에서 가장 눈에 띄는 예는 바로 우리가 구매하는
물건일 것이다. 어떤 사람은 모두의 시선을 확 사로잡는 주황색 람보
르기니를 구매하고 어떤 사람은 사회적 책임의식을 드러내는 하이브
리드차 도요타 프리우스를 구매한다(양쪽 모두 본인의 선택과 그 의미가
어떤 형태로든 중요하게 보이기를 원한다). 어떤 사람은 두드러진 문신과
피어싱을 하고, 또 다른 사람은 밑창이 빨간 하이힐과 브랜드의 머릿
글자 로고가 박힌 2,500달러짜리 핸드백을 산다.

어떤 이들은 보다 미묘하고 파괴적인 방식으로 중요성을 피력하기도 한다. 심각한 문제를 일으킨다거나 하는 식으로 말이다. 다른 말로 '피해 의식'이라고도 한다. 우리 사회가 가장 심각하게 중독되어 있는 게 하나 있다면 약물이 아니라 바로 이 문제, 피해 의식이라고 생각한다. 아마 당신도 눈앞에 놓여 있는 선물은 보지 못하고 자신이 비참한 삶을 살고 있다고 끊임없이 호소하는 사람을 알고 있을 테다. 그들은 종종 자신의 피해자다움을 권리 의식과 다른 사람을 향한 비판 위에 쌓아 올린다. 게다가 소셜 미디어는 이런 해로운 특성을 증폭시키고 있다. 안타깝게도 많은 사람들은 자신의 상처를 뭔가 충만하고 의미 있는 것으로 벌충하지 못한다. 모두가 상처를 갖고 있다. 그러나 가장 흥미롭고 영향력 있는 사람들은 삶이 그들'에게' 일어나는 것이 아니라 그들을 '위해' 일어난다고 믿는 이들이다. 상처는 그들의 정체성이 아니다. 앞으로 나아가기 위한 연료다.

요컨대, 중요성은 매우 조심스레 다뤄야 하는 욕구다. 중요성에 대한 욕구를 충족하는 것은 장기적인 성취감, 인간관계, 그리고 경제적 성공에 매우 중대한 역할을 한다.

중요성이 재정적 자유로 가는 여정에서 어떤 형태로 나타날 수 있는지 보자.

- 한 남자는 다른 사람들보다 똑똑해지기 위해 엄청난 양의 금융 매체를 섭렵하고 그런 다음 신중하게 주식을 골라 투자한다(불행히도 이는 어떤 투자자든 돈을 잃는 포지션이다. 전문가도 예외

가 아니다). 그는 골프 친구들에게 자신이 어떻게 돈을 벌었는지 우쭐대고 싶지만 결국 돈을 잃고 입을 다문다.

- 투자를 하지 않는 밀레니얼 세대. 그는 '자본주의 돼지들'과 월 스트리트를 악마화하고 자신의 재정적 안전도 무시한다.

- 어떤 사람은 재정적 지혜와 영성을 결합해 돈이 (그러므로 돈이 많은 사람들도) 모든 죄악의 근원이라고 생각한다. 돈에 대해서는 걱정하지 않기로 결심했지만 아이러니하게도 돈이 없어서 큰일이라는 걱정에 휩싸이게 된다. 참고로 말해두자면 악의 근원은 돈 그 자체가 아니라 돈에 대한 지나친 '사랑'이다.

- 어떤 이는 대중을 정부에 현혹된 '양 떼'라고 부르며 경멸한다. 대신에 그는 가진 돈을 전부 똑똑하고 최첨단처럼 보이는 암호화폐에 투자하는데, 그것이 '미래를 탈중앙화'할 방법이라고 여기며 주변 사람들에게도 끈질기게 추천한다.

삶의 조언 하지만 착각은 말자. 자신이 중요한 사람이라는 느낌을 받기 위해 일시적이고 기능장애적인 접근을 해봤자 헛고생일 뿐이다. 아마도 당신의 욕구는 영원히 충족되지 못하고 갈증만을 느끼게 될 것이다. 무슨 욕구나 그렇지만, 중요성에 대한 욕구를 불건전한 방식으로 충족하려 들면 오히려 자신을 가두는 감옥이 될 수 있다. 중요성이란 욕구는 사람을 지나치게 자기중심적으로 만들며, 자존심에 눈이 멀어 지속적인 인

> 간관계를 맺는 데 필수적인 자기희생을 못할 만큼 이기적으
> 로 만들 수 있다.

네 번째 욕구: 사랑과 연결

세상에서 가장 아름답고 훌륭한 것들은 눈으로 보거나 만질 수 없다.
오직 마음으로만 느껴야 한다.

– 헬렌 켈러

사랑은 영혼이 호흡하는 산소이자 진정한 갈망의 대상이다. 우리
는 이타심과 무조건적인 사랑을 갈구하도록 설계되어 있으며, 그런
감정을 본능적으로 느낄 수 있다(러브송과 로맨스 영화들이 그토록 인기
가 좋은 이유다). 이러한 사랑은 연인이나 가족, 절친한 친구의 애정일
수도 있고, 그것과는 조금 다른 연결의 힘일 수도 있다. 장엄한 자연,
감동적인 이야기나 좋아하는 노래와 연결되어 있다는 느낌은 내가
있어야 할 올바른 자리에 속해 있다는 기분을 느끼게 할 수 있다. 그
중에서 가장 중요한 것은 바로 당신 자신과의 연결이다. 욕구에 충실
한 삶은 영혼을 가진 이로서 신이 부여한 의무이기도 하다.

그렇다면 우리의 재정적 여정에서 사랑이나 연결에 대한 욕구는
어떤 방식으로 나타날까? 아마 조금 놀랄지도 모른다.

- 항상 쇼핑을 같이 다니던 두 친구는 고급 브랜드 제품을 사느라 무리를 하는 바람에 어마어마한 빚을 지고 말았다. 두 사람의 상호의존성이 위험하고 값비싼 배출 수단을 찾아냈던 것이다. 심지어 이들은 신용카드 색깔에서 자부심을 느끼는데, 다른 쇼핑 중인 사람들과 그들을 구분해준다고 생각하기 때문이다(참고로 중요성에 대한 욕구도 강하게 발산되고 있음을 알 수 있다).
- 한 커플은 재정적 자유를 위한 목표를 신중하게 계획하고, 특정 목표에 도달하면 그 보상으로 휴가를 가거나 서로에게 작고 재미있는 선물을 교환한다.
- 대학 동창을 주식중개인으로 고용한 한 남자는 친구가 자신에게 상품을 판매해 짭짤한 커미션을 챙긴다는 것을 알게 되었다. 하지만 우정에 금이 갈까봐 다른 '수탁' 자문에게 옮겨갈 수가 없다.

삶의 조언 사랑은 우리가 가장 갈구하는 것이며, 우리는 종종 아주 흥미로운 방식으로 그것을 손에 넣으려 한다. 어떤 이들은 스스로를 드러내고 사랑받는 것을 두려워한 나머지 소셜 미디어 친구나 가벼운 관계에만 만족하기도 한다.

이제까지 살펴본 네 가지 욕구는 내가 '개인적인 욕구'라고 부르는 것이다. 나머지 두 가지는 보다 심오한 영적 욕구와 관련이 있다.

다섯 번째 욕구: 성장

성장은 자신의 약점을 받아들이기 시작할 때 비로소 시작된다.

— 장 바니에Jean Vanier

삶의 법칙은 성장하지 않는다면 곧 죽어가는 중이라고 말한다. 성장하고 있다는 느낌을 받지 못한다면 재정적 자유는 아무 쓸모도 없다. 다른 사람과의 관계도 성장해야 하고, 사업도 성장해야 하고, 사고와 믿음도 성장해야 하고, 물론 우리의 재산도 성장해야 한다. 우리가 성장해야 하는 이유는 그래야 다른 이들에게 뭔가를 줄 수 있기 때문이다. 금전은 물론 우리 자신과 지혜, 사랑, 그리고 그보다 더 많은 것을 주고 베풀어야 한다.

이 경우에는 내 개인적 경험이 완벽한 예시가 될 수 있을 것이다. 전에도 밝힌 적 있지만, 나는 가난한 집안에서 자랐다. 열한 살 때 추수감사절에 있었던 일이다. 명절이 됐는데도 집에 먹을 음식이 하나도 없었다. 우리는 허덕이고 있었고 부모님 사이에는 명백한 긴장감이 감돌고 있었다. 그때 현관에서 문을 두드리는 소리가 들렸고, 나가 보니 한 천사가 서 있었다. 추수감사절에 이보다 더 바랄 수 없는 식료품이 가득 든 봉지를 든 배달원이었다. 그는 우리 가족의 친구가 보내는 선물이라고 말했다. 나와 동생들은 신이 났지만 아버지는 자존심 때문에 그것들을 돌려보내려 했다. 아버지는 "적선 같은 건 받지 않는다."고 말했다. 하지만 남자는 꽤 강경했고, 결국 아버지는 어쩔 수 없이 식료품 봉지를 받아들었다. 그날 밤, 우리는 낯선 사람 덕분에 풍성한 저녁식사를 즐길 수 있었다. 이 이야기의 메시지를 명백하다. 낯선 사람이 내게 관심을 갖고 베풀 수 있다면, 나도 다른 사람에게 관심을 갖고 베풀 수 있다. 이번에는 내가 열여덟 살이 됐을 때로 넘어가보자. 나는 어쩌다 곤궁한 형편에 있는 두 가족을 알게 되어 어릴 적 내가 추수감사절에 받은 호의를 그들에게 되돌려 주었다. 그들은 무척 고마워했다. 나는 그저 배달원일 뿐이라고 말했는데도 진심 어린 포옹을 해주었다.

두 번째 집에 들른 후 대여한 차로 돌아와 앉은 순간, 나는 울음을 터트리고 말았다. 내가 어릴 적에 겪었던 추수감사절을, 내 인생 최악의 순간이 될 수도 있었지만 도리어 최고의 순간이 되었고 지금 이 순간을 실천할 수 있게 만들어준 그날을 떠올렸다. 인생이 '내게' 일어난 것이 아니라 나를 '위해' 일어난 순간. 나는 당신의 삶에도 그러한 순간들이 있을 것이라고 확신한다. 그 뒤로 나는 추수감사절마다 더 많은 가족들에게 도움을 주기 시작했다. 아예 친구들을 모아 커다란 양동이에 음식과 생필품을 가득 채웠다. 우리는 '바구니 군단'을 조직했고, 오늘날에는 수백만 명이 내 재단의 도움을 받고 있다.

2014년에 나는 정부가 식비 지원 제도인 푸드 스탬프(SNAP 프로그램) 예산을 삭감한다는 소식을 듣게 되었다. 그렇게 되면 4인 가족이 매달 21끼니를 잃게 된다. 즉 민간단체와 푸드뱅크, 비영리재단의 도움을 받지 않는다면 매달 일주일 이상 굶게 된다는 얘기다. 이제 내가 더욱 성장하고 더욱 크게 베풀어야 할 때였다. 나는 피딩 아메리카와 함께 '1억 끼니 챌린지'라는 크고 높은 목표를 세웠다. 기존에 출간한 두 서적의 수익을 기부하는 것은 물론 개인적인 성금까지 합쳐 목표를 성대하게 완수했을 뿐만 아니라 나아가 지금까지 4억 끼니 이상을 지원하는 데 성공했다! 우리는 이제 공식적으로 '10억 끼니 챌린지'를 시작했으며 이 원대한 목표를 향해 전진 중이다. 그렇다. 이것은 사회공헌에 관한 이야기다. 그러나 동시에 확장에 관한 이야기이기도 하다. 비전을 확장하고, 목표를 확장하고, 다른 이들에게 베풀 수 있는 역량과 나아가 그 이상의 다른 많은 것들을 확장해야 한다.

삶의 조언 내가 만난 몇몇 부유한 인물들은 평생 원하던 것을 전부 손에 넣었으면서도 마침내 '해냈다'는 믿음, 더 이상 정복할 게 남지 않았다는 생각에 정체되어 완전한 충만감을 느끼지 못하고 있었다.

여섯 번째 욕구: 공헌

우리는 받는 것으로 생계를 꾸리고 주는 것으로 인생을 꾸린다.

― 윈스턴 처칠Winston Churchill

앞서 이야기했지만, 나는 삶의 비결이 베푸는 데 있다고 믿는다. 자기 자신을 넘어 다른 사람들에게 관심을 갖고 배려하는 일이야말로 진정한 삶의 정수다. 삶이란 결국 당신이 거기 어떤 의미를 부여하느냐에 달려 있다. 의미 있는 삶을 살고 있다면 은행에 얼마를 보관하고 있든 당신의 영혼은 충만할 것이다. 그러나 삶의 의미는 자신에 관한 생각에서 비롯되지 않는다. 남에게 무언가를 주고 베푸는 일에서 비롯된다. 당신의 시간과 애정, 자원을 베푸는 한편 보답에 대해서는 기대하지 않는 것. 당신의 컵이 흘러넘칠 때 주변 모든 사람에게 축복의 존재가 되고, 놀랍게도 그 축복의 가장 큰 수혜자는 바로 당신이 될 것이다!

공헌의 힘이 얼마나 강력한지 감동적인 사례 몇 가지를 소개한다.

- 한 부부는 성실한 계획과 현명한 소비생활 덕분에 교회에 넉넉하게 헌금을 내고 손자손녀들에게 대학 등록금을 지원하고 여가 시간에는 지역사회 아동병원에서 자원봉사를 하고 있다. 그들의 은퇴생활은 심오하고 뜻깊은 목표로 가득하다.
- 어떤 4인 가족은 매년 머리를 맞대고 앉아 올해는 어디에 기부할지 자유롭게 의논한다. 자녀들은 각자 좋아하는 곳을 선택해 기부를 하고 그 돈이 어떤 좋은 일에 사용되었는지 가족들에게 다시 보고하는 책임을 진다. 이들은 세대를 초월하여 너그러운 마음을 키워나가고 있다.
- 한 노인은 자신이 죽은 뒤에 재산을 기부하기로 결심했다. 그러

나 피터가 "차가운 손보다는 따뜻한 손으로 건네주는 게 좋다." 고 설득했고, 그는 지역 자선단체를 돕기 시작했다. 그는 때때로 자선단체를 방문해 자신이 어떤 변화를 만들었는지 목도한다. 깊은 감동을 받은 그는 재산을 끌어안고 있지 않는다면 삶이 얼마나 충만해질 수 있을지 깨달았다.

삶의 조언 베풂은 훈련이다. 오늘 가진 1달러 중 10센트를 베풀지 않는다면 1만 달러가 생겼을 때 1,000달러를 베풀거나 1,000만 달러를 가졌을 때 100만 달러를 베풀지 못한다. 지금 당장 베풂을 시작하여 행복하고 너그러운 삶을 영위하라!

제이슨, 지금 당장 운전대를 잡아!

라스베이거스로 이사를 간 제이슨이 기억나는가? 5억 달러의 빚을 진 제이슨 말이다. 성급한 결론을 내리기 전에 앞에서 본 여섯 가지 욕구가 제이슨의 마음속에서 어떻게 작용했는지 살펴보자. 제이슨이 중요성 욕구에 맹목적으로 돌진했는가? 물론이다! 죄악의 도시에서 잘 나가는 부동산 개발자가 되고 싶은 사람에게 이보다 더 잘 맞는 욕구는 없을 것이다. 그는 전에 운영하던 회사를 9자리 액수를 받고 처분하자 자신의 사업 능력에 엄청난 확신을 품었다(부동산 사업에 대한 경험이 전혀 없었는데도). 새로운 도시와, 신생 개발자가 되었다는 흥분과 도전의식, 화려한 파티와 프로모션 행사는 제이슨에게 막대한 다양성을 안겨주었다. 또한 그는 풍성한 사회적 환경과 잠재적 구매자와의 교류를 통해 다양한 관계를 맺었다.

이처럼 여러 욕구들이 한꺼번에 만나면 중독에 빠지기에(긍정적이든 부정적이든) 안성맞춤의 여건이 갖춰지게 된다. 앞에서 제시한 여러 일화들에도 하나 이상의 욕구들이 포함되어 있다. 인간의 6대 욕구가 어떻게 상호작용하고 시간과 삶의 다양한 단계를 거쳐 변화하는지에 대해서라면 책 한 권도 통째로 쓸 수 있을 거다. 하지만 더 중요한 질문은 욕구들이 지금 당신 인생의 이야기를 어떻게 만들어가고 있냐는 것이다. 재정적 자유를 얻고 싶다는 당신의 욕망을 견인하는 것은 무엇인가? 어떤 욕구가 당신의 등을 떠밀고 있는가? 당신이 갖고 있는 어떤 욕구를 운전석이 아닌 뒷자리로 밀어내야 할 것인가?

당신을 이끄는 주요 동력을 파악하고 나면 스스로 초래하고 있는 장애물을 제거하고, 보다 만족스럽고 효과적인 방식으로 니즈의 우선순위를 매길 수 있다. 가령 내 경우에, 진정한 자유란 기본적인 니즈를 넘어 보다 고차원적 욕구인 성장과 공헌의 욕구를 충족시키는 데 있음을 알게 되었다. 물론 부를 축적하는 것(자동차나 주택 등등)은 잠시 동안은 즐겁고 흥분되는 일이다. 하지만 나는 더 크고 심오한 도전을 정복하기로 결심했을 때에야 무한한 연료를 얻고 진정한 즐거움을 누리는 능력이 증진됨을 느낄 수 있었다. 내가 처음 어려운 사람들에게 1억 끼니를 제공한다는 목표를 세웠을 때(최근에는 4억으로 갱신), 그것은 어마어마한 노력을 요하는 크고 높은 목표였다. 25만 명이 평생 깨끗한 물을 사용할 수 있도록 하겠다고 결심했을 때도 마찬가지였다. 내가 앞장서 돕지 않는다면 아이들이 죽을지도 모른다는 무거운 현실을 느꼈고, 이 거대한 목표들은 내 재정 상태와 투자를 다른 시각으로 볼 수 있게 해주었다. 이제 자산은 화면 위에 찍혀 있는 단순한 숫자 그 이상이었다. 내가 다른 이들에게 베풀고, 돕고, 먹이고, 목욕을 시킬 수 있는 기회였다. 타인들에 대한 나의 사랑과, 상상조차 할 수 없는 삶에 대한 진실한 감사의 표현이었다.

재정적 자유를 향한 여정을 떠날 때는 당신이 왜 그러한 목표를 추구하고 있는지 잊어서는 안 된다. 당신은 감정적·심리적 욕망을 충족시키려는 존재다. 나는 재정적 안전을 누리면서도 재정적 자유는 성취하지 못한 사람들을 많이 만났다. 그들은 돈은 많았으나 감정적으로는 빈곤한 상태에서 살고 있었다. 기쁨, 성장, 공헌을 경험하지 못했기에 풍요로웠지만 빈곤했다.

그러므로 측정 가능한 재정적 목표를 세우는 한편, 이 여정에서 어떤 감정을 경험하고 싶은지(예를 들어 감사, 흥분, 너그러움, 열정 등) 결정해야 한다. 언젠가 미래에, 숫자로 표시되는 목적지에 도달한 뒤가 아니라 지금부터 경험하기로 결심해야 한다. 재정적 자유란 어떤 면에서 마음의 상태이며, 당신의 재정 상태가 어떻든 지금 당장이라도 얻을 수 있다. 물론 올바른 전략이 필요함은 사실이지만 (이 책의 나머지 부분에서 다룸) 당신의 사고방식과 열망, 그리고 감정적 욕구를 절제하고자 하는 의지야말로 진정한 자유를 느끼도록 해줄 것이다.

피터는 미래를 잠깐 엿보게 해주었고, 나는 당신의 마음속 우선순위를 들여다보게 해주었다. 다음은 여정에 함께할 파트너를 고를 차례다.

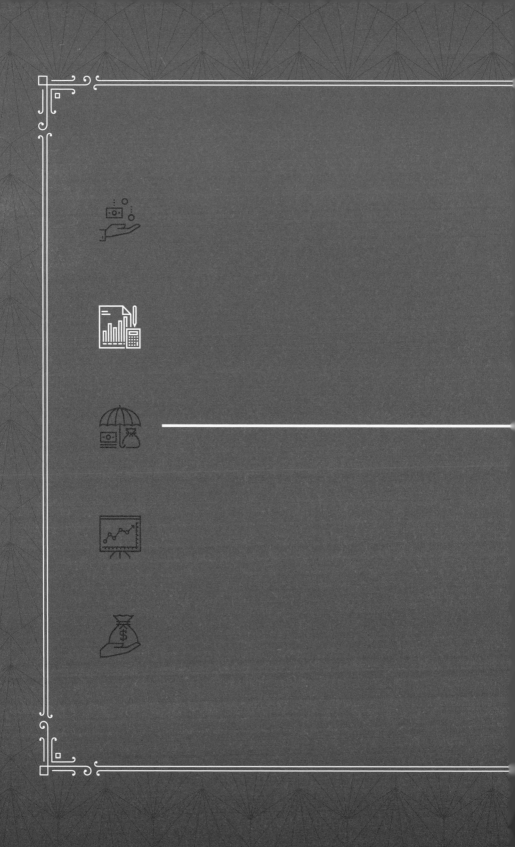

2부

계획 세우기

제4장

나만의 가이드 선택하기

_피터 멀록

재정적 자유로 가는 길은 머나멀다. 처음 사회에 나와 얻은 직장에서 시작해(여름 한철 근무하는 해상구조대도 포함이다) 후대에 물려줄 유산으로 끝난다. 혼자서 이 여정을 떠날 것인가 재무자문 전문가와 함께할 것인가는 순전히 당신의 필요에 달려 있다. 하지만 숙련된 등반가라면 가이드 없이 에베레스트산을 등반하는 일은 그리 현명한 일이 아니며 매우 위험하다는 것을 알고 있다. 증시에 대해 잘 알고 장기적인 계획을 세울 수 있고 투자에 쏟을 시간도 충분한 사람들은 혼자서 길을 떠나기로 결심할 수도 있다. 어떤 사람들은 여러 가지 이유로 재무자문가와 동반할 것이다. 곧 알게 되겠지만, 어떤 재무자문가를 선택하느냐에 따라 정상에 도달할 수도 있고 아니면 베이스캠프 근처에서 제자리걸음을 하게 될 수도 있다.

미국의 경우 절반에 가까운 국민들이 재무자문가를 고용한다. 어쩌면 부자들은 금융과 재테크에 능란하므로 혼자 자신 있게 길을 떠난다고 생각할지도 모르겠다. 그러나 현실은 부유한 사람일수록 재무자문가를 고용할 확률이 높다. 순자산이 많은 이들은 오히려 자신이 무엇에 무지한지 잘 알고 있기 때문이다. 또한 장기적인 투자가 얼마나 중요한 역할을 하는지도 알고 있다.

수많은 초보자들과 함께 일한 경험이 있는 나로서는 그들 중 대다수가 다음 사항 중 한두 가지 이상에 해당한다고 장담할 수 있다.

- 재무자문가를 중요하게 생각하며, 적절하고 유능한 전문가가 몇 배의 수익을 낼 수 있음을 안다.
- 투자에 있어 큰 실수를 피하는 일이 얼마나 중요한지 안다.
- 혼자서는 투자할 수 없는 상품에 접근할 기회를 높이 평가한다.
- 투자 외에도 재무 계획을 통해 실질적인 이익을 얻고, 변호사, 컨설턴트, 세무사와 같은 전문가를 활용하는 데 능숙하다.
- 올바른 '길'에서 벗어나는 데 소중한 시간을 쓰고 싶지 않다.
- 재무자문가가 그들 또는 가족들에게 일종의 자원이 될 수 있길 바란다.
- 자신이 사망하거나 무능력한 상태일 경우에도 재무자문가가 계속 도움을 줄 수 있길 바란다.

많은 사람들이 어느 정도 재산을 모은 후에야 투자를 도와줄 사람을 찾아 나선다. 아주 심각한 실수다! 처음부터 정상을 정복한 경험이 있는 숙련된 전문가에게 조언을 요청했다면 산을 절반이나 올라간 뒤에야 길을 잘못 들었음을 깨닫고 다시 되돌아갈 필요가 없을 것 아닌가. 여정을 시작하기 전에 미리 로드맵을 그려 놓는다면 시간과 돈을 장기적으로 절약하는 데 큰 도움이 될 것이다.[6] 물론 자산이 10만 달러밖에 없는 사람은 100만 달러를 가진 사람에 비해 혜택을 받지 못하는 건 사실이지만, 훌륭한 재무자문가의 존재는 목표를 달성하는 데 결정적인 열쇠가 될 수 있다. 가령 어떤 빚을 가장 먼저 갚아야 할까? 노후자금 계좌에 돈을 얼마나 넣어야 할까? 자녀들을 대학에 보내려면 저축을 얼마나 해야 할까? 이는 재정적 자유를 향한 여정을 시작할 때 던져야 할 수많은 질문들의 일부일 뿐이다. 그리고 재무자문가들이 좋아하는 질문이기도 하다.

순자산이 많은 사람들의 경우 재무자문가를 고용하기로 결정하기가 쉽다. 평범한 소시민의 경우에는 그다지 내키지 않는 일일 수도 있다. 다만 재정적 자유로 나아가는 올바른 길에 들어서는 데 필요한 양질의 조언을 받아라.[7]

---

6 어쩌면 당신은 자신을 투자자라고 여기지 않을지 몰라도, 투자자라는 사실을 정체성의 일부로 받아들이는 일은 무척 중요하다.

7 여기서 중요한 것은 '양질'이다. 안타깝지만 많은 재무자문가가 고객보다 그들 자신에게 더 유리한 길로 안내하기 때문이다.

대부분의 재무자문가는 쓸모없다

할 수만 있다면 다른 사람을 도와주어라.
그럴 수 없다면 적어도 해를 끼치지는 말라.

– 달라이 라마

재무자문가 고용 여부는 전적으로 당신의 선택에 달려 있다. 만일 그럴 작정이라면 유능하고 신뢰할 수 있는 사람을 찾기 위해 조사를 하는 등 사전 준비가 필요하다. 그 이유가 무엇일까? 금융 서비스업계의 비밀을 알고 싶은가? 대부분의 재무자문가는 도움이 되기보다 오히려 해가 되기 일쑤다.

대다수의 재무자문가는 다음 네 가지 범주 중 하나에 속한다.

- 당신의 돈을 정규 사업 과정의 일부로 수탁 및 관리한다.[8]
- 사실은 재무자문가로 위장한 세일즈맨일 뿐이다.
- 종종 고객의 재정적 목표에 해로운 전략을 사용한다. 심지어 전략이 효과가 없다는 걸 알면서도 그런 짓을 하는데, 왜냐하면 자신이 무슨 일을 하는지 모르고 있기 때문이다.[9]

---

8 '수탁관리custody'는 돈을 보관하고 관리하는 방법 및 장소를 그저 멋들어지게 표현하는 단어일 뿐이다.

9 몇몇 재무자문가로부터 날아올 항의 메일이 벌써부터 별로 기다려지지 않는다.

- 스스로를 '자산관리사'라고 칭하며 재무관리와 관련된 모든 사항에 대해 조언하지만 실제로는 포트폴리오를 판매하고 가끔 진행 상황을 보고하는 '자금관리자'에 불과하다.

올바른 재무자문가를 찾기 위해서는 여러 가지 특성을 고려해야 하지만, 그중에서도 가장 핵심적인 이해 상충, 수탁관리, 유능함, 맞춤화 전략(나는 이것들을 '4C'라고 부른다)을 검토하면 90%는 걸러낼 수 있다. 재무자문가를 찾을 때 이 4C를 고려한다면 당신의 돈을 꿀꺽하거나 자체 운용 상품을 판매하지 않고, 헛된 길로 안내하지도 않는 사람을 고용할 가능성이 훨씬 증가한다.

/ **선택 기준 1. 이해 상충** /

이해 상충: 책임 있는 위치에 있는 사람의 공적 의무와 사적 이익 간의 충돌

메리엄 – 웹스터Merriam-Webster 사전, 11번째 판본[10]

재무자문가에게 속는 방법이 어찌나 수없이 많은지 아직도 이 직업이 존재한다는 것 자체가 신기할 정도다. 나는 도움을 받으러 전문

---

10 예컨대 금융 서비스업계에서.

가를 찾았다가 처음보다 더 나쁜 결과에 봉착하는 경우가 이렇게 흔한 업계를 본 적이 없다. 많은 업계인들이 발끈하겠지만, 금융 서비스 분야는 실제로 엉망진창이다. 만일 당신이 평범한 재무자문가와 함께하고 있다면 차라리 혼자 일하는 편이 나을 확률이 높다.

이유는 간단하다. 재무자문가의 대다수가 실은 당신 편이 아니기 때문이다. 많은 이들이 더 많은 돈을 벌기 위해 특정한 상품을 판매하고, 어떤 이들은 고객의 최선의 이익을 위해 행동해야 할 신의성실의 의무를 지고 있지 않으며, 일부는 '브랜드명'이 붙은 펀드를 판매하는 회사들을 위해 일하고 있다. 그렇다면 당신의 재무자문가가 (아무리 좋은 사람인들) 이해 상충의 위치에 있는지 알아보려면 어떻게 해야 할까? 당신의 재무자문가가 다음 세 가지 테스트에 통과할 수 있을지 생각해보자.*

테스트 1 **당신은 재무자문인가인가요, 중개인인가요?**

"많은 소비자들의 믿음과는 달리, 투자를 제안할 때 모든 재무자문가가 고객의 최선을 고려하지는 않는다. 그들은 신의성실의 기준을 준수할 의무가 없다."

— 미국 개인재무설계사 협회National Association of Personal Financial Planners

---

* 국내에선 아직 재무자문·투자자문 영역이 대중화돼 있지 않다. 특히, 주식 중개인(브로커) 영역은 거의 미미하다. 그래서 이 부분 설명이 잘 와닿지 않을 수 있다. 그래도 유사한 개념을 찾으려면 재무설계사FP와 비교할 수 있다. 이 장에서 말하는 '독립된 재무자문가'를 굳이 국내에서 찾으려면 독립형 보험법인대리점GA 정도를 꼽을 수 있겠다.

10명의 미국인 중 9명은 (그중 76%는 '매우 그렇다'고 선택할 것이다) 재무자문가에게 투자 조언을 구할 때 그가 고객의 이익을 최우선으로 생각하며, 이해 상충이 있을 경우 그의 조언이 어떤 영향을 끼치게 될지 투명하게 공개할 것이라고 믿는다. 논리적으로 그래야 말이 되지 않는가? 아이러니한 사실은 실은 10명 중 9명의 재무자문가가 고객의 최선의 이익을 위해 행동할 필요가 없다는 것이다. 우선 재무자문가의 정의를 살펴보고 각각의 범주로 분류해보자.

투자자문가와 신의성실 기준

1940년 발효된 투자자문법Investment Advisers Act에서는 '등록투자자문사RIA; Registered Investment Advisor'에 대해 "보상을 받을 목적으로 직접 또는 출판물을 통해 증권에 대해 조언하고, 종목을 추천하고, 분석 보고서를 제공하는 일에 종사하는 개인 또는 회사"라고 정의하고 있다. 즉 이들은 투자 종목을 추천하고 그들의 전문지식에 대한 보상으로 수수료를 받는다.

또한 투자자문가는 신의성실 기준을 준수해야 한다. 이들은 의사나 공인회계사CPA처럼 고객에게 수임자의 의무를 지니는데, 다시 말해 고객의 최선의 이익을 위해 행동할 의무가 있다는 뜻이다. 투자자문가는 이해 상충이 존재할 경우 반드시 이를 철저하게 공개해야 하며, 본인 또는 속한 회사가 고객보다 더 많은 이익을 얻는 거래를 하는 일이 금지되어 있다. 아마 당신은 고개를 끄덕이면서 당연히 상식적인 이야기가 아닌가 생각하고 있을 것이다. 하지만 글쎄, 놀랍게도 이건 전혀 흔한 일이 아니다!

중개인과 최선의 이익

1934년 증권거래법 Securities Exchange Act 은 '중개인'을 "다른 사람을 대신해 증권거래를 수행하는 업무에 종사하는 사람"이라고 정의했다. 이들의 주요 업무는 투자 상품을 사고파는 것이다. 당신은 이것만으로 중개인과 수임자의 차이를 구분할 수 있다고 생각할 테지만, 실은 그렇게 간단하지 않다. 현 법률로는 당신이 누구와 함께 일하고 있는지 구분하기가 더욱 어렵다. 먼저 역사적 사실을 간단히 살펴보자.

역사적으로, 중개인은 이른바 '적합성 기준'이라는 것을 갖고 있다. 이들은 법적으로 고객의 최선의 이익을 위해 행동할 의무가 없으며, 그저 '적합하다'고 추정되는 거래를 추천하거나 조언을 하는 것만으로 충분하다. 예를 들어 비용이 더 저렴하거나 높은 수익의 옵션이 가능할 때도 자기 주머니에 더 많은 돈이 들어오는 금융 상품이나 펀드를 판매할 수 있다는 얘기다. 심지어 그런 행동이 전적으로 합법이다! 왜냐하면 '적합한' 판매이기 때문이다. 하지만 뭔가가 그저 '적합' 하기만 해도 만족할 사람이 어디 있겠는가?[11]

---

11   식당에 가서 적합한 메뉴를 고른다고 생각해보라. 아니면 적합한 배우자는 어떤가. 당신에게 최선인 조언을 들을 수 있는데도 적합한 수준에 그치는 투자 조언을 듣겠는가?

SEC는 2019년에 최선 의무 규제 Reg BI; Regulation Best Interest 를 통해 이러한 상황을 개선하려 했다. 중개인은 특정한 자문을 할 때 더 엄격한 기준을 준수해야 하며, 따라서 고객들의 '최선의 이익'을 위해 행동할 의무를 지닌다는 내용이었다. 이렇게 들으면 신의성실 의무와 아주 비슷하게 들린다. 그렇다면 중개인은 이제 수임자인가? 그 대답은 '아니오'이다. SEC 위원장 제이 클레이튼 Jay Clayton 은 이 새로운 규정이 제정되고 얼마 지나지 않아 CNBC 인터뷰에서 둘의 차이점을 다음과 같이 설명한 바 있다.

> "신의성실 의무는 주의와 성실함의 결합이다. 주의 의무를 지고 있다면 당신의 이익을 '고객의 이익보다' 우선할 수 없다. 중개인에게 최선의 이익도 같은 요소를 지니고 있지만, 재무자문가의 영역과 중개인의 영역은 다르다는 사실을 분명히 주지시키고 싶다. 이들은 업무에 대한 대가를 지불받는 방식이 다르다. 재무자문가의 경우는 고객과 보다 장기적인 관계를 맺고 4분기 또는 연간 수수료를 지급받으며 포트폴리오와 함께 지속적인 관계를 유지한다. 중개인은 이와 다르기 때문에 그 점에 대해서는 확실히 말해두고 싶다."

자, 핵심은 이거다. 최선 의무 규제는 '최선의 이익'이 뭔지 정확하게 정의하고 있지 않다! 이 규제를 어떻게 판단하고 시행할지는 아직도 불분명하며, 다만 한 가지 분명한 점이 있다면 법률상 신의성실 의무와는 다른 주의기준을 지니고 있다는 것이다. 최선 의무 규제는 회사가 '자체 상품만을 제공함으로써 상품 목록에 제한을 두거나 보상을 통해 그러한 상품의 판매를 장려하는 것'을 명시적으로 허용한다. 내 기준에서 이건 고객의 최선의 이익을 위한 일이 아니다.

이들의 차이점은 무엇인가?

혼란스러운 상황에서도 미국인들은 헛소리를 알아차리는 매우 날카로운 육감을 갖고 있다. 최근 설문조사에서 응답자의 60%가 재무자문가가 고객의 이익보다 고용주의 이익을 위해 행동한다고 답했다.

그렇다면 고객을 위해 일하는 자문가와 상사를 위해 일하는 자문가의 차이는 무엇일까? 당신의 투자자문가가 독립투자자문가라면 그 사람은 신의성실의 의무를 지고 있으며 가장 엄격한 법적 기준을 충족해야 한다. 하지만 중개인은 그럴 필요가 없다. 평범한 소비자가 그 차이를 구분하는 것은 꽤 어려운 일이다. 대부분의 중개인이 의도적으로 애매한 이름으로 활동하기 때문이다. 〈월스트리트저널 Wall Street Journal〉에 따르면 재무자문가를 지칭하는 명칭만 200개가 넘는다. '재무상담사', '자산관리사', '투자상담사', '자산관리 자문가' 등등. 미국인이 재무자문가를 믿지 않는 것도 당연하다! 그러므로 더 많은 질문을 던지고 분석해야 한다.

이제 이렇게 물을지도 모르겠다. 대형 은행과 중개인은 왜 신의성실 의무를 피하고 싶어 할까? 이유는 간단하다. 자체 운용 상품을 판매하기 위해서다. 그 상품에서 파생되는 보상이 상당히 쏠쏠하기 때문이다. 이런 회사들은 이해 상충(특히 기나긴 계약서 뒤쪽에 좁쌀만한 글씨로 적힌) 요소들을 제거하기보다 감추는 편을 선호한다. 많은 중개인들이 공개 상장 회사를 위해 일하며, 이런 관행은 주주들에게 가능한 많은 이익을 창출하는 데 도움을 준다.

미국에는 이른바 '재무자문가'가 65만 명이 넘는다. 그리고 이들 대부분은 사실 중개인이다. 다시 말해 금융 서비스업계에서 일하는 대다수 사람들이 당신의 돈을 관리할 때 법적으로 가장 엄중한 의무를 지지 않는다는 뜻이다. 무섭지 않은가? 당신의 재무사문가가 중개인인지 알고 싶다면 다음 두 가지 질문을 던져 보면 된다.

- 당신은 중개인인가요, 아니면 투자자문가인가요?
  정답은 '투자자문가'만 해당한다.
- 당신은 증권거래위원회SEC와 일하나요, 아니면 금융산업규제기구FINRA와 일하나요?
  정답은 증권거래위원회다. 둘 다라고 대답한다면 이중등록 자문가이며, 금융산업규제기구라고 대답한다면 단순한 중개인이다.

자, 이제 85%의 재무자문가를 걸러냈다. 이번에는 범위를 조금 더 좁혀 보자.[12]

---

12   물론 모든 중개인이 나쁘지는 않다. 그런 일은 불가능하다. 도덕적인 재무자문가와 부도덕한 재무자문가가 있는 것처럼 중개인도 도덕적인 사람이 있고 그렇지 않은 사람이 있

당신은 독립재무자문가인가요, 아니면 수시로 바뀌나요?

이중등록 재무자문가는 양의 탈을 뒤집어쓴 늑대에 불과하다.

이제까지 우리는 재무자문 영역을 크게 두 범주로 분류했다. 독립재무자문가와 중개인이다. 이번에는 여기서 한 단계 더 나아가 '항상' 당신의 최선의 이익을 위해 행동하는 사람과 가끔씩만 그렇게 행동하는 사람을 구분해야 할 필요가 있다.

안타깝게도 미국의 법은 재무자문가가 '이중등록'을 할 수 있도록 허용하고 있다. 즉 한 사람이 동시에 독립재무자문가와 중개인이 될 수 있다는 뜻이다. 부디 다음 내용을 읽으면서 충격을 받지 않기를 바랄 뿐이다. 도대체 어떻게 법적으로 가장 엄격한 기준을 준수해야 하는 독립재무자문가가 동시에 중개인이 될 수 있을까?

고객들에게 이는 극도로 위험한 상황이다. 재무자문가가 당신에게 신의성실을 지닌 투자자문가라고 말해도 거짓말은 아니지만, 그러나 (아주 큰 '그러나'다) '방금 전까지' 당신의 최선의 이익을 위해 행동해야 할 의무를 진 재무자문가였다가 갑자기 그럴 의무가 없는 중개인으로 변모할 수 있기 때문이다. 그렇다. 잘못 읽은 게 아니다. 이중등록을 한 재무자문가는 어떤 상황에서는 신의성실 의무를 지고 있더

다. 다만 나는 최소한 신의성실 의무를 발휘해 최선을 다해 당신을 도울 사람을 찾으라고 말하는 것이다. 중개인은 이 기준에 부합하지 않는다.

라도 다른 상황에서는 그 기준을 피할 수 있는 중개인이 될 수 있다. 도대체 언제 어느 쪽 기준에 따르고 있는지 구분할 수 있길 빈다. 이 중등록 재무자문가는 양의 탈을 뒤집어쓴 늑대와도 같다.

'독립투자자문가'가 중개인으로도 활동하고 있는지 알아볼 수 있는 방법은 두 가지다. 첫째는 직접적으로 묻는 것이고 둘째는 명함이나 웹사이트를 살펴보는 것이다. 만일 거기에 'XXX 증권중개인을 통해 제공되는 증권'이라고 적혀 있다면 그 사람은 중개인이다. 만일 이런 이중등록 재무자문가와 함께 일하고 있다면 당신의 투자 포트폴리오가 커미션을 지불하는 투자 상품과 다양한 연금보험, 또는 자체 운용 펀드로 채워져 있더라도 놀라지 마라. 이는 세 번째이자 마지막 테스트로 이어진다.

테스트 3 　당신은 자체 운용 상품을 다루나요?

> 이발사에게 머리 깎을 때가 됐는지 물어보면 안 된다.
> – 워런 버핏

내가 보기에 자체 운용 상품을 판매하는 재무자문가는 투자자에게 최악의 부류다. 독립재무자문가를 찾아 나섰는데 결국 위장 중인 세일즈맨을 만난 셈이기 때문에 조심해야 한다. 힘들게 번 돈을 조언의 대가로 재무자문가에게 지불할 거라면 적어도 그 사람이 당신에게 판매할 상품을 직접 만들고 있지 않으며 가장 엄격한 수준의 주의 기준을 준수해야 하는지 확인하라.

가령 혼다Honda 자동차 대리점에 들어가서 "어떤 회사의 자동차를 사야 할까요?"라고 물어봤자 공정한 대답을 듣지 못할 것 아닌가. 금융 서비스도 마찬가지다. 자신이 소속된 기업 또는 관련 계열사에서 '자체 운용 펀드(해당 기업이 소유하고 있어 이를 홍보하고 판매할 인센티브를 지닌)'를 판매하고 있는 재무자문가와는 함께 일하지 마라.

중개인이나 이중등록 자문가와 함께 일하고 있다면 포트폴리오를 한번 자세히 들여다보라. 어떤 상품에 투자를 하고 있는지 꼼꼼히 살펴봐라. 당신은 아마 계열사가 소유한 펀드를 갖고 있을 확률이 크다. 때로는 다른 회사의 이름이 붙어 있을 수도 있다. 만약 그렇다면 이렇게 자문해보라. '이게 정말로 내게 가장 잘 맞는 펀드일까?' 대답은 '아니오'일 것이다. 당신의 재무자문가가 우연히 당신에게 최적의 투자 상품을 소유한 회사를 위해 일하고 있을 확률이 얼마나 될까? 물론 불가능한 일은 아니지만 가능성은 무척 낮을 것이다. 재무자문가가 자체 운용 펀드나 그런 펀드를 보유한 회사와 손잡고 일하고 있다면 다른 사람을 찾아보라.

이해 상충에 관한 최종 결론

사람들은 자주 이해 상충을 지닌 재무자문가와 함께 일하지만 별 상관없다고 말한다. 그들이 믿음직해서, 아니면 대학 동창이라거나 자녀들끼리 같은 학교에 다니기 때문에 말이다. 이렇게 굳은 의리를 베푸는 사람들에게 충고한다. 당신의 재무계획이 당신보다 더 오래 살 것이라는 점을 잊지 마라. 당신이 세상을 떠나고 나면 배우자와 자식들이 어떤 조언을 듣게 될까? 상속 전문가인 나는 배우자를 보내고 혼자 남은 사람들이 자산을 정리할 틈도 없이 달려든 재무자문가에게 홀랑 넘어가 값비싼 연금 상품을 구입하는 상황을 자주 보았다. 나이가 많다고 해서 지식이 많거나 투자에 능숙하라는 법도 없다. 개인적인 고민에 직면했을 때 가장 큰 도움이 되는 존재는 공정하고 한결같은 재무자문가다. 나는 항상 고객들에게 독립재무자문가(중개인과 겸업하지 않는)를 고용하기를 권한다. 중개인의 이해 상충이 당장 오늘은 보이지 않을지 몰라도 언젠가는 드러날 것이기 때문이다.

선택 기준 2. 고객 맞춤화

이것들 중 하나는 다른 것들이랑 달라.

─ 빅 버드(《쿠키 몬스터》 프로그램에 나오는 노란색 새 캐릭터─ 옮긴이)

올바른 포트폴리오 설계에서 가장 중요한 요소 중 하나는 바로 개인 맞춤화다. 그러나 대다수의 포트폴리오는 고객의 투자 위험 감수도(투자 성향)에 따라 설정된 정형화된 모델을 사용한다. 이런 모델들은 확장이 쉬워, 대형 은행 및 중개인이 어떻게 수조 달러에 이르는 거액의 자산을 운영할 수 있는지를 설명해준다. 간단히 말해 당신은 그들이 제공하는 여섯 가지 '세트 메뉴' 중 하나를 보유하게 된다. 포트폴리오를 투자자의 특수한 상황에 맞춰 구성하는 것은 개인의 재정적 성공에는 중요하지만 상당한 품이 드는 일이다. 그러나 그만한 노력을 할 가치는 충분하다. 개인별 맞춤화가 당신에게 어떻게 도움이 될지 몇 가지 사례를 살펴보자.

가령 투자 비율을 조정해 포트폴리오를 다각화할 필요가 있다고 가정해보자. 이런 경우, 대부분의 재무자문가는 지금 당신이 갖고 있는 주식을 전부 매각한 다음 포트폴리오를 선호하는 포지션으로 새로 구성할 것이다. 하지만 이런 방법의 문제점은 새로운 포지션이 좋은 성과를 거둔다고 해도 얻은 이익을 초과하는 세금을 유발할 수 있다는 것이다. 다시 말해, 포지션 전반적으로 비용이 들어가게 되고 대개 그 비용은 다시 회복하기 어렵다.

다른 예시를 들어볼까. 당신은 포트폴리오에 다양한 에너지 회사 주식을 포함시키기로 했다. 가장 좋은 방법은 전국의 에너지 대기업 50곳으로 구성된 에너지 '상장지수펀드ETF'를 구입하는 것이다. 하지만 당신은 이미 포트폴리오의 상당 부분을 엑슨 모빌Exxon Mobile과 셰브론Chevron에 투자하고 있고, 이 둘은 인덱스펀드에서 상당한 비중을 차지한다. 두 주식 모두 당신이 처음 매수했을 때보다 거의 100%나 올랐다. 이미 보유 중인 엑슨과 셰브론 주식을 팔아 상당한 자본이득세를 내느니 차라리 기존의 포지션을 계속 유지하면서 에너지 ETF에서 두 회사의 비중을 줄이는 편이 나을 것이다. 이런 종류의 맞춤화는 누가 봐도 합리적이지만, 대부분의 정형화된 포트폴리오에서는 이런 중요한 변경을 할 수가 없다.

자산관리사와 자금관리사의 차이

당신의 포트폴리오를 관리하는 것이 유일한 업무인 자금관리사money manager와 함께 일하는 데 따르는 위험은 그 사람이 당신을 실제 존재하는 인간으로 인식하지 않는다는 것이다. 대부분의 사람들은 재무자문가와 함께 일한다는 것이 그저 펀드 한 무더기를 구입한 다음 1년에 한 번쯤 만나 수익률을 점검하는 정도(때로는 새로운 투자나 상품에 대한 설명을 듣거나)가 전부라고 여긴다. 예를 들어 자금관리사는 어느 날 고객들의 펀드 자금을 부동산으로 재배분하겠다고 선언할 수도 있다. 하지만 이런 조치는 일반적인 고객에게는 합당할지 몰라도 이미 부동산을 갖고 있어 큰돈을 벌고 있는 사람에게는 적절하지 않다. 이미 그 분야의 펀드에 투자하고 있을 테고, 한 분야에 자금을 지나친 비율로 투자하면 시장이 폭락했을 때 단숨에 취약해지고 만다.

자산은 의사가 건강을 살피듯 관리해야 한다. 각 부문을 별개로 검토하지 말고 전체적으로 봐야 한다. 자산관리사는 각각의 부문들이 어떻게 맞물려 있는지 살펴봄으로써 현재의 자산과 미래의 목표를 고려해 현명한 투자를 할 수 있다. 유능한 자산관리사와 일한다면 여러 부문의 전문가들과 일할 때보다 포트폴리오를 더 다각화할 수 있다. 고객들의 자산을 일관된 방식으로 관리하는 것과 각각의 고객들에게 맞춤화된 재무자문을 해주는 것에는 커다란 차이가 있다.

포트폴리오 맞춤화의 또 다른 장점은 시장이 하락하거나 당신이 경제적 어려움을 겪고 있을 때에도 포트폴리오를 꾸준히 유지할 수 있다는 것이다. 포트폴리오가 특정 목표를 향해 구축되어 있음을 알고 있다면 '왜' 각각의 주식들을 각각의 계좌에 보유하고 있는지 이해할 수 있다. 따라서 상황이 좋지 않을 때도 포트폴리오를 유지하고 충동적인 선택을 막을 수 있다.

재무설계는 가이드라인이다

비행기는 수천수만 개의 부품으로 이뤄진 정교한 기계장치다. 신기할 정도로 정확하게 작동하지만, 비행 계획을 세우고 필요할 때마다 경로를 조정하지 않는다면 목적지에 도달할 확률은 낮아진다. 포트폴리오는 재무설계를 구성하는 부품이다. 포트폴리오는 비행기의 엔진이고, 재무설계는 경로를 유지하게 돕는 항해 시스템이다.

아이슬란드에 갈 때와 싱가포르에 갈 때의 좌표가 판이하게 다른 것처럼, 재무설계 또한 당신의 특성과 재정적 목표에 맞춰 조정되어야 한다. 훌륭한 재무설계란 모든 투자 결정의 가이드라인이 될 수 있어야 한다(재무설계에 대해서는 이후 5장에서 배울 것이다). 재무자문가와 함께 일하고 있다면 그 사람은 최소한 당신의 보유 자산과 예상 저축액, 소득원천에 대한 정보를 갖추고 있어야 하며 투자와 관련된 조언을 하기 전에 당신의 재정적 목표에 대해 정확히 이해 및 숙지하고 있어야 한다.

재무설계는 매우 정교하게 발전할 수 있다. 이는 유용한 조언을 해 줄 수 있는 자산관리사에게 필수적인 전제 조건이다. 만일 당신이 재무설계 없이 (단순하든 복잡하든) 무작정 돈만 관리하고 있다면 자산관리사가 아니라 자금관리사와 일하고 있는 것이며, 보다 철저한 접근법을 통해 얻을 수 있는 이익을 거둘 가능성은 줄어든다.

/ ## 선택 기준 3. 수탁관리 /

> 중개업자와 재무자문가는 독립적인 자산보관기관을 둬야 하며, 정부는 내게 독립 자산보관기관을 두도록 강제했어야 한다. 고객의 투자 자금은 독립적인 관리자가 보관해야 한다. 그랬더라면 나는 진즉에 들통 났을 것이다. 만약 내가 SEC의 감사를 받았다면 그들은 보관기관의 계좌를 살펴보고 내 장부 기록이 보관계좌의 자산과 일치하지 않는다는 사실을 발견했을 것이며, 나는 잡혔을 것이다.
>
> — 버니 매도프Bernie Madoff

2008년, 버니 매도프 사건이 세상을 뒤흔들었다. 미국 최고의 자금관리사로 손꼽히던 그는 실은 역사상 가장 거대한 폰지 사기를 운영하고 있었다. 매도프는 새 고객의 돈으로 기존 고객에게 배당금을 지불했다. 그의 범죄가 발각된 이유는 증시가 폭락하면서 한꺼번에 많은 투자자들이 어마어마한 액수의 자금을 회수하려 했기 때문이다. 매도프는 고객들이 맡긴 돈을 대부분 이미 다 써버렸거나 은닉해 두었기에 그들의 요청을 들어줄 수가 없었다. 주가가 폭락했기 때문에 새 고객들이 맡긴 돈으로도 다른 고객들의 인출 요구를 충족시킬 수가 없었다. 이용할 수 있는 돈이 바닥나자 매도프는 역사상 가장 거대한 금융 사기를 고백했다.

버니 매도프가 한 일은 비열한 짓이었다. 그는 부유한 고객과 유명인사들의 돈을 횡령했을 뿐만 아니라 열심히 일하던 전문직 고객과 사업가들을 파산시켰고, 자선단체와 재단들로부터 수천만 달러를 착복했다. 매도프의 많은 고객들이 집과 다른 재산을 팔아야 했다. 유명 재단들도 대부분의 자산을 잃었고, 일부는 심지어 문을 닫아야 했다. 매도프에게 많은 고객들을 연결해줬던 부유한 사업가 르네 티어리 마공 드 라 빌위세 Rene-Thierry Magon de la Villehuchet 는 수치심에 스스로 목숨을 끊었다. 나는 이 사기의 피해자들과 함께 일한 적이 있는데, 피해 복구 및 회생을 감독하는 파산관재인 破産管財人 의 도움으로 피해액의 대부분을 회수하는 과정을 지켜보는 것은 만족스러운 일이었다.

언론 매체들이 이 소식을 열정적으로 앞다투어 보도했던 이유는 사기의 규모도 규모지만 매도프가 단순히 고객의 돈을 횡령한 평범한 자금관리사가 아니었기 때문이다.* 당신이 무슨 생각을 하고 있는

---

*   국내에선 '자금관리사' 영역이 없다. 굳이 찾자면 증권사 일임매매 직원이지만 딱 떨어지지 않는다. '자산관리사'는 은행·증권사·보험사 등의 프라이빗뱅커 PB 와 유사하다.

지 알 것 같다. '하지만 그건 10년 전이잖아. 다 지나간 일 아닌가?' 맞는 말이다. 그러나 폰지 사기는 2008~2009년처럼 시장이 급락할 때면 재조명받게 된다. 그 시기에 사기꾼이 가장 많이 설치기 때문이 아니라, 증시가 하락할 때 고객들의 자금 회수 요구가 증가하고, 따라서 그 요구를 충족시키지 못해 사기 행각이 들통 나기 쉽기 때문이다. 워런 버핏의 말처럼, "물이 빠지면 누가 발가벗고 수영을 하고 있었는지 알 수 있다."

일부 언론은 투자자들이 재무자문가에 대해 자세히 조사하지 않았다고 비난했다. 하지만 버니 매도프가 뒤에서 무슨 짓을 하고 있었는지 투자자가 어떻게 알 수 있었겠는가? 배경조사를 해봤자 매도프가 여러 고급 클럽의 회원이며, 많은 병원과 자선 재단 위원회에 참여하고 있고, 종교 공동체에서 활발한 활동을 하고 있다는 사실을 알게 되는 데 그쳤을 것이다. 그는 다양한 자선기관에 수백만 달러를 기부했고 그의 고객 중에는 세계 최고 수준의 투자자들도 있었다. 심지어 매도프는 나스닥 의장을 역임했다. 그렇다. 위험신호는 분명히 있었다. 그의 펀드를 감사하는 사람이 고작 단 한 명의 회계사(조수 둘을 거느린)에 불과했다는 사실이다. 더구나 그의 투자 수익은 매년 연 10%에 달했고, 이는 지나치게 비현실적이었다. 하지만 그렇다고 해도 투자자들을 비난하는 일은 잘못됐다.

버니 매도프 사건에서 배울 수 있는 진정한 교훈은 바로 자산보관인 또는 자산보관기관이 필요하다는 것이다. 재무자문가와 대화를 나눌 때, 투자자가 물어야 할 가장 중요한 질문 중 하나는 "내 돈을 보관하는 사람은 누구입니까?"이다. 매도프의 고객들은 매도프 투자사Madoff Investment에 수표를 썼고, 그 돈은 매도프 투자사의 계좌에 입금되었다. 즉 매도프는 고객들의 자금을 '전부' 수중에 쥐고 있었던 것이다. 그가 한 투자자의 계좌에서 전액을 인출해 다른 투자자에게 주더라도 투자자들은 그 돈이 계좌 사이에서 이동한다는 사실을 알 길이 없었다. 매도프의 고객들은 수익률이 조작된 투자 보고서(매도프의 회사가 만든)를 받았으며, 보고서 속 금액은 계속 증가했지만 사실과는 전혀 달랐다.

이런 악몽을 피하는 가장 이상적인 방법은 자산과 자문을 따로 관리하는 것이다. 이를테면 전국에서 운영하는 종합증권사에 계좌를 개설할 수 있는 재무자문가를 고용하라. 그런 다음 거래를 주문하고 계좌에 청구 요청을 할 수 있는 제한된 권한만을 위임한다. 재무자문가는 그외에 다른 인출 권한이 없어야 한다. 또한 그에게 보고서를 제출받았다고 해도 증권사로부터 따로 입출금 보고서를 받아야 한다.

문자 그대로 전국에서 수천 명이 이런 방식으로 고객들의 자산을 관리하고 있다. 그러므로 당신의 투자 자산을 자신이 보관해야 한다고 주장하는 자문가가 있다면 신뢰하지 마라.[13] 돈을 잃고 싶지 않다면 곳간 열쇠를 맡겨서는 안 된다. 아주 단순한 이치다.'

---

13 일부 헤지펀드와 사모펀드, 부동산 펀드처럼 특정 형태의 투자를 할 때에는 자금을 맡겨야 할 때도 있다. 그런 펀드를 극도로 상세한 수준으로 실사實査할 여력이 되지 않는

선택 기준 4. 능력

어리석음으로 충분히 설명되는 일을 악의의 탓으로 돌리지 말라.

– 나폴레옹 보나파르트

지금까지 이해 상충, 개인 맞춤화, 수탁관리를 기준으로 재무자문가를 평가했다. 이 기준에 근거해 상당수의 재무자문가를 목록에서 제거했으니 이번에는 앞에서 언급한 기준을 모두 통과한 수천 명 중에서 엄선해야 할 때다. 이들은 신의성실 의무를 지닌 진정한 수임자다. 자신이 운용하는 상품을 판매하지도 않고 당신의 자산을 보관하겠다고 요구하지도 않는다. 하지만 그럼에도 이들이 얼마나 유능한지를 살펴봐야 한다. 아무리 좋은 사람이라도 능력이 떨어진다면 장기

다면 정말 그런 투자가 필요한지 진지하게 고민하기 바란다. 초보자의 경우에는 이런 투자가 매력적으로 느껴질 수도 있다. 이후 10장에서 보게 되겠지만 나는 그런 종류의 투자를 좋아하고 개인적으로도 투자하고 있으며, 상황이 적절하다면 고객들을 위해서 활용한다. 그러나 나 자신 또는 고객들을 위해 투자의 적합성 유무를 평가할 때, 공개 거래되는 다른 자산들에 비해 엄청나게 상세한 수준의 실사를 실시한다. 고객들이 소위 '큰 건'을 가져와 보여주면서 보관기관이나 보관인이 없어도 된다고 말하는 건 생각보다 흔한 일이다. 자금을 운용하는 사람이 존경하는 인물이라서, 아니면 같은 인종 집단에 속해 있어서 등, 이유는 다양하지만 사실 그런 것들은 아무 쓸모도 없다. 대부분의 폰지 사기는 친밀한 관계에서 발생하고 가까운 사람들을 희생양으로 삼는 경우가 많다. 매도프가 그런 것처럼 말이다.

• 국내에서도 투자자문업자가 고객의 주식계좌를 직접 관리할 수 없다. 고객의 공인인증서 등을 갖고 입출금하는 것은 불법이다. 포트폴리오 제시 또는 대리 주문인 지정 등만 가능할 뿐이다.

적인 목표를 달성할 확률이 줄어들기 때문이다.

재무자문 서비스 분야는 의학과 법률, 공학이나 교육 같은 다른 직업군과는 다르다. 의사들은 의대를 졸업하고 변호사는 로스쿨을 마친다. 공학자는 학위를 받고 교사들은 교육학을 수료한다. 이에 반해 재무자문가는 대다수가 (나는 95% 이상이라고 추측하는데) 재무설계나 투자 관리에 대해 대학 수준의 고등교육을 받은 적이 없다. 실은 최근까지도 대학 수준의 프로그램이 존재하지도 않았다. 일부는 대학을 졸업하지도 않았고 모든 지식을 직접 경험하며 알음알음 배운다. 그렇다면 이들의 능력과 역량을 어떻게 파악할 수 있을까?

한 가지 방법은 전문 자격증을 보유하고 있는지 확인하는 것이다. 때때로 이름 뒤에 온갖 인상적인 직함을 달고 있지만[14] 대다수는 별 의미가 없다. 실제로 업계 내에서 권위를 지닌 명칭은 몇 개 되지 않는다. 재무설계에 관한 한 당신은 공인재무설계사CFP와 함께 일하고 싶을 것이다. 세금과 관련된 자문이 필요하다면 공인회계사를 고용하라. 이런 직함은 특정 교육 요건을 충족했고, 종합 시험을 통과했고, 업계에서 요구하는 실무 경험 요건을 충족했다는 의미다. 상속 계획이나 법률자문이 필요하다면 법무학위JD가 필수적이다.

자격증을 보유하고 있다고 해서 최고의 자문을 얻을 수 있다고 장담할 수는 없다. 의대를 졸업했다고 무조건 훌륭한 의사는 아닌 것처

14　금융감독기구인 금융산업규제기구Financial Industry Regulatory Authority는 약 200개의 직함을 인지 및 인정하고 있다!

럼 말이다. 하지만 적어도 실무 분야에서 역량을 입증했음을 의미하며, 이는 전문가에게 요구해야 할 최소한의 기준이다.

/ 당신에게 알맞은 재무자문가란? /

독립재무자문가는 이해 상충이 없고 고객의 니즈에 맞는 맞춤형 포트폴리오를 구성하고 자금의 보관 권한을 요구하지 않으며 '공인재무설계사' 자격증을 보유하고 있지만, 그럼에도 불구하고 당신에게 맞지 않을 수 있다.

첫째, 선택한 재무자문가가 당신과 비슷한 사람들과 일하고 있는지 알아보라. 만일 당신이 심장수술을 받아야 한다면 전에도 같은 수술을 성공적으로 해낸 경험이 있는 의사를 찾지 않겠는가? 범죄를 저질렀다는 누명을 쓴다면[15] 당신과 비슷한 경험을 한 사람과 일한 경험이 있는 형사사건 전문 변호사를 찾아가지 않을까? 마찬가지로 재무자문가가 필요하다면 당신과 비슷한 입장에 있는 사람과 성공적으로 일한 경험이 있는 사람을 선택해라. 막 투자를 시작할 참이라면 당신과 동년배의 고객들과 일하는 재무자문가를 찾아라. 순자산이 꽤 많은 경우라면 주로 부유한 사람을 위해 일하는 재무자문가를 찾

---

15   혹은 누명이 아니더라도, 여기선 일단 당신을 믿어보겠다!

아보라. 그가 당신의 재정적 안정을 희생하여 새로운 깨달음을 얻는 건 바라지 않을 테니까. 문제가 발생하면 자신 있는 말투로 "아, 이게 뭔지 압니다. 경험이 있거든요."라고 말하는 재무자문가가 좋지 않겠는가.

둘째, 재무자문가가 판매한 상품들이 실제로 유효한지 확인하라. 그들은 대부분 뭔가를 판매하는 일에 종사한다(고객들이 알든 모르든). 심지어 진짜 독립재무자문가도 종종 고객들이 원한다고 생각하는 전략을 판매한다. 어떤 재무자문가들은 고객에게 상승 시장에 참여할 방법과 시장이 가라앉기 전에 빠져나올 수 있는 방법이 있다고 귀띔하면서 상품을 판다. 유능하고 도덕적인 재무자문가라면 이를 체계적으로 예측할 수 있는 방법이 없음을 알고 있으며 따라서 고객에게 그렇게 말하지 않을 것이다. 유능하고 비도덕적인 재무자문가는 그것이 불가능하다는 것을 알지만 어쨌든 쉽게 돈을 벌기 위해 상품을 판매할 것이다.

앞에서 나는 대부분의 재무자문가가 도움보다 해가 된다고 말했고, 그런 이들을 걸러낼 수 있는 테스트에 대해 설명했다. 지금 당신은 이렇게 중얼거리고 있을지도 모른다. "젠장! 재무자문가를 이렇게까지 해서 찾을 필요가 있어?"

최근의 연구에 따르면, 이 책에서 제시한 기준에 부합하는 재무자문가는 고객의 자산에 연평균 약 3%의 이익을 부가해줄 수 있다. 일부 기간의 이익은 무시할 수 있는 수준이지만 그외에는 10% 이상의 수익률을 기록했으며, 대부분이 시장이 큰 변동을 겪은 시기였다.[16]

이 책에서 제시하는 원칙들이 타당하게 느껴진다면, 당신의 재정적 미래를 계획하는 데 헌신적이고 신뢰할 수 있는 재무자문가를 지금이라도 당장 찾아 나서야 한다.

[4-1] 당신이 피해야 할 사람

대상	이유
중개인	신의성실 의무가 적용되지 않으며, 가장 높은 주의기준을 준수할 법적 의무도 갖고 있지 않다. 당신은 이보다 더 나은 대우를 받을 자격이 있다.
이중등록 재무자문가	때로는 신의성실 의무를 따르지만 때로는 그럴 필요가 없다. '가끔씩만' 가장 높은 수준의 주의기준을 지키는 사람과는 함께 일해서는 안 된다.
과세 계좌를 전부 현금화하여 그들이 관리하는 모델에 투자하라고 제안하거나 요구하는 모든 재무자문가(독립자문이든 중개인이든)	이는 아무리 훌륭한 자금관리사도 극복할 수 없는 수준의 높은 세금이 부과될 가능성을 노골적으로 무시하는 행태다.
선별 투자자	유망주를 선별해 투자하는 것은 잘못된 일이 아니나, 이는 재무자문가가 해야 할 일이 아니다. 재무자문가의 역할은 자금관리에 있어 당신의 목표에 부합하는 맞춤화된 투자 접근법을 제공하는 것이다. 유망주를 선정해 추천하는 사람이 있다면 이들은 재무자문가가 아니라 자금관리사다. 종목 선별이 효과가 있다고 생각하고 그게 당신이 찾는 것이라면 저렴한 뮤추얼펀드를 구입하라.

16　나는 개인적으로 이 연구가 과대평가되었다고 생각한다. 하지만 위에서 제시한 기준에 부합하는 재무자문가들이 상당한 수익을 안겨 주었으리라는 데는 의심의 여지가 없다.

선택할 수 있는 옵션이 적은 재무자문가	조심하라. 지금 당신은 네모난 막대를 둥근 구멍에 끼워 맞추려는 참이다. 당신에게 필요한 것은 니즈에 맞는 포트폴리오를 구성해줄 수 있는 재무자문가지 포트폴리오를 관리하기 편한 몇 가지 모델에 끼워 맞추려는 사람이 아니다.
투자 상품을 판매해 커미션을 받는 재무자문가	요즘에는 커미션을 주지 않아도 훌륭한 투자 상품을 구입할 수 있다. 이해 상충을 조심하라.
포괄적이고 문서화된 재무설계를 제시하지 않고 상품 추천부터 하는 재무자문가	당신의 현 상황을 이해하고 무엇이 필요한지 파악하지 않고서 어떤 상품이 알맞은지 어떻게 알 수 있단 말인가?

[4-2] 당신이 찾아야 할 사람

RIA를 위해 일하지만 이중등록이 되어 있지 않은 재무자문가

RIA를 위해 일하지만 자체 상품을 운용하지 않는 재무자문가

투자 종목을 추천하기 전에 먼저 충분한 시간을 들여 당신과 당신의 목표를 파악하고 포괄적이고 문서화된 재무설계를 제시하는 재무자문가

당신과 비슷한 사람들과 함께 일한 경험이 풍부한 회사에서 일하는 재무자문가

당신의 니즈에 맞는 맞춤형 포트폴리오를 짤 수 있는 회사에서 일하는 재무자문가

투자하기 전에 당신의 과세 포트폴리오를 자동적으로 현금으로 전환하지 않을 재무자문가

금융업계는 계속 변화하고 있다. 이제 더는 지나치게 깊고 넓은 증권투자사와 경험이 미흡한 RIA 사이에서 고민할 필요가 없다. 다른 투자자들의 집단 실사를 참고해 당신과 비슷한 고객들을 위해 다

양한 포트폴리오를 구축하는 폭넓은 경험을 지닌 대규모 RIA를 찾아라.

[4-3] 모든 수입자가 동등하지는 않다

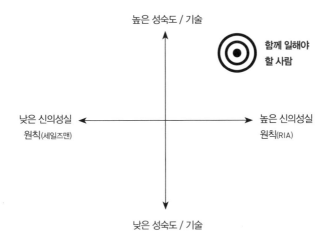

제5장

성공 투자의
3대 원칙

_피터 멀록

계획 없는 목표는 한낱 꿈에 불과하다.

− 앙투안 드 생텍쥐페리

우리는 투자를 해야 한다는 말을 자주 듣지만 그 이유에 대해서는 이야기하지 않는다. 그러나 투자를 하는 이유를 아는 것은 매우 중요하다. 미래를 위해 저축을 하는가? 그렇다면 어떤 종류의 미래를 꿈꾸고 있는가? 나는 이 분야에서 일하면서 수많은 이들을 접했다. 높은 수익에만 초점을 맞출 뿐 그것이 왜 중요한지에 대해서는 간과한 나머지, 투자는 물론 그들의 인간관계까지 카드로 쌓은 집처럼 무너져 내리는 모습을 너무 자주 보았다. 보험을 신뢰하지 않던 사람들이 가정의 주 소득자가 갑자기 사망한 뒤 불필요한 고생을 하는 것을 보았다. 엄청난 부를 모은 사람이 올바른 전략으로 투자를 다각화하지 않아 가진 재산을 전부 잃는 것을 보았다. '본능을 믿는' 사람들이 공황에 빠져 계획에서 벗어나 수십 만, 나아가 수백만 달러를 영원히 잃는 것을 보았다. 이 모든 경우에서 재무계획이 무너지면서 평생 모은 재산을 잃는 데는 단 한 번의 마음의 동요로 충분했다.

법칙 1. 명확한 계획을 세워라

어려운 일은 쉬울 때 시작하고 큰일은 작을 때 실행하라.
– 손무孫武

단 1달러를 투자할 때에도 먼저 계획을 세워야 한다. 요리를 할 때 필요한 재료들을 도마 위에 늘어놓는 것처럼 말이다. 남은 평생 동안 매분매초 어떻게 투자할 것인지 150페이지짜리 로드맵을 짤 필요는 없다. 직설적이고 단순한 투자 계획도 당신의 여정에 길잡이가 되어 줄 수 있다.

적절한 나이에 편안한 은퇴를 하는 것은 많은 이들에게 가장 중요한 목표이며, 투자 전략에 있어서도 핵심 포인트다. 그러나 이미 상당한 자산을 갖고 있는 일부 투자자들의 경우 은퇴 생활은 그만큼 중요하지 않고, 응원하는 자선단체에 자금을 지원하거나 손자손녀를 대학에 보내는 등 다른 목표에 집중한다. 하지만 궁극적인 목표가 뭐가 됐든 나는 재정적 독립을 꿈꾸지 않는 투자자는 만난 적이 없다.

　재정적 독립은 은퇴가 아니다. 은퇴가 더 이상 일하지 않는 것이라면, 재정적 독립은 지금이라도 일을 그만두고 원하는 방식대로 살 수 있으며 남은 평생 동안 일을 할 필요가 없는 상태를 가리킨다. 은퇴를 하더라도 재정적 독립을 이루지 못해 평생 일해야 하는 사람들도 수두룩하다.

　말하자면 당신은 재정적 독립을 만끽하면서도 일을 계속할 수 있다. 일을 해야 하기 때문이 아니라 단지 일을 하고 싶기 때문에 투자와 일을 병행하는 사람들도 많다. 만일 당신이 재정적으로 독립하고 은퇴를 했다면 그것은 다시는 직장에 돌아갈 필요가 없을 정도로 포트폴리오와 소득원이 안정적이기 때문이다. 얼마나 황홀한 일인지! 재정적 독립이라는 목표는 거의 보편적이므로, 그곳에 도달할 수 있는 길에 대해 알아보자. 이 길은 다음의 5가지 기본 단계로 구성되어 있다.

1단계. 순자산 명세서 작성하기

　순자산 명세서는 간단히 말해 자산과 부채를 정리해 계산한 것이다. '자산'은 당신이 소유한 전 재산으로 지금 당장 매각할 경우의 가치를 환산한 것이다. '부채'는 지금 당장 갚을 경우 지불해야 할 액수다. 이 자산과 부채의 격차가 당신의 '순자산net worth'이다. 대부분의 사람들은 가진 것에 대해서만 생각할 뿐 부채는 고려하지 않지만, 실제로 부채는 자산보다 더 중요하다. 주택융자와 자동차 할부금, 또는 거액의 신용카드 부채를 지고 있다면 현실을 직면하게 될 것이다.

순자산 명세서를 작성할 때는 어떤 자산이 당신의 재정적 독립이라는 목표에 기여할 수 있는지 고려해야 한다. 가령 같은 목표를 지닌 두 명의 투자자가 있다고 하자. 두 사람 모두 65세가 되어 은퇴를 하고 나면 매년 10만 달러를 쓸 수 있는(인플레이션 고려) 충분한 은퇴 자금을 축적하길 원한다. 두 사람 모두 55세이며, 큰 빚은 없다. 프루걸 프랜시스는 100만 달러의 순자산을 보유하고 있다. 20만 달러는 주택이며, 나머지 80만 달러는 IRA와 다른 투자 자산의 형태로 보관 중이다. 하이롤러 헨리 역시 100만 달러의 순자산을 갖고 있는데, 60만 달러는 그가 거주하는 주택이고 20만 달러는 호숫가에 위치한 별장, 나머지 20만 달러는 IRA와 다른 투자 자산이다.

프랜시스도 헨리도 재정적 목표를 달성하기 위해 살고 있는 집을 팔고 싶지는 않기 때문에 그런 점에서는 80만 달러의 투자 자산을 갖고 있는 프랜시스가 훨씬 유리하다. 현명하게만 투자한다면 매년 배당금을 받을 수 있기 때문이다. 헨리의 경우 지속적인 수입을 제공해 줄 자산은 투자 중인 20만 달러밖에 되지 않으며, 실제로 나머지 80만 달러는 매달 오히려 돈을 소모하게 할 수 있다(예를 들어 주택융자금, 재산세, 주택유지비 등). 프랜시스에게 좋은 소식은 예상했던 10년 후보다 일찍 재정적 독립이라는 목표를 달성하거나 소득 중 일부를 매년 투자 계획에 배분할 수 있다는 것이다.

순자산은 재무설계에서 매우 중요한 숫자지만, 이야기의 전체를 말해주지는 않는다. 언제나 '순자산 명세서'를 검토해 어떤 자산이 소득을 창출하고 비용을 지출하고 있는지 확인하라. 자동차나 보트는 순자산 명세서에는 자산으로 기입되어 있을지 몰라도 재정적 독립이라는 목표에는 부채로 작용한다.

2단계. 목표 설정 및 재무계획 설계하기

실제로 대부분의 사람들은 자신이 어떤 재정적 결과를 원하는지 명확하게 설명하지 못한다. 재정적 목표는 늘 구체적이고 현실적이어야 한다. 애매한(따라서 비현실적인) 목표의 예시로는 "돈을 많이 벌고 싶다."가 있다. 제발 좀! 우리에게는 명확하게 정의된 목표가 필요하다. 가령 "나는 62세에 은퇴하고 싶다. 사회보장제도가 도움이 되지 않는다는 가정하에 인플레이션을 고려해 은퇴 후에 매년 세전소득 10만 달러로 살고 싶다." 아, 이제야 좀 해볼 만하다.

구체적인 목표를 결정하고 나면 이제 거기 도달하게 해줄 재무계획을 설계할 차례다. 당신이 이미 재정적 독립을 성취한 부유한, 아니면 엄청난 부자라고 해도 재무설계는 여전히 당신의 비전을 실현하는데 필수적이다. 당신의 니즈를 충족하기 위해 순자산을 어떻게 배분해 투자할 것인가와 그중 얼마를 다음 세대 또는 자선단체에 기부할 수 있을지 결정하는 데 도움이 된다.

더불어 우산 보험 umbrella policy*이나 자산보호신탁 같은 자산보호 수단에 대해서도 알아봐야 한다. 상당한 재산을 가진 사람들은 법적 소송에 휘말릴 수 있기 때문이다. 마지막으로 재무자문가는 상속세를 고려해 자손들에게 최대한의 부를 물려주는 한편 세금을 최소화할 수 있는 전략을 세워야 한다.

바람직한 재무계획은 단순히 재정적 독립에 얼마나 가까이 와 있는지 평가하는 것 이상의 역할을 한다. 뿐만 아니라 재무설계를 할 때는 당신이 통제할 수 없는 뜻밖의 요인들이 끼칠 영향에 대해서도 미리 헤아려야 한다. 예를 들어 당신과 당신의 가족들에게 장기적 혹은 영구적인 장애가 발생하거나, 노년에 전문 인력의 돌봄이 필요해지거나, 또는 부부 중 한 명이 사망한다면 어떤 영향을 받게 될 것인가 등을 고려해야 한다.

3단계. 예측 모델 평가하기

캔자스시티에서 플로리다까지 운전을 해야 할 일이 생긴다면 나는 가장 먼저 연료탱크가 가득 차 있는지 확인하고 트렁크에 필요한 물품들이 제대로 실려 있는지 점검할 것이다. 마찬가지로 원하는 목표를 달성하려면 효율적인 준비가 필수적이다. 가장 좋은 방법은 예측모델을 돌려보는 것이다(요즘에는 다양한 온라인 도구를 활용하거나 재무자문가가 대신 해줄 수도 있다). 재정적 독립이라는 목표를 달성하는 데 사용할 수 없는 자산은 제외한다. 이를테면 순자산 명세서에 따르

•   본인이 가입한 기존 보험 상품의 배상액을 초과하는 부분에 대해 커버해주는 보험. 국내에는 아직 도입되지 않았다.

면 당신에게는 80만 달러가 있지만, 자식들의 교육과 결혼에 15만 달러를 쓸 계획이라면 예측 모델을 돌릴 때에는 목표 달성에 사용할 금액을 65만 달러로 시작해야 한다(총 80만 달러에서 자녀들을 위해 지출할 15만 달러 제외). 그런 다음 401(k)나 IRA, 과세 계좌 등 지금 정기적으로 저축 중인 돈을 합한다. 사회보장제도, 연금, 임대소득, 발생 가능한 유산 등 여러 요인들을 고려하면 이는 더욱 복잡해진다.

예측 평가에 필요한 시나리오가 워낙 다양하기 때문에 많은 투자자들이 재무자문가에게 도움을 요청한다. 재무자문가는 전문 소프트웨어를 사용해 다양한 투자 수익과 은퇴 연령, 그리고 최상의 재무 계획을 세우는 데 필요한 다른 변수들을 고려해 정확하고 신속하게 결과를 도출할 수 있다. 더불어 은퇴 후에도 지금과 같은 생활 방식을 유지하려면 매년 얼마나 소비하고 저축해야 하는지를 알려줄 것이다. 로스Roth IRA*나 주택융자 조건 조정 등 재무계획을 최적화할 수 있는 전략을 추천해주기도 한다.

4단계. 목표 조정 및 검토하기

예측 평가를 끝내고 나면 이제껏 열심히 해온 사람들은 생각보다 꽤 멀리까지 왔고 저축과 투자에 힘을 쓴 보람이 있다는 사실을 알

• 미국의 기존 IRA와는 달리 세금공제는 없지만 5년 이상 유지하면 이자소득세에 대한 비과세 혜택을 받는다. 또한 70세가 넘어도 계속 적립할 수 있다.

고 기뻐한다. 아직 재정적 독립을 위한 올바른 길에 들어서지 못했다면 목표를 조정하고, 소비 또는 저축 습관을 바로잡아야 한다. 가령 당신의 목표를 달성하려면 매년 지금보다 20% 이상의 수익을 올리거나, 아니면 현재 목표를 실현하는 것이 불가능하기 때문에 아예 목표를 수정해야 할 수도 있다. 필요한 소득을 낮추거나 더 많이 저축하거나 은퇴를 미루거나 혹은 자녀들이 바라는 화려한 결혼식 예산을 깎는 식으로 목표를 조정하라.

여기서 다시 헨리와 프랜시스에게 돌아가 보자. 만약 프랜시스가 앞으로 10년간 연 7%의 수익을 올릴 경우 65세 즈음이면 다양한 투자 계획으로 총 160만 달러를 축적할 수 있다. 은퇴 후에는 보다 보수적인 포지션을 취해 예상 수익률을 5% 정도로 잡으면 포트폴리오에는 매년 8만 달러가 추가될 것이다. 거기다 65세에 은퇴해 사회보장연금으로 연 2만 달러를 받으면 프랜시스는 매년 10만 달러의 소득을 얻을 수 있고, 재정적 독립이라는 목표를 성취하게 된다!

재정적 독립에 대한 가능성을 높이기 위해 프랜시스는 더 큰 보호책을 마련해 두어야 한다. 예를 들어 매달 1,000달러를 더 저축한다면 65세에 그의 포트폴리오는 180만 달러로 증가할 것이다. 이렇게 20만 달러를 추가로 모아 두면 은퇴 후에 연금과 투자 수익에 대한 의존도를 낮출 수 있다. 이 20만 달러가 은퇴자금의 여유분이다.

여유자금은 불의의 사건이 발생하더라도 당신의 니즈를 충족시킬 수 있는 충분한 자산을 확보하는 데 도움이 된다. 뜻밖의 지출이 발생했을 때 안전장치가 되어줄 수 있으며 시장에만 의존할 필요가 없도록 도와준다. 현재의 저축 계획상 재정적 독립 여부가 아슬아슬하다면 시장의 일거수일투족에 스트레스를 받을 확률이 크다. 시장이 좋을 때면 언제고 은퇴할 수 있을 거라는 장밋빛 꿈을 꿨다가 상황이 불길해지면 인생의 황금기에 라면과 고양이 사료로 끼니를 때워야 할지도 모른다는 침울함에 빠지게 된다. 마음의 평화를 느끼고 싶다면 필요한 금액보다 약간 더 넉넉하게 모아두는 게 좋다.

이제 헨리를 찾아가 보자. 헨리는 아주 중요한 결정을 내려야 한다. 65세까지 160만 달러를 축적해 경제적 독립을 이루려면 그는 매달 약 7천 달러를 저축해야 한다(프랜시스는 순자산 중 상당 부분을 투자 중이고 계속 성장하고 있기 때문에 필수적으로 저축해야 하는 금액이 더 적다). 정말로 그렇게 할 수 있다면 더할 나위 없다. 헨리는 프랜시스보다 더 많은 돈을 저축하면서도 호숫가 별장에서 주말을 즐길 수 있을 것이다. 그럴 사정이 안 된다면 두 집 중 하나 또는 모두를 팔거나 규모를 줄여 소득을 늘려야 한다.

이런 중요한 결정들을 투자 여정의 초반에 해두는 것이 중요하다. 뒤늦게 돈을 더 모아뒀어야 했다고 배우자나 연인과 후회 가득한 대화를 나누고 싶지는 않을 테니까 말이다. 언제나 자신의 경제 상황에 대해 정확하게 알아둬야 한다. 어떤 자산이 부를 보태주고 있고 어떤 자산이 돈을 새나가게 하고 있는지, 그리고 목표에 도달하려면 얼마나 많은 시간이 남았는지 숙지하라. 그래야 자산을 현재 또는 은퇴 즈음에 팔아야 할지 아니면 소득을 창출하지 않는 자산을 계속 갖고 있어도(예로 별장이나 보트) 재정적 목표를 달성할 수 있을지 파악할 수 있기 때문이다. 또한 목표를 달성하기 위해 처음 생각했던 것보다 돈을 더 많이 혹은 덜 저축해도 될지 결정해야 한다.

5단계. 맞춤화된 포트폴리오 작성하기

목표를 정확히 이해하고 소비 습관을 어떻게 조정할지 결정하고 나면 그다음은 가장 적합한 포트폴리오를 구축할 차례다.

보유하고 있는 다양한 포트폴리오에 대해 위험 수준이 서로 다른 여러 가지 계획을 세울 수도 있다. 예를 들어 당신은 교육비를 마련하기 위해 따로 투자를 하고 있을지도 모른다. 이 포트폴리오는 시작 액수(교육비를 위해 따로 모아둔 돈)도 다르고, 목표(목표로 하는 금액)도 다르다. 또는 잉여 주택이나 결혼식, 자녀나 손주들을 위해 신탁을 준비하고 있을 수도 있다. 당신이 상당한 부자고 목표를 달성하기에 충분한 종잣돈을 갖고 있다면 단순히 'S&P 500의 수익률을 능가'하거나 개인적으로 좋아하는 분야에 투자하더라도 아무 문제도 없다. 여기서 핵심은 경제적 독립을 이룩하기 위한 탄탄한 포트폴리오이기 때문이다. 이것만 가능하다면 남는 재산은 뭐가 됐든 다양한 방법으로 투자할 수 있다.

그다음 단계로 나아가자

장기 질환 환자를 진료하는 의사는 어떤 치료를 할지 결정하기 전에 먼저 최대한 많은 정보를 수집해야 한다. 투자도 마찬가지다. 재무자문가도 일단 목표를 설정하고, 계획을 세우고, 얼마나 많은 돈을 저축할지 결정하고 난 후에야 부를 축적하는 데 가장 좋은 투자 수단을 선택할 수 있다.

나 자신을 포함해 대부분의 재무자문가가 가장 먼저 추천하는 것은 401(k)나 403(b)*처럼 회사나 고용주가 절반의 금액을 지원하는 제도다. 당신이 급여의 3%를 저축하고 회사에서 같은 금액을 지원해준다면 지금 즉시 100% 수익을 얻는 셈인데 이보다 더 좋은 투자가 어디 있겠는가? 이런 회사에서 일하고 있다면 축하한다! 이는 무척 너그러운 제도이며, 당신은 미국 노동자들 중에서도 소수에 속한다. 이런 훌륭한 혜택을 얻을 수 있다면 절대로 놓치지 마라.

그런 다음 가능하다면 로스 RIA를 최대한도로 가입하는 게 좋다. 납입 한도는 당신의 순소득과 혼인 상태를 바탕으로 결정된다. 한도는 매년 변동될 수 있으므로 먼저 가입 자격이 되는지 회계사에게 확인하고, 가능한 액수를 알아본다. 로스 RIA는 소득세 공제를 받을 수는 없지만 다른 장점이 있다. 불입 기간이 길어지면 비과세로 전환되며, 은퇴 후 세금을 내지 않고 인출할 수 있다.

로스 IRA를 최대한도로 가입한 다음에는 다시 고용주가 제공하는 은퇴 플랜으로 돌아가 납입 한도를 최대한으로 활용하라. 불입금액

---

* 미국의 퇴직연금제도 중 하나로 지방정부, 공립학교, 병원 근무자가 주로 활용한다.

과 동등한 수준의 소득세 공제를 받을 수 있고, 비과세이며, 은퇴 후 돈을 인출할 때만 세금을 낸다. 50세 이상의 투자자는 로스 IRA와 고용주 지원 플랜에 '추가' 불입을 할 수 있는데, 이는 재정적 독립으로 가는 길을 가속화할 수 있다.

자영업자나 사업체를 운영하는 투자자에게는 다른 방법이 있다. 개인 사업자용 401(k)와 회사은퇴 연금계좌인 SEP IRA과 심플 IRA는 고용주 지원 플랜을 대신할 수 있다. 이런 종류의 계좌는 각각 장단점을 지니고 있으므로 어떤 옵션이 본인에게 가장 좋을지는 전문가와 상담하기 바란다.

고용주 지원 플랜을 최대한 활용하고 나면 저축과 관련된 결정들은 보다 복잡해진다. 돈을 어디에 어떻게 저축할 것인지는 이용 가능한 다른 은퇴 플랜 옵션과 당신의 과세 구간에 달려 있다. 돈을 축적하려면 최대한 세금 효율적인 방식을 활용해야 한다.

비상금을 마련하라

백만장자든 사회초년생이든 예기치 못한 일 때문에 급히 현금이 필요해질지도 모른다는 사실은 신중하게 고려해야 할 요소다. 그러나 현금을 갖고 있는 것(인플레이션 때문에 매일같이 가치가 하락하는)과 현금에 접근할 수 있는 것은 다르다. 요즘 같은 저금리 시대에 저축 계좌나 MMA에 돈을 쌓아두는 것은 20년간 매트리스에 돈을 숨겨놓는 것과 비슷하다. 1~2년 정도 단기적으로 필요한 자금 이외의 현금이 있다면 장기적인 성장을 위해 시장에 투자하는 편이 낫다. 다만 비상사태에 대비해 적당한 금액(가령 3~6개월 정도의 생활비)은 항상 은행에 넣어두어야 한다.

그보다 넉넉한 현금이 필요하다면 (가령 6~12개월 정도의 생활비) 필요하지 않은 동안 자금을 불리면서도 언제든 손쉽게 접근할 수 있는 옵션은 수없이 많다. 이를테면 주택담보대출이나 투자 포트폴리오에서 유동성이 높은 증권(채권 펀드처럼)은 비상시에 현금으로 이용할 수 있다. 하지만 구름이 걷히고 햇빛이 비치는 동안에는 시장에서 꾸준히 성장할 수 있다.

부채 상환에도 전략이 필요하다

학자금에서 주택융자에 이르기까지, 대부분의 사람들에게 아메리칸 드림은 부채를 기반으로 한다. 부채를 책임감 있게 활용한다면 사회생활을 시작하거나 뜻밖의 지출을 충당하는 데 도움이 될 수 있다. 그러나 책임감 없이 사용한다면 꿈을 이루는 데 방해가 되는 무거운 짐일 뿐이다.

개인의 재정적 삶에서 부채보다 더 뜨거운 논쟁의 대상은 없을 것이다. 찬반 양쪽에 이른바 '전문가'들이 있기 때문이다. 한쪽은 부채의 전략적인 활용을 극찬하고 다른 한쪽은 이를 무조건 피해야 할 재앙의 원인이라고 생각한다. 당신이 개인적으로 어떻게 생각하든 간에 한 가지만은 확실하다. 부채를 활용하는 능력은 당신의 상환 능력에 달려 있다. 나는 주택융자를 행복하게 갚아나가고 있는 80세 고객들을 알고 있다. 그들은 매우 낮은 금리로 융자를 받았고 이를 상환할 수 있는 안정적이고 예측 가능한 현금 흐름을 보유하고 있다. 또한 나는 매달 여기저기 갚아야 할 돈을 전부 내고 나면 남는 돈이 전혀 없어서 어떤 투자 계획도 실천할 수 없는 사람들도 알고 있다.

부채가 재정적 목표를 달성하는 데 방해가 된다면, 투자 계획의 효율성에 영향을 주는 부채를 줄이거나 없애버려야 한다. 신용카드 같은 대부분의 소비자 부채는 투자 수익률보다 훨씬 높은 이자를 부과한다. 투자로는 한 자릿수 수익을 올리면서 부채에 대해서는 두 자릿수 이자를 지불하는 것은 100킬로그램짜리 배낭을 짊어지고 산을 오르는 것이나 마찬가지다.

그렇다면 어떻게 해야 할까? 가장 바람직한 대책은 이율이 너무 높은 부채를 정리하는 것이다. 그런 빚을 미리 갚아버리면 높은 이율을 부담하지 않아도 되고 통제 불능으로 곤두박질치는 재정 상태를 안정적으로 바로잡을 수 있다. 더불어 회사가 동일 금액을 납입해주는 은퇴 플랜을 갖고 있다면 혜택을 최대로 누릴 수 있는 최소 금액을 저축하라(만약 회사가 급여의 3%를 지원한다면 최소한 그 정도는 매달 납부하라). 부채를 갚음으로써 여분의 현금이 남는다면 로스 IRA나 다른 투자 계좌에 넣거나, 고용주 지원 플랜의 불입금을 늘려 목표를 향해 더욱 박차를 가할 수 있다.

때때로 사람들은 그리 부담이 되지 않는 부채를 지고 있을 때 차라리 한꺼번에 다 갚아버리는 게 낫지 않을지 고민한다. 그 대답은 어떤 대안을 갖고 있느냐에 달려 있다. 투자가 어색하고 현금을 계속 은행에 묵혀둘 생각이라면 부채를 빨리 갚는 게 낫다. 그러나 현금을 투자할 생각이 있고 대출 이자보다 펀드에서 더 높은 수익을 올릴 수 있다면 현금을 투자하고 부채는 꾸준히 갚아 나갈 것을 추천한다. 장기적으로 이쪽이 더 이득이기 때문이다. 나중에 빚을 갚는 게 낫겠다는 판단이 든다면 예전보다 더 늘어나 있을 투자 계좌에서 돈을 인출하면 된다.

예를 하나 들어보자. 2.5% 고정금리로 주택융자를 갚고 있는 사람이 있다(일부 세액공제 가능). 이런 빚이 있어도 마음이 불안하지 않고 20년 후에는 더 많은 순자산을 갖게 될 것이라고 기대하는 사람은 지금 가진 현금을 부채를 갚는 데 쓰기보다 투자하는 쪽을 선호할 것이다. 그러나 같은 처지에 있더라도 7% 금리를 갖고 있는 사람이라면 지금 당장 부채를 갚는 게 낫다.

교육비 플랜을 세워라

교육에는 돈이 든다. 그러나 무지도 마찬가지다.
— 클라우스 모서Claus Moser

많은 투자자가 자식들의 대학 등록금을 마련하는 것을 첫 번째 재정적 목표로 여긴다. 하지만 불행히도 많은 사람들이 그 비용을 보고 망설인다. 대학 등록금이 끔찍한 수준으로 인상된 것은 사실이다. 가

꽤 나이 든 고객들이 이렇게 말할 때가 있다. "나는 일을 하면서 대학에 다녔어요." 오늘날의 대학생에게는 거의 불가능한 일이다. 임금 인상률은 매년 평균 몇 포인트밖에 되지 않은 반면 대학 등록금은 거의 두 배 가까이 상승했다. 직장에 다니면서 돈을 벌어 대학을 마치는 것은 더 이상 쉬운 일이 아니다.

이 문제에 있어서도 가장 먼저 어디서 시작해야 할지를 결정해야 한다. 많은 사람들이 맨손으로 0에서부터 시작한다. 이들은 자식들의 교육을 위해 모아둔 돈이 없다. 그다음은 목적지를 설정해야 한다. 등록금을 낼 수 있는 수준의 학교를 구체적으로 결정하라. 4년제 사립 대학교 등록금을 준비할 것인가, 6년제 주립대학인가? 자식의 등록금을 4년 내내 전부 지원해줄 것인가, 일부만 줄 것인가?

예를 들어 제너러스 지니의 경우를 생각해보자. 그는 자식들에게 4년제 주립대학 등록금의 약 75%를 지원해줄 생각이다. 조금만 정보를 찾아보면 그가 생각하는 조건에 해당하는 대학교의 수업료와 주거비, 교재비, 기숙사비를 금방 알아낼 수 있다. 그다음으로 대학 등록금의 연평균 인상률을 고려해 목표 금액을 조정한다. 이제 그는 자녀들이 대학에 입학할 시기가 되었을 때 필요한 총비용을 알 수 있다.

여기서부터 그는 목표에 도달하려면 매달 얼마를 저축해야 하는지 계산할 수 있다. 이 추정치는 그가 매년 합리적인 수준의 투자 이익을 거둔다고 가정하고, 각 자녀가 대학에 입학하기 전에 저축 가능한 기간 동안 그가 부담할 수 있는 적절한 액수를 바탕으로 한다. 예를 들어 지니가 선택한 대학교에 다니는 데 필요한 총비용의 75%가 지금 시세로 1만 7,500달러라고 하자. 이 금액이 연간 4%씩 증가할 것으로 추정한다. 이를 토대로 지니의 9세 딸과 6세 아들이 18세가 되어 대학에 입학할 즈음이면 22만 5,000달러가 필요하다는 사실을 알 수 있다. 투자 자산의 수익률을 연 6%로 가정할 때, 지니는 딸을 위해서는 매달 700달러, 아들을 위해서는 매달 575달러를 저축해야 한다.

은퇴 자금과 마찬가지로 현 재정 상태와 향후 목표, 매달 저축해야 하는 금액을 아는 것만으로는 충분하지 않다. 교육비를 준비할 때는 저축하는 돈을 어디에 투자하는 게 가장 좋을지 알아야 한다. 대부분의 부모들에게 미국의 529 학자금 준비 플랜은 완벽한 해법이다. 592 플랜에 가입하면 불입금액에 대해 나중에 비과세 혜택을 받을 수 있고, 고등교육비로 지출한 돈에 대해서도 세금공제 혜택을 받을 수 있다. 일부 주에서는 납입금에 대해 소득세 공제를 제공하기도 한다. 이 플랜이 유용하지 않은 유일한 경우는 부모가 많은 순자산을 보유하고 있을 때다. 부유층의 경우 차라리 대학에 직접 등록금을 납부하는 편이 효율적이다.

/ 법칙 2. 목표에 부합하는 포트폴리오를 구축하라 /

어디로 가고 있는지 모른다면 완전히 다른 곳에 도착할 수 있다.

— 요기 베라Yogi Berra

대부분의 사람이라면 삶의 어느 시점에서든 자동차를 구입한 적이 있을 것이다. 대학에 다닐 때 나는 A지점에서 B지점까지 이동하기 위해 자동차가 필요했고, 그럭저럭 작동하고 가격은 몇 백 달러밖에 안 되는 자동차를 찾아 다녔다. 결혼을 했을 때는 좀 더 믿음직한 차가 필요했다. A지점에서 B지점까지 반드시 데려다줄 수 있고 에어컨처럼 필수적인 편의장치도 갖춰야 했다. 자식이 생겼을 때는 무엇보다 안전이 최우선이었고, 칭얼거리는 아이를 안고서도 손쉽게 타고 내릴 수 있는 자동차를 원했다. 그 뒤로 아이들이 자랐을 때는 카풀을 할 수 있고 부산스러운 10대 아이들을 감당할 수 있으며 스포츠 장비를 잔뜩 실을 수 있는 자동차가 필요했다.

새 자동차를 사는 데 얼마나 많은 고민과 노력이 필요한지 다들 알고 있을 것이다. 투자자들이 장기 투자를 하면서 이보다도 더 고민하지 않는다는 사실은 정말 흥미롭다. 가령 평범한 투자자는 흔히 "오늘이 애플 주식을 사기에 좋은 타이밍일까?" 하고 자문하곤 한다.

숙련된 투자자는 다른 각도로 투자 결정에 접근한다. 그들은 먼저 달성하고 싶은 전체적인 비전을 결정하고, 구체적인 재정 목표를 설정하고, 이렇게 질문할 것이다. '주식에 얼마나 투자해야 할까? 그중에서 대기업에는 얼마나 할당하지? 미국 회사 주식에는 얼마나 투자해야 하지?' 이런 질문에 대한 답을 낸 다음에야 '애플이 내 계획에 부합하는가?'라는 질문이 떠오른다.

포트폴리오의 목적은 적절한 자산 배분이지 그 반대가 아니다. 어쩌면 당신은 이렇게 생각하고 있을지도 모른다. '다른 게 다 무슨 상관이람. 내 목표는 최대한 많은 돈을 버는 거야.' 그건 사실이 아니다. 지금부터 잘 들어보자.

당신이 은퇴하기에 충분한 재산을 모았다고 하자. 연금까지 계산하면 당신은 10년 후에 은퇴하여 매년 10만 달러를 사용할 수 있다. 그리고 앞으로 10년간 목표가 무엇이냐고 묻는다면 당신은 최대한 많은 돈을 모으는 것이라고 대답할 테고, 우리는 흥미로운 딜레마에 빠진다. 그게 당신의 진정한 목표라면 지금까지의 데이터와 통계로 미뤄볼 때 당신은 채권에 포트폴리오의 10% 이하를 투자해야 한다. 일반적으로 채권은 지난 10년간 주식에 비해 수익률이 크게 낮았기 때문이다. 당신은 이렇게 말할 것이다. "그거 좋은데요! 통계 자료가 그렇다면 전부 다 주식에 투자합시다."

그러나 10년 후에 은퇴해 매년 10만 달러를 지출하려면 자산을 극대화하는 것과는 다른 포트폴리오가 필요하다. 만일 당신의 목표가 10년 뒤에 성공적으로 은퇴할 가능성을 극대화하는 것이라면 포트폴리오에서 채권을 최소한 20~30% 비율로 구성하는 것이 바람직하다. 채권은 수익률이 낮은 대신에 안정적이기 때문이다. 이는 전반적으로 포트폴리오의 취약성을 낮추고 결국 목표 수익률을 달성할 가능성을 높인다. 주식 비중이 높은 포트폴리오는 은퇴하는 데 필요한 목표보다 더 높은 수익을 안겨주겠지만 동시에 그보다 더 낮은 수익을 올릴 확률 또한 증가한다. 이런 사실을 알고 나면 대부분의 투자자는 확률을 따르기 마련이다. 어느 쪽도 장담할 수 없을 때, 사람들은 목표를 달성할 가능성을 더 중요하게 여기기 때문이다.

부유층의 경우에도 같은 원칙이 적용된다. 항간에는 부자들은 돈을 버는 비결을 알고 있고, 항상 높은 위험 부담을 무릅쓰며, 계속해서 재산을 두 배씩 늘린다는 믿음이 있다. 현실은 다르다. 부유층 사람들은 재산을 늘리기보다는 지키는 데 집중한다. 많은 부자들이 대대손손 물려줄 수 있는 부를 남기거나 자선사업을 이어갈 수 있는 유산을 남기는 것을 최우선 목표로 삼는데, 이는 결국 복잡다단한 상속설계로 이어진다. 이들은 재무계획의 기본 틀이 될 수 있는 신탁이나 재단을 설립하고 재산이 산산이 흩어지지 않도록 세금 관리를 우선 과제로 삼는다. 그들은 원하는 목표를 성취하려면 부를 극대화하는 것이 아니라 위험 관리나 세금 효율적인 포트폴리오를 구성해야 한다는 사실을 잘 알고 있다.

가령 엄청나게 부유한 투자자가 매년 보유 자산의 5%를 자선사업에 사용하는 가족 재단을 설립한다고 하자. 이런 재단을 위한 포트폴리오는 자산 성장을 최대화할 목적으로 구축되지 않는다. 실제로 부유층이 설립한 거의 모든 가족 재단은 채권에 상당한 비중을 배분하고 있다.

이들이 채권을 중요시하는 가장 주된 이유는 안정성을 제공하기 때문이다. 포트폴리오에 채권이 포함되어 있다면 수익률이 하락했을 때 변동성이 큰 자산을 매각하지 않고도 연간 기부금을 충당할 수 있다. 최근 발생한 대형 위기들을 생각해볼 때 (9·11 테러, 2008~2009년 증시 붕괴, 그리고 코로나 바이러스 팬데믹까지) 모든 경우에서 우량채권은 가치가 상승한 반면 주식은 40%에서 심지어 50%

까지 추락했다. 채권에 충분한 비중을 배분해둔 자선재단은 이런 힘
겨운 시기에 시장이 침체하더라도 주식을 매각하지 않고도 배당 및
이자 소득과 채권을 합산해 필요한 자금을 마련할 수 있으며, 나아가
투자금을 전부 잃고 문을 닫을 확률을 방지할 수 있다.

포트폴리오를 구성하고 관리하는 구체적인 방법에 대해서는 이후
10장에서 배울 테지만, 이미 투자를 시작했든 수백만 달러를 갖고
있든 상관없다. 가장 중요한 점은 명확한 목표와 비전을 갖고 있어야
한다는 것이다. 무엇을 달성하고 싶은지 알고 있다면 나머지는 쉽다.

법칙 3. 계획을 정기적으로 검토하라

> 스카이다이빙을 할 때 낙하산은 필요 없다.
> 낙하산이 필요할 때는 다음에 또 뛰어내릴 때다.
>
> — 작자미상

누구나 살면서 시합에 참가해본 경험이 있을 것이다. 동네에서 친
구들과 달리기 시합을 하든 올림픽 육상 경기에 나가든, 모든 시합에
는 두 가지 공통점이 있다. 바로 출발선과 결승점이다. 진짜 선수들
은 어디서 출발해 어디서 끝내야 할지 정확하게 알고 있다.

재무계획을 주기적으로 검토하고 매년 또는 삶에 특별한 변화가 생
길 때마다(결혼, 출산, 소득 변화 등) 총제적으로 점검해보기 바란다.

재무계획을 검토하다 보면 순자산에 변화가 생겼음을 발견하게 될 것이다. 포트폴리오가 성장하거나, 나빠지거나, 뜻밖의 보너스나 유산을 받게 되었을 수도 있고 자산을 매각하거나 유동화했을지도 모른다. 그렇다면 이제 출발선이 바뀐 셈이다.

당신의 목표가 바뀌었을 수도 있다. 처음 생각한 것보다 더 빨리 은퇴하고 싶을 수도 있고, 아니면 은퇴 후에 시간제로 계속 일을 해야 할지도 모른다. 딸이 입학한 대학의 등록금이 처음 예상한 것보다 두 배로 인상됐을 수도 있다. 뱃속에 든 아이가 세 쌍둥이임을 알게 되었을지도 모른다. 결혼을 하거나, 혼자가 되었거나, 병에 걸렸을 수도 있다. 그렇다면 이제 결승점이 바뀌었다.

개인의 삶에 영향을 줄 수 있는 모든 일들은 당신의 포트폴리오에도 영향을 준다. 포트폴리오의 '변화'가 시장의 변화가 아니라 개인의 삶의 변화에 바탕을 두고 있음에 주목하라.

가령 60세의 투자자가 62세에 은퇴해 연 10만 달러로 생활한다는 목표를 갖고 있다고 하자. 그는 포트폴리오의 수익률을 6%로 예상했고, 현재 목표를 향해 순조롭게 나아가고 있는 중이다. 그러나 얼마 전 연례 분석을 한 결과 증시가 상승하면서 포트폴리오가 예상보다 더 좋은 성과를 내고 있음을 알게 되었다. 또한 투자자는 은퇴 시점이 다가오면서 포트폴리오의 변동성을 걱정하게 되었다. 다행히도 이제 그는 목표에 도달하기 위해 연 6% 수익률이 필요하지 않다. 포트폴리오 분석은 이제 연 5% 수익률이면 충분하다는 사실을 보여준다. 여러 가지 상황을 고려할 때, 투자자는 주식 투자를 줄이고 우량채권의 비중을 늘리기로 선택한다. 장기적인 수익률은 줄지 몰라도 대신 불안정성이 감소하기 때문이다.

궁극의 법칙, 목표에 집중하라

CNBC 프로그램의 한 장면을 보자. 사회자가 묻는다. "지금이 주식을 살 기회인가요?" 이에 게스트가 답한다. "나라면 오늘 말고 (현재 S&P 2,710포인트) 2,680포인트에서 한꺼번에 매수할 겁니다."

이 대화는 포트폴리오에 대한 전형적인 잘못된 관점을 보여주고 있다. 어째서 S&P 2,710포인트일 때 행동하지 않고 2,680포인트가 될 때까지 기다린단 말인가? 일단 포트폴리오를 구성하고 나면 늘 냉정해야 한다. 옆에서 들리는 잡음은 무시하고, 절대로 공황에 빠지지 말고, 위기가 찾아와도 올바른 길에서 벗어나지 말고, 그리고 무엇보다 목표에 집중하라.

제6장

인생의 보험,
위험 관리

_피터 멀록

THE
PATH

모두가 그럴듯한 계획을 갖고 있다. 한 방 맞기 전까지는.

– 마이크 타이슨

위험 관리는 삶의 일부분이다. 외출을 할 때는 현관문을 잠그고, 기어를 올리기 전에 안전띠를 매고, 차도를 건너기 전에 양옆을 둘러 보지 않는가. 투자와 관련된 '위험 관리'는 재정적 손실에 대한 노출을 통제하는 일이다. 이미 엄격한 저축 계획을 갖고 있거나 상당한 자산을 보유한 투자자의 경우, 재정적 독립을 위협하는 가장 큰 위험은 가령 집에 불이 나거나 가족 구성원이 세상을 떠나는 것처럼 시장의 '바깥'에서 통제할 수 '없는' 일이 발생하는 것이다. 이런 불운한 사고로 모든 것을 잃는다면 투자 수익이 기하급수적으로 향상해봤자 무슨 소용이 있을까.

놀랍게도 많은 사람들이 가족을 보호하기 위해 어떤 보험에 들어야할지 고민하기보다 오늘 저녁에는 무슨 피자를 시킬지 고민하는 데 더 많은 시간을 투자한다. 위험 관리가 자산관리의 일부인 건 사실이나, 어쩌면 당신은 숙련된 투자가가 되는 방법을 다루는 책에서 이런 부분들이 왜 중요한지 궁금할 것이다. 간단히 말하자면 재정적 위험으로부터 최대한 철저한 보호책을 세우는 일은 엄청나게 중요한 문제다.

보험에 가입하지 않는다면 당신에게 남은 것은 '자가보험self-insuring' 뿐이며, 이는 어떤 위험이 닥치든(살다보면 항상 겪는) 무겁고 힘든 경제적 고난을 혼자서 짊어져야 한다는 뜻이다. 어떤 투자자는 포트폴리오 가치가 하락했을 때 이런 위험이 미칠 재정적 영향이 두려운 나머지 아예 투자 계획을 포기하는 경향이 있다. 예컨대 약세장에서 주식 투자를 단념했는데, 자신이 사고로 세상을 뜨기라도 하면 가족들이 가난해질까봐 걱정됐기 때문이다.

숙련된 투자자는 애초에 그런 상황이 오도록 만들지 않는다. 좋은 투자 계획을 마련해 놓는다면 시장 상황에 관계없이 모든 위험은 통제 가능하며, 따라서 목표한 전략을 고수할 수 있다(물론 밤에 잠도 잘 자고).

이번에는 당신을 보호할 대비책에 대해 알아보자.

생명보험

죽음에 대한 두려움은 삶에 대한 두려움에서 비롯된다.
완전한 삶을 사는 사람은 언제든 죽음을 맞을 준비가 되어 있다.

– 마크 트웨인

생명보험은 가입하는 게 아니라 파는 것이라는 말이 있다. 부부가 아침에 눈을 뜨고 갑자기 서로의 얼굴을 쳐다보며 "우리 보험에 가입하러 가자!"고 말하지는 않는다. 그러나 생명보험은 위험 관리와 자산 관리 양쪽 모두에 있어 중요한 기능을 한다.

생명보험의 기본 개념은 아주 단순하다. 당신이 사망하면 보험회사가 당신이 지정한 수혜자에게 '사망보험금'을 지급한다. 그리고 이를 위해 당신은 보험회사에 일정한 금액을 납부한다. 정말 간단하지 않은가? 물론 최근에는 훨씬 더 복잡해지긴 했다. 보험회사는 온갖 형태의 보험 상품을 (보험을 빙자한 투자 상품도) 개발해냈고, 덕분에 보험 선택은 전보다 더 어렵고 복잡한 결정을 내려야 하는 문제로 변했다.

보험 상품에 가입할 때 방해가 되는 것 중 하나는 바로 보험 산업의 구조다. 보험설계사는 커미션을 바탕으로 움직인다. 그들은 자신이 판매한 상품의 납입료 중 일부를 수수료로 받는다. 상품을 판매하고 커미션을 받는 행동이 잘못된 것은 아니지만 이러한 구조는 이해 상충을 발생시킬 수 있다. 만일 선택할 수만 있다면 보험설계사는 고객에게 가장 적합한 상품을 추천할까(예로 니즈에 부합하는 가장 저렴한 상품) 아니면 자기 자신에게 가장 적합한 상품을 판매할까(예로 높은 커미션을 받는 상품)? 소비자로서 스스로를 보호하는 한 가지 방법은 보험 상품을 구입하기 전에 당신에게 무엇이 필요하고 왜 필요한지 이해하는 것이다.

기간성 보험

기간성 보험*은 거의 모든 사람들에게 가장 적합한 생명보험이다. 보험설계사가 기간성 보험을 잘 추천하지 않는 이유는 커미션이 가장 적기 때문이다. 기간성 사망보험은 특정 기간 안에 사망할 시 혜택을 받을 수 있다. 말하자면 향후 15년 동안 보험료를 낸다면 불의의 사고가 생겨도 당신 가족들은 적어도 평생 동안 생활비를 보장받을 수 있다. 한 가지 잠재적인 단점이 있다면 만일 당신이 내일 사망할 경우 가족들은 당신과 당신의 현금 흐름을 전부 잃을 것이라는 점이다.[17] 남은 가족들은 당신이 15년 동안 저축한 돈이 아니라 지금 당장 현금이 필요해진다. 다시 말해 첫째로 자금이 성장할 시간이 없고 둘째로 해당 투자에 추가할 소득이 더는 없어진다는 의미다.[18] 더구나 예상

한국의 순수 보장성 보험, 소멸성 보험으로 생각하면 될 것 같다. 저축 기능 없이 보장만을 추구하며, 대신 보험료가 상대적으로 매우 저렴하다.

- ***** 한국의 순수 보장성 보험, 소멸성 보험으로 생각하면 될 것 같다. 저축 기능 없이 보장만을 추구하며, 대신 보험료가 상대적으로 매우 저렴하다.
- **17** 이런 걸 '단점'이라고 부르는 건 매우 절제된 표현이다.
- **18** 당신이 영화 〈사랑과 영혼Ghost〉의 패트릭 스웨이지고 도자기를 만들러 이승으로 돌아온다고 해도 가족의 소득에는 중요한 영향을 끼치지 못할 것이다.

보다 15년 일찍 자금을 인출하게 될 뿐만 아니라 기대했던 것보다 15년 더 오래 지속될 것이다. 이런 종류의 문제는 당신의 투자 계획과 가족들의 미래를 수포로 돌아가게 할 수 있다.

커리어를 시작한 지 얼마 안 되었을 때, 나는 한 의사에게 기간성 보험을 추천했다. 그는 모든 보험은 소비자에게 불리하다는 기사를 읽었다면서 제안을 거절했다. 그러나 안타깝게도 그가 1년 뒤에 불의의 사고로 세상을 떠나게 되면서 남은 가족들은 경제적 곤란을 겪게 되었다. 그의 부인과 딸은 사랑하는 남편이자 아버지를 잃은 애통함뿐만 아니라 수년간 경제적 어려움에 시달려야 했다. 나는 아직도 그 가족과 함께 일하고 있는데, 1년에 몇 백 달러의 기간성 보험만 있었다면 그들의 괴로움이 훨씬 크게 줄었을 것임을 알고 있는 입장에서 무척 안타까웠다.

책임감 있는 사람이라면 누구나 세상을 떠난 뒤에 남은 가족들을 보호하기 위한 대책을 마련해둬야 한다. 자산도 충분하지 않고 위험이 닥쳤을 때 혼자서 감당하기 힘든 처지라면 기간성 보험은 가장 쉬운 해결책이다. 상대적으로 저렴한데다, 실제로 당신이 계약 기간 동안 목숨을 잃을 확률은 낮기 때문이다. 15년 만기 보험에 가입할 경우 보험회사는 당신이 앞으로 15년 동안 죽지 않을 것이며 따라서 사망보험금을 지불할 확률이 낮을 것이라고 가정한다. 많은 보험설계사들이 이런 통계를 이용해 투자자들에게 기간성 보험을 구입하지 말라고 만류한다. 투자한 데 대한 수익을 돌려받을 가능성이 낮기 때문이다. 그러나 이 주장은 사실 요점에서 크게 빗나가 있다. 당신이라면 수년 동안 주택보험에 들어놓고 집에 불이 한 번도 나지 않았다고 아쉬워할 것인가? 경제적 파탄을 겪지 않기 위해 재산의 작은 부분을 미리 이전해 둠으로써 불의의 사건에 대비하는 것, 그게 바로 보험의 근본적인 목적이 아닌가.

얼마짜리 생명보험이 필요한지 결정하는 일은 재무설계에서 필수적인 단계다. 실제로 이를 추정하는 데는 다양한 방법론이 동원된다. 불행히도 그중 대부분은 엉터리다. 이를테면 가장 흔한 가정 중 하나는 소득의 다섯 배에 맞먹는 생명보험에 가입해야 한다는 것이다. 하지만 만약 당신의 연 소득이 10만 달러지만 이미 500만 달러의 저축을 갖고 있다면 50만 달러짜리 생명보험은 필요하지 않다. 지금 갖고 있는 재산만으로도 가족들이 충분히 생계를 꾸릴 수 있기 때문이다. 그러나 만일 당신이 방금 의대를 졸업했지만 25만 달러의 학자금 대출이 남아 있고, 70만 달러짜리 집을 샀으며, 세 명의 어린 자녀가 있다면 소득의 다섯 배로는 가족들을 부양할 수 없을 것이다.

포트폴리오를 구상할 때 배웠듯이 최선의 방법은 개개인의 상황에 맞는 보험계획을 설계하는 것이다. 먼저 지금 당장 당신이 사망할 경우에 아직 자금을 마련하지 못한 목표들, 가령 가족의 생활비에 필요한 소득과 자녀들의 등록금, 눈에 띄는 부채(주택융자나 자동차 할부금 등) 비용을 전부 더한다. 필요한 보험금의 액수를 알게 되면 당신이 재정적으로 독립하는 데 걸리는 시간을 계산해 필요한 기간(예로 보험보장기간)을 결정할 수 있다.[19] 만일 당신이 오늘 필요한 보험금이 50만 달러라면, 이 니즈는 언제쯤 해소되는가? 보험금에 부합하는 자산을 축적하는 데 걸리는 시간을 바탕으로 계산하면 보험에 대한 필요성이 만료되는 시기를 알 수 있다. 당신의 저축률을 기준으로 15년 안에 50만 달러를 저축할 수 있다면 15년 만기 보험에 가입하면 된다.

기간성 보험과 관련해 마지막으로 주의해야 할 점이 있다. 많은 사람들이 직업이 없는 배우자의 생명보험을 간과하기 쉽다. 그들이 세상을 뜬 뒤에 메워야 할 소득은 없다고 해도, 직업이 없는 배우자는 대개 가정 내 많은 크고 작은 일들을 책임지고 있다(예로 자녀 돌봄, 운전, 집안일 등). 그리고 살아남은 배우자는 그러한 일들을 해결하기 위해 비용을 지출해야 할 것이다. 이는 아주 중요한 고려 사항이다.

생존생명보험

자식에게 물려줄 유산이 많은 부유층은 생명보험을 종종 종합적인 상속 계획의 일환으로 활용한다. 보험업계에서 '생존생명보험 survivorship life' 또는 '세컨드 투 다이 second to die'라고 부르는 보험은 부부 또는 동거인이 하나의 보험 상품에 가입하는 것이다. 이 상품은 보험

---

19   이는 은퇴를 기준으로 하는 재정적 독립 시기와는 다를 수 있다. 예를 들어 자녀들이 대학을 전부 졸업하거나 주택융자를 전부 갚고 나면 부채를 해결할 보험을 더 이상 유지할 필요가 없지만, 은퇴 자금은 그 뒤에도 계속 모아야 한다.

에 가입한 두 사람이 '모두' 사망했을 때만 보험금이 지급된다. 하나의 계약에 두 사람이 가입하기 때문에 사망보험금이 한 명일 때보다 대개 더 많다.

상속세를 납부해야 하는 수준의 재산을 보유한 사람들에게 이런 종류의 보험은 상속 시 지출 비용에 대한 유동성을 제공하며, 상속세를 지불하기 위해 사업체나 농장을 팔아야 하는 등의 사태를 예방한다. 사망보험금은 취소불능 신탁(나중에 자세히 설명하겠다)과 더불어 상속세가 완전히 면제된다.

생존생명보험의 주된 활용 방식은 기간성 보험과 다소 다르다. 이보험은 보험 가입자의 예기치 못한 이른 사망에 대비하기보다 주로 상속세를 예방하는 대책으로 사용된다. 어쨌든 두 명의 보험 가입자가 보험 기간 내에 모두 사망해야 하기 때문이다. 결국 이 상품의 목적은 부부가 보험료를 납부하여 매년 면세로 증여할 수 있는 재산의 가치를 극대화하는 것이다. 이에 대해서는 다음 장에서 더 상세하게 다루겠다.

투자로서의 보험

여기서 기본 원칙은 당신이 고려 중인 보험 상품이 당신의 특수한 니즈에 부합해야 한다는 것이다. 일반적으로 남은 가족의 니즈를 가장 잘 충족할 수 있는 것은 기간성 보험이다. 생존생명보험이나 다른 고도로 전문화된 상품들, 가령 유니버설 생명보험 universal life insurance 이나 보험료융자보험_{premium-financed insurance}과 같은 것들은 부유층에게 상속 시 유동성을 제공할 수 있지만, 일반적으로 보험은 '절대' 그 자체로 투자 목적으로 구입해서는 안 된다. 그래서 숙련된 투자자의 포트폴리오에 변액보험과 변액연금보험이 들어 있지 않은 것이다.

이런 종류의 상품들은 투자와 보험을 결합해 양쪽 모두의 비용을 부채질한다.[20] 대신에 숙련된 투자자들은 효과적으로 돈을 투자하고 기간성 보험을 따로 구입해 만약의 경우를 대비한 유족들의 니즈를 충족시킨다.[21]

장애보험

> 시간과 건강은 그것이 고갈될 때까지 우리가 인식하지도 감사히 여기지도 않는 귀중한 자산이다.
>
> — 데니스 웨이틀리_{Denis Waitely}

당신이 가진 가장 큰 자산은 무엇인가? 보통은 집이나 은퇴 계좌를 가장 먼저 떠올릴 것이다. 그러나 대부분의 사람들에게 가장 큰

---

20 물론 어떤 사람들은 이런 상품을 통해 부자가 되기도 한다. 바로 보험설계사들 말이다!

21 보험설계사가 뭐라고 설득하든 신경 쓰지 마라. 아, 그래, 그 사람이 얼마나 착하고 좋은 사람인지는 나도 안다.

자산은 경제 활동을 할 수 있는 능력이다. 당신의 목표에 대해 생각해보라. 내 집을 장만하는 것이든, 아이들의 교육비를 마련하는 것이든, 아니면 당신의 생애보다 더 오래 지속될 사회적 대의를 위해 노력하는 것이든, 이 모든 목표의 성취 여부는 단 한 가지 조건에 달려 있다. 바로 돈을 버는 당신의 능력이다.

내 아버지는 의사였고, 일평생 열심히 일했다. 한때 그의 목표는 (아직 주택융자가 남아 있고 세 자식은 대학에 가야 하고 퇴직 후에는 여행이나 하며 남은 생을 즐기고 싶을 때) 주택융자를 갚고 자식들이 좋은 교육을 받을 수 있게 도와주고 재정적 독립을 이루는 것이었다. 그리고 예기치 못한 일로 세상을 떠날 경우를 제외하고 이 계획에 차질을 빚을 수 있는 상황은 그가 더는 일을 못하게 되는 상태에 처하는 것이었다. 보험 대책을 세워두지 않은 채 장애를 입거나 무능력 상태에 처하게 된다면 그의 목표는 실현되지 못할 것이다. 그러므로 목표를 달성하기 위해 돈을 벌어야 하는 사람이라면 반드시 그 능력을 지키고 보호해야 한다.

나는 직장 생활 초반에 통증 관리를 전문으로 하는 의사와 일한 적이 있다. 그는 블렌더를 사용하다가 엄지손가락을 잃고 말았다. 그것은 생각보다 훨씬 심각한 문제였다. 그 의사는 날마다 그 엄지손가락을 이용해 환자들에게 주사를 놓았기 때문이다. 의사는 일을 할 수 없게 되었지만 다행히 장애보험에 가입해 있었고, 덕분에 가족들의 니즈를 충족시킬 수 있었다. 이런 일은 생각보다 훨씬 흔하게 일어난다. 나는 심각한 부상이나 다발성 경화증, 라임병, 루게릭병 같은 퇴행성 질환을 앓는 사람들과 일한 경험이 많다. 많은 경우 그들 가족들의 재정적 안전을 지켜준 것은 장애보험이었다.

장애보험은 크게 두 가지로 나눌 수 있다. 단기 장애보험과 장기 장애보험이다. 단기 장애보험은 90일 이내의 기간 동안 소득을 벌 수 없는 장애를 입은 경우에 해당된다. 일을 못하는 기간이 비교적 짧고 그에 따른 경제적 타격 역시 장기 재정 상태에 부정적인 영향을 크게 미치지 않기 때문에 이런 종류의 보험은 보통 불필요하다. 장기 장애 보험은 90일 이상부터 길게는 평생 동안 소득 활동이 불가한 상황을 보장하는데, 이런 종류의 장애가 당신의 재정적 독립에 미칠 수 있는 위험에 대해서는 진지하게 고려해야 할 필요가 있다.

생명보험과 마찬가지로 장애보험에 가입하는 이유는 약간의 부를 보험회사에 이전하는 대신 당신이 영구적인 장애를 입을 경우 가족들의 생활을 보장하기 위해서다. 사람들은 대개 문제가 발생할 때까지 자신을 무적이라고 여기는 경향이 있는데, 제발 이 섹션을 별거 아니라고 가볍게 생각하지 말기 바란다. 주택융자를 갚고, 재정적 독립을 이루고, 자식들을 대학에 보내는 등의 목표를 달성하기에 충분한 재산이 있는 사람이라면 괜찮다. 그런 사람은 문제를 해결할 수 있는 보험에 가입하거나 유지할 필요가 없다. 하지만 만일 당신이 장애를 입을 경우 가족들의 미래에 부정적 영향이 끼칠 수 있다면 장기 장애보험 상품에 대해 알아보고 당신의 건강 상태와 소득, 그리고 다른 중요한 요인들을 고려해 결정을 내리는 것이 바람직하다.

회사는 일반적으로 직원들에게 단기와 장기 장애보험을 모두 제공하기 때문에 어떤 혜택이 가능한지(또는 어떤 보장을 이미 받고 있는지) 확인해보는 게 좋다. 만일 회사에서 이런 혜택을 제공하지 않거나 충분한 보장을 하지 않는 경우에는 개인적으로 장애보험에 드는 것도 고려해보라. 가장 좋은 방법은 재무자문가와 상담하여 당신의 상황에 어떤 장애보험이 적합한지 알아보는 것이다.

장기요양보험

65세 이상 노인의 40%가 이후 평생을 요양원에서 지내게 된다.

— 모닝스타Morningstar

고령이 되었을 때 발생하는 장기요양 비용을 어떻게 해결해야 할지는 많은 미국인들에게 크나큰 걱정거리이며, 당연한 고민이기도 하다. 요양원 비용은 애리조나주의 연간 약 9만 5,000달러부터 뉴욕의 경우 15만 5,000달러에 이르기까지 전국에 걸쳐 매우 다양하다. 10만 달러 이상의 유동자산을 보유한 50세 이상 인구가 겨우 44%에 불과하다는 사실을 감안하면 요양원에 입원한 대부분의 사람들이 몇 년 후에 파산한다는 사실은 그리 놀랍지 않다. 그러나 통계를 더 깊숙이 들여다보면 요양원에 입소한 66%의 사람들이 1년 안에 사망한다는 사실을 알 수 있다. 이건 대체 무슨 의미일까?

만일 당신이 운 좋게 100만 달러짜리 포트폴리오를 갖고 있다면 장기요양에 필요한 비용을 따로 배분해 투자할 수 있을 것이다. 이런 사람들은 전문적인 요양 시설에 입소하면 지출 비용을 오히려 줄일 수 있다. 부유한 개인들은 대부분 은퇴 후 황금기에 세계 여행을 즐기거나 매년 20만 달러 상당을 지출하는데, 요양원에 들어간다면 그 절반의 비용 밖에 들어가지 않기 때문이다. 이처럼 순자산이 많은 이들은 따로 요양비용을 마련하기 위해 보험에 들 필요가 없다.

그러나 다른 사람들은 진퇴양난에 빠지게 된다. 자산이 몇 십만 달러에 불과한 사람들은 적절한 장기요양보험에 가입할 수가 없다. 안정적인 소득을 갖고 있고 50만 달러 이상의 자산을 가진 이들은 보험 대책이 필요하긴 하지만 그렇다고 은퇴자금 저축 계획을 망가뜨릴 수는 없는 일종의 딜레마에 빠지게 된다.

궁극적으로 장기요양보험은 많은 사람들에게 크고 불확실한 위험 요소이며, 적절한 행동 방침을 결정하려면 재무자문가의 도움을 받아 은퇴 자금을 잡아먹을 만큼 지나친 비용을 쓰지 않고도 개인적인 위험에 대비한 적절한 옵션을 제공받아야 한다.

건강보험

현대 의학은 한 세대 전만 해도 상상조차 못했던 치료법과 의학적 수단을 동원한다. 연구진은 10년 전에는 가망이 없다고 여겼던 질환을 치료할 해법들을 매일같이 개발해내는 중이다. 그러나 이런 혁신에도 부작용이 있으니 바로 의료 비용이다. 건강보험이 없다면 정기 건강검진 외에 모든 의료 비용은 순식간에 대부분의 가정이 감당 못할 수준까지 불어날 수 있다. 건강보험은 모든 사람들이 반드시 준비해야 할 필수 대책이다.

가능하다면 최선의 옵션은 회사나 고용주를 통한 단체보험이다. 단체보험은 여러 가지 이유로 가장 비용 효율적이다. 우선 많은 회사나 고용주가 직원들의 보험비를 지원하기 때문에 혼자서 보험료를 전부 납입할 필요가 없다. 또한 보험료가 집단의 평균 특성을 바탕으로 하기 때문에 개인이 자유 시장에서 구입할 수 있는 상품보다 비용이 낮은 경향이 있다.

회사에서 유연지출계좌FSA; Flexible Spending Account 나 의료저축계좌HSA; Health Savings Account 를 제공한다면 이런 도구를 최대한 활용해 의료 비용을 줄일 수 있다. 급여의 일부를 매달 이런 계좌에 저축해 놨다가 건강에 문제가 생길 경우 기본분담금copay 이나 처방전 비용, 그리고 개인보험이 보장하지 않는 기타 비용을 비롯해 의료 비용으로 사용하는 것이다.

FSA나 HSA를 개설하면 401(k)처럼 불입금에 대해 세전 소득공제를 받을 수 있다. 여기에는 두 가지 장점이 있다. 첫째로 FSA나 HSA에 납입하는 금액에 대해서는 세금을 낼 필요가 없고, 따라서 세금을 줄일 수 있다. 그리고 의료비 인출을 할 때도 세금이 붙지 않기 때문에 의료비를 절약할 수 있다. 이중으로 돈을 절약할 수 있는 것이다! 가령 FSA에 1,200달러를 납입한다면 전액을 의료비에 지출할 수 있다는 얘기다. FSA를 갖고 있지 않으며 과세표준구간 25%에 속한다면, 똑같은 청구서를 지불하는 데 필요한 1,200달러에 대해 세전 1,600달러를 모아둬야 한다. 여기서 유념할 점은 FSA의 경우 '사용하지 않으면 사라진다'는 것이다. 그 해에 사용하지 않고 남은 금액은 몰수되기 때문에 얼마나 저축할지 신중하게 계획해야 한다.

만일 회사에서 고액공제 의료보험 HDHP; High Deductible Health Plan 을 제공한다면 HSA도 함께 제공할 가능성이 크다. HSA는 FSA와 같은 기본 혜택을 제공하지만 한 해가 지나더라도 저축 금액이 사라지지 않는다. 대신에 투자로 돌려 오래 유지할수록 자금을 불릴 수 있다. 또한 은퇴 후 의료비로 인출할 때는 비과세 혜택을 얻을 수 있다. 따라서 HSA는 삼중 과세 혜택을 받을 수 있는 셈이다.[22] 매달 일정 금액을 납입하여 소득세를 공제받고, 비과세로 원금을 불릴 수 있으며, 은퇴 후에는 인출 시 세금을 낼 필요도 없다. 그러므로 HSA를 최대로 활용하는 방법은 매년 최대 한도까지 납입하되 의료비로는 사용하지 않는 것이다.[23] 대신에 은퇴용 투자 계좌로 활용하고 지금 가진 주머니에서 현금을 사용하는 게 낫다. 현금 흐름이 넉넉지 못하다면 FSA를 활용하는 편이 나을 것이다.

회사나 고용주로부터 건강보험 보장을 받을 수 없다면 사보험을

---

22 '삼중 과세 혜택'이라니 유용한 재무설계 수단이라기보다 무슨 피겨 스케이팅 기술 이름처럼 들린다.

23 이런 행동을 부추기는 과세법을 통과시키다니 의회가 미친 거지.

들 수도 있다. 건강보험에 가입할 때 사람들은 보험료에 매우 민감해지는데, 보험 옵션을 고려할 때는 몇 가지 요인을 유념해야 한다. 첫 번째는 보험료가 개인의 위험도 평가에 좌우된다는 것이다. 보험회사에게 위험도란 보험금을 청구했을 때 누가 더 많은 돈을 내야 하느냐로 평가된다. 보험회사가 더 높은 위험을 감수하게 되면 당신의 보험료가 증가하고, 보험 납부금을 줄이려면 당신이 더 높은 위험을 감수해야 한다. 이른바 돈을 낸 만큼 받게 되는 것이다.

두 번째로 고려할 점은 당신이 필요로 하는 보장이 무엇이냐는 것이다. 병원에 자주 가는가? 평소에 약을 복용하고 있는가? 만약 그렇다면 각각의 보험과 관련된 본인부담금이 중요할 것이다. 특정한 의사나 전문의에게서 진찰을 받아야 하는가? 그렇다면 당신이 선호하는 의사나 병원에서 해당 보험을 적용받을 수 있는지를 먼저 확인해야 한다.

은퇴자들은 은퇴 계획을 세울 때 건강보험 비용을 자주 간과하곤 한다. 특히 메디케어에 가입할 수 있는 65세가 되기 전에 은퇴를 하게 될 때는 더욱 그렇다. 조기 은퇴자들에게 대부분 가장 유용한 대책은 회사에서 들고 있던 보험을 은퇴 후 18개월 뒤까지 연장하는 것이다. 18개월 연장이 끝난 뒤에도 메디케어 가입이 가능해질 때까지 공백 기간이 있다면 사보험에 들어야 할 수도 있다.

메디케어에 가입하면 일반적으로 건강보험에서 부담하던 기본 분담금과 기타 비용을 이제 본인이 부담해야 한다. 그 공백을 메우기 위해 메디케어 보조보험에 가입하는 것도 좋은 생각이다. 이런 보조

보험은 합리적인 가격으로 포괄적인 보장을 제공하며, 은퇴 뒤에도 건강보험 비용을 더욱 잘 통제하고 계획할 수 있게 도와준다.

주택보험

[6-1] 보험청구액에 따른 주택보험 지급 순위
(평균 청구액, 2013~2017)(1)

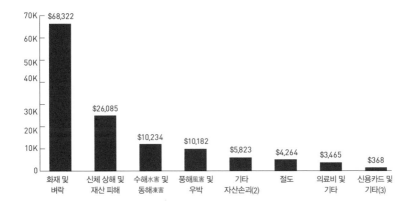

(1) **주택종합보험**(노스캐롤라이나 HO-2, HO-3, HO-5, HE-7 보험). **임차인 및 아파트 주택보험 제외. 손해
사정비용을 제외한 사고발생연도 손실지급금**(예. 사고발생연도 당 보상청구액) **알래스카, 텍사스, 푸에
르토리코 제외**
(2) **반달리즘 및 고의적 기물파손 포함**
(3) **다양한 카드의 무단 사용, 위조, 위조지폐 및 기타 분류 외 손실에 대한 배상 포함**

주택보험은 주택을 손괴로부터 보호하지만 오로지 가입한 보험 정

책의 한도 내에서만 가능하다. 안타깝게도 대부분의 사람들이 실제 보험금을 청구할 때까지 자신의 보험 한도가 얼마인지 잘 알지 못한다. 집이 화재나 폭풍, 지진, 또는 다른 자연재해로 파괴되었을 때 우리가 꿈꾸는 완벽한 집을 다시 지을 재력을 지닌 이들은 소수에 불과하지만 그래도 대부분의 사람들은 주택보험 가입을 선택할 것이다. 집이 완전히 파괴될 확률은 매우 드물어도 실제로 발생하는 것이 사실이다. 다행히도 그런 경우가 무척 드물기 때문에 주택보험은 보장하는 자산 가치에 비해 상대적으로 보험료가 저렴하다.

보험이라는 게 그렇듯이 주택보험에 들 때 첫 번째 단계도 필요한 보장 범위를 결정하는 것이다. 보험업계에서는 이를 '보상한도액dwelling coverage'이라고 부른다. 이를 위해서는 주택을 재건하는 데 필요한 비용을 산정해야 하는데 이는 시장가에 따라 다양하다. 보상한도액은 전과 같거나 유사한 자재를 사용해 집을 재건축하는 데 들어가는 비용을 반영한다. 미국 일부 지역의 경우 토지가는 거의 변함없는 데 반해 자재원가는 상승하는 추세이기 때문에 현 시점에서의 재건축 비용을 파악해 건물의 보상한도액을 적절히 산정하는 것이 중요하다. 보험설계사는 해당 지역의 평균 가격에 대해 조사할 수 있으며, 이는 건물의 신축 가격을 계산하는 데 활용할 수 있는 최상의 정보다. 고급 주택의 경우에는 재건축 비용을 산출하기 위해 부동산 감정을 받아야 할 수도 있다.

명심할 점은 보상한도액이 대체가치의 80% 이상일 때에만 완전한 피해 보상을 받을 수 있다는 사실이다. 예를 들어 집에 수도관이 터져 5만 달러 상당의 피해를 입었다고 하자. 당신이 가입한 보험의 보상한도가 35만 달러고 보험사가 해당 부동산의 대체가치(또는 재조달가액)를 50만 달러로 추산한다면, 당신이 가입한 보험의 보상 범위가 5만 달러 이상이더라도 보험사는 43,750달러의 수표만 보내올 것이다(적용 가능한 본인부담금 제외).[24] 많은 사람들이 이런 상황을 맞닥뜨리고는 깜짝 놀라곤 한다.

많은 사람들이 사고 시 받을 수 있는 보상 범위가 기대에 못 미친다는 사실을 알고 당황하는데, 이는 재산 손실에 대한 보험 한도나 귀중품 보험 한도에 내부 상한선이 존재하기 때문이다. 그러니 부유한 개인들이 고가 주택과 임대 부동산, 혹은 비싸거나 독특한 자산(요트, 희귀 차량 등) 등을 보호하기 위해 특수 보험에 드는 것은 어찌 보면 당연한 일이다. 대부분의 보험은 보석과 모피, 골동품이나 다른 고가품에 대해서도 보장 한도를 설정해놓고 있다. 따라서 이런 고가품을 보호하고 싶다면 보험설계사와 상의해 지금 가입 중인 상품에 추가 보장을 받거나 따로 고가품 보험에 가입하는 것도 좋다.

주택보험의 또 다른 중요한 요소는 '자기부담금'이다. 이는 보험 혜택을 적용하기 전에 당신이 지불해야 하는 청구 금액이다. 통계적으로 재정적 관점에서 가장 적절한 것은 주택의 대체가치의 약 1% 가

---

24   보험사는 당신이 가입한 보험의 한도(사례의 경우 대체가치의 70%인 35만 달러) 대비 당신이 가입했어야 하는 보험한도의 비율(주택 대체가치의 80%)을 사용한다. 즉 이 경우에는 35만 달러/40만 달러 = 87.5%다. 그러므로 보험사는 5만 달러의 87.5%인 43,750달러만 보장해줄 것이다.

량을 자기부담금으로 설정하는 것이다(감당 가능한 현금 흐름을 지니고 있고, 납입금 절약이 충분한 의미가 있을 경우). 높은 자기부담금이라는 위험을 감수한다면, 보험을 청구할 일이 생겼을 때 본인이 부담하는 액수를 정당화할 수 있을 만큼 보험료를 충분히 절약할 수 있어야 한다.

자기부담금을 변경하는 데 따른 영향은 당신의 보험 청구 내역, 거주 지역의 청구 내역, 보험사, 주택의 연식에 이르기까지 여러 가지 요인에 따라 크게 달라질 수 있다. 모든 사람에게 적합한 자기부담금 수준을 결정하는 일은 불가능하기 때문에 일반적으로 5년 기준으로 끊어서 검토하는 것이 좋다. 이는 즉 5년 동안 충분한 보험료를 절약하여 증가한 자기부담금을 충당할 수 있어야 한다는 의미다. 당신의 자기부담금이 1,000달러이고 이를 2,500달러까지 늘리고 싶다면 적어도 매년 300달러 이상 보험료를 줄일 수 있을 때만 그렇게 해야 한다. 왜냐하면 이제 당신이 감수해야 할 위험이 1,500달러나 늘었기 때문이다.

주택보험에서 평가해야 할 또 다른 부분은 배상책임한도다. 우산보험에 가입해 있다면, 그리고 당연히 그래야 할 테지만, 주택보험과 자동차보험의 배상책임한도는 당신의 우산보험 요건과 맞춰져 있어야 한다. 우산보험에 가입해 있지 않다면 보험설계사에게 당신의 상황에 맞춰 배상책임한도를 평가해달라고 요청하라.

마지막으로 당신의 주택이 어디에 위치해 있든 간에 홍수와 지진, 허리케인, 풍해나 우박 같은 기타 보장 범위를 신중하게 살펴보고, 보험설계사와 상의하여 적절한 보상 범위를 설정한다.

자동차보험

내가 사람들에게 무엇을 원하느냐고 물었다면 그들은 더 빠른 말을 원한다고
대답했을 것이다.

— 헨리 포드

자가용을 갖고 있을 경우, 그 차를 도로에서 운전하려면 법적으로
당신은 자동차보험에 들어야 한다. 만일 교통사고가 난다면 자동차보
험을 통해 배상비용을 충당할 자금을 마련할 수 있다. 많은 사람들
이 종합보험이나 충돌보상보험에 가입하는데, 후자의 경우 차량 파손
에 대한 추가 보상을 제공한다. 이런 추가 보험에 가입할 때에는 자기
부담금을 얼마로 설정할지 고민해야 한다. 현금 흐름이 충분하다면
자기부담금을 높이 설정하는 편이 장기적으로 비용을 절감할 수 있
다. 하지만 10대 아들이 가끔 자동차를 끌고 나간다면 자식이 사고
를 냈을 때 충분한 금액을 보장받을 수 있게 자기부담금을 낮게 설정
하는 편이 나을 것이다. 주택보험과 마찬가지로 자동차보험도 자기부
담금을 높게 조정할 때에는 항상 보험 납입료를 얼마나 절약할 수 있
을지를 고려해야 한다.

자동차 연식이 오래될수록 종합보장이나 충돌보상보장 항목을 삭

제하고 '책임보험'만 남겨두는 편이 낫다. 누구든 살면서 언젠가는 겨우 1,000달러 가치밖에 안 되는 자동차를 몰게 될 텐데[25] 그런 자산은 보험에 최대한도까지 들 필요가 없기 때문이다.

주택보험처럼 책임보험도 우산보험 요건과 맞춰야 한다. 우산보험의 보장을 받을 수 없다면 개인적인 상황과 보험사의 추천을 고려해 배상책임한도를 설정한다. 책임한도를 결정할 때는 대부분의 주에서 부과하는 법정 최저요건에만 의지하지 않는 게 중요하다. 차량 및 의료비용이 계속 증가하고 있는데다 사고가 나면 한 번에 여러 대의 자동차가 파손돼(또는 여러 운전자가 부상을 당하거나) 보험한도에 도달하면 초과 비용을 지불해야 할 상황에 놓이기 쉽기 때문이다.

때때로 성인 자녀가 당신의 자동차를 운전한다면 특약을 통해 보험 보장을 받을 수 있다. 결혼과 같은 법적 관계가 없는 성인들이 자산을 병합할 경우에는 부채도 함께 책임지게 된다. 만일 성인 자녀가 당신 소유의 자동차를 몰다가 사고를 내고 그 때문에 소송이라도 당하면 차량의 소유자인 당신의 자산도 위험해질 수 있다. 부당하게 느껴질지 몰라도 어쩔 수가 없다. 자녀들에게 차량 및 보험 외에 재정적 지원을 하지 않는 상황에서 이런 잠재적 위험을 피하는 가장 안전한 방법은 차량 소유권을 자녀에게 이전하는 것이다.[26] 자동차보험료는 상승하지만 대부분의 경우 높은 보험료를 내더라도 배상책임에 대한

---

25 나는 세 번이나 그랬다!

26 아니면 차라리 우버를 사용하라고 해라.

노출을 줄일 수 있기에 그만한 가치가 있다. 그러나 개인에 따라 상황이 다르기 때문에 보험설계사와 먼저 상의하기 바란다.

우산보험

너무나도 많은 일이 일어나고 있다.
그것을 해결하려는 것은 온 우주와 맞서 싸우는, 어리석은 일이다.

― 디팩 초프라Deepak Chopra

우산보험은 우산에 드는 보험이다. 만일 당신이 진짜 좋은 우산을 갖고 있다면, 예를 들어 파리의 풍경 사진이나 정교한 물방울 무늬가 새겨진 비싼 우산을 갖고 있다면 보험에 가입할까 고민해야 할 것이다. 당연히 농담이다. 보험 이야기를 하다 보면 마구 흥분이 돼서 그만. 어쨌든 여기까지 왔으면 위험 관리에 대해서는 거의 다 이야기했다. 조금만 더 참아주길![27]

우산보험이란 주택보험이나 자동차보험의 보상 한도를 초과하게 되었을 때 그 초과 비용을 보장해주는 초과책임 보험이다. 많은 사람들이 이 부분을 간과하는데, 우산보험은 특정 상황이나 위험성이 높

---

[27] 솔직하게 말해보자. 위험 관리는 개인 재무관리에서 제일 재미있는 부분이 아니다. 지금 나는 최선을 다하고 있다!

은 상황에서 당신을 포괄적으로 보호해줄 수 있다. 이는 언제, 어떤 이유로든 발생할 수 있는 온갖 사건사고를 보장해준다. 길을 건너는 보행자를 자동차로 치거나, 옆집 꼬마 조니가 당신 뒷마당 트램플린에서 놀다 다치는 바람에 아이의 부모가 소송을 건다면 우산보험이 자산을 보호해줄 것이다. 우리는 소송이 만연한 세상에 살고 있다.[28] 재정적 독립을 이룩하려고 온갖 노력을 다했는데 송사에 휘말려 큰돈을 잃는다면 말짱 도루묵이 된다. 그런 이유로 많은 사람들이 우산보험을 활용한다. 이 보험에 가입하면 언제든 배상책임 문제가 발생했을 때 보험회사에 소속된 변호팀의 도움을 받을 수 있다.

우산보험을 필요로 하는 배상책임 문제가 발생할 가능성은 아주 낮지만 그럼에도 이는 언제든 일어날 수 있는 일이고, 이미 재정적 독립을 이룬 사람들이 그 길에서 영영 벗어나게 할 수 있는 유일한 원인이 된다. 다행히 그런 낮은 확률을 감안해 우산보험의 보험료는 제공하는 보장에 비해 비교적 낮은 편이다. 보상한도는 대체로 100만 달러에서 시작하는 게 좋지만 보유하는 순자산에 따라 200만 달러나 500만 달러, 어떤 경우에는 이보다도 높게 책정하는 것도 좋다. 우산보험 범위를 당신의 순자산과 1달러 단위까지 완전히 일치시킬 필요는 없다. 이 보험은 합의를 끌어내기 위한 미끼일 뿐이지 주 요리가 아니기 때문이다. 그보다 소송에 연루되더라도 배상금액이 보험금 이

28　　방금 독자들이 '당연한 소리를!' 하고 생각한 걸 들은 것 같은데.

하로 체결되리라는 자신감이 필요하다. 보험설계사에게 상의하면 당신에게 적절한 보장 한도를 설명해줄 것이다.

우산보험에 가입하고 나면 당신이 가입해 있는 주택보험이나 자동차보험을 검토해 배상책임한도가 우산보험 요건과 일치하는지 확인해야 한다. 우산보험은 초과배상책임 보험이기 때문에 우산보험 요건과 주택 또는 자동차보험의 배상한도액 사이에 약간이라도 차이가 있다면 결국 모든 비용을 본인이 부담해야 한다. 미리 보험 정책을 점검해두지 않으면 딴 데 정신이 팔려 있는 사이 (삶을 꾸리거나 포트폴리오를 관리하는 동안) 아주 작은 차이 때문에 전 재산을 잃을 수도 있다.[29]

---

29   휴, 드디어 끝났다! 자, 이제 기특하다고 자기 등을 토닥여줘라. 당신은 재정적 삶을 개선하기 위해 정말로 진지하게 최선을 다해 이 길에 임하는 중이다. 아니면 그냥 보험을 좋아하는 것일 수도 있고. 전자였으면 좋겠다. 여기까지 오느라 고생했다. 이제부터는 훨씬 쉬워진다.

제7장

자산관리의 끝,
상속설계

_피터 멀록

오늘 누군가 그늘에 앉아 쉴 수 있는 것은 누군가 오래전에 나무를 심었기 때문이다.

– 워런 버핏

6장을 읽고도 아직 나가떨어지지 않았다면, 축하한다! 당신은 재무설계의 핵심 요소를 이해하는 데 있어 엄청난 진전을 이룩했다. 이제 재무계획이 당신에게 어떤 도움이 되는지를 넘어 당신이 세상을 떠난 뒤에는 누가 이득을 볼지에 초점을 맞출 시간이다. 이 세상에 단 한 가지 변하지 않는 진실이 있다면 당신이 얼마나 성공적으로 재무설계를 하든 언젠가는 그것을 즐기지 못하는 순간을 맞이하게 된다는 것이다. 미리 준비해두지 않는다면 정부가 기다렸다는 듯이 전부 낚아채 가버릴 것이다.

당신이 세상을 떴을 때 가족들이 골치 아픈 일을 겪지 않도록 하든 아니면 후대에 도움이 될 유산을 남기고 싶든, 올바른 상속설계는 원하는 바를 최소한의 관리 비용과 세금으로 해결할 수 있게 해준다. 사망 후를 대비해 미리 계획을 세워둔다고 해서 당신의 죽음이 가까워지는 것은 아니지만 장기적인 목표와 비전을 달성하는 데는 분명 도움이 될 것이다.

기본 사항

> 미루는 것은 신용카드와 같다.
> 청구서가 날아오기 전까지는 신나게 즐길 수 있으니까.
>
> – 크리스토퍼 파커Christopher Parker

상속설계, 이른바 자산승계 계획에 대한 이야기를 꺼낼 때마다 가장 자주 듣는 첫 번째 질문은 "언제 상속설계에 대해 생각해야 하나요?"이다. 대답은 간단하다. 아직 준비해둔 서류가 없다면 '지금 당장'이다. 서류를 남기지 않고 갑자기 사망하기라도 한다면 누가 당신의 재산을 물려받고 당신의 자녀들을 양육할지 등 중요한 문제의 결정 권한이 법원에 넘어갈 가능성이 크기 때문이다. 유족들의 재산 분배와 자녀 양육 문제에 대해 얼굴도 모르는 낯선 사람에게 결정권을 넘겨주고 싶은가? 나라면 싫다. 그리고 설사 관련 서류를 완벽하게 구비해뒀더라도 아래와 같은 사건이 발생해 개인적 또는 재정적 상황에 현저한 변화가 생길 시에는 상속 계획을 재검토해야 한다.

- 자녀 탄생
- 다른 지역 이주
- 순자산의 큰 변화(유산 상속, 복권 당첨 등)
- 사업체 인수 또는 매각
- 결혼 또는 이혼(당신 또는 상속인)
- 상속인을 변경하고 싶거나 유산 분배 비율을 변경하고 싶을 경우
- 가족 구성원의 사망
- 상속세 또는 증여세법의 개정

하지만 '지금 당장'은 대부분의 사람이 원하는 대답이 아니기 때문에 대개 변명이 이어지게 된다.

- "가진 게 워낙 없어서 그런 건 별로 중요하지 않은데요."
  개인적 상황이 단순하고 복잡하지 않더라도 상속 계획은 필요하다. 그런 게 중요하지 않다면 일은 왜 하는가? 투자는 왜 하는가? 예산 계획은 왜 세우는가? 당신은 이게 중요하다는 걸 안다. 그저 귀찮아서 생각하고 싶지 않을 뿐이다.
- "난 부자라서 고민할 게 너무 많을 거 같은데요."

지금 중요한 서류를 작성하는 것만으로도 힘들다면 당신이 갑자기 죽거나 일할 능력을 잃었을 때 남은 사람들이 얼마나 고생할지 생각해보라. 상당한 재산을 보유하고 있다면 지금 당장 상속 계획을 세워야 한다.

• "개인적인 사정이 좀 복잡해서요."

개인적으로 사정이 복잡하고 어려운 결정을 내려야 한다면(예를 들어 말썽꾸러기 자녀, 여러 번의 결혼에서 얻은 여러 자녀들, 14명의 전 배우자 등) 재산이 법정 관리에 들어가게 된다면 얼마나 더 골치 아플지 상상해보라. 유언검인법원은 세상을 떠난 당신의 의견 따위는 아랑곳하지 않고 각종 어려운 문제들을 알아서 결정해버릴 것이다.

사실 대다수 사람들의 경우 상속설계에 필요한 것이라고는 필수적인 서류 몇 장뿐이다. 별로 복잡하지 않으니 하루 반나절만 잡고 해치워라. 가족들(그리고 재무자문가)이 당신에게 고마워 할 것이다.

상속 계획을 설계할 때는 네 가지 주요 사안에 초점을 맞춰야 한다. 자산을 직접 관리할 수 없는 경우, 사망 후 자산 분배, 법정 관리를 피하는 법, 그리고 상속세를 최소화하거나 없애는 방법이다. 자, 이게 전부다! 엄청난 부자라면 자산보호 대책이 필요하겠지만 대부분의 평범한 사람이라면 이 네 가지 문제에만 집중하면 된다. 하나씩 차례대로 살펴보자.

사안 1. 자산을 직접 관리할 수 없는 경우

고객이 사무실을 찾아와 이렇게 말한다고 하자. "만일 내가 식물인간이 되더라도 누가 나 대신에 의료 결정을 내리고 재정 문제를 처리할지 관심 없습니다. 굳이 선택을 해야 한다면 정부가 알아서 현명한 결정을 내려줄 테고 난 기꺼이 그들에게 모든 걸 맡길 겁니다." 이게 무슨 말도 안 되는 소리냐고 할지 모르겠지만 당신이 무능력 상태에 대비해 미리 계획을 세워두지 않는다면 이게 바로 지금 당신이 하고 있는 말이다!

'무능력incapacity'이란 스스로 자신을 돌볼 능력이 없는 상태를 가리키는 법률 용어다.[30] 누구든 연령과는 관계없이 사고로 인해 의식불명에 빠지는 등 건강 문제로 무능력 상태에 처하거나, 자연스러운 노화로 인해 총기를 잃고 객관적 정보를 바탕으로 본인의 안녕과 행복을 위한 결정을 내릴 수 없는 상태에 이를 수도 있다. 어떤 이유에서든 재정 및 의료 결정을 스스로 내릴 수 없는 경우에 대비해 당신 대신에 결정을 내릴 권한을 위임하는 법적 서류('위임장'이라고 불리는)를 마련해둬야 한다. 그게 아니라면 유언검인법원에서 누군가를 임명할 것이다.

---

[30] 법적 의미의 무능력과 단순히 뭔가에 서툴거나 능력이 부치는 것은 다르다. 나는 이 차이를 아내에게 설명하려고 무진장 애를 써야 했다. 아내는 내가 운전할 때 길을 설명하거나 아이들과 친구들을 카풀로 데려다주거나 우리 부부의 일정을 관리하려고 할 때마다 내가 무능력하다고 주장한다.

사안 2. 자산 분배

삶에서 가장 중요한 건 자유
하지만 그건 새와 벌들에게나 주고
내겐 돈을 쥐(내가 원하는 건 그것).

– 베리 고디 & 제이니 브래드포드Berry Gordy&Janie Bradford 의 노래 〈머니(내가 원하는 것)
Money(That's What I Want)〉 가사 중

대부분의 사람들은 상속 계획을 설계할 때 가장 명백한 부분에 초점을 맞춘다. 바로 내가 죽고 나면 누가 재산을 받을 것인가다. 건강 보험이나 다른 모든 재정적 결정처럼 당신의 바람을 미리 공식적으로 밝혀두지 않는다면 유언검인법원이 제멋대로 처리할 것이다.

재산을 어떻게 분배할 것인지 미리 확실히 정해두지 않는다면 재정적 혼란과 가족 간의 불화로 걸어 들어가게 된다. 유산을 놓고 다투는 상속자들, 할머니의 옛 약혼반지를 서로 가져야 한다고 다투는 자매들, 얼마 되지 않는 재산을 조금이라도 차지하기 위해 어디선가 튀어나온 친척들에 관한 이야기는 생각보다 훨씬 흔하다. 자산가가 사망했을 때 긴장감은 더욱 팽배해지고, 문제를 해결하고 결론을 내릴 수 있는 사람은 더 이상 이 세상에 없다.

그러므로 생존해 있을 때 의사를 명백히 밝혀두고 나중에 가족들이 당신의 의중이 뭔지 골머리를 앓느라 스트레스를 받지 않도록 하라. 자식들이 서로를 사랑한다고 생각하는가? 물론 그렇겠지. 그러나 진짜 이야기는 당신이 세상을 떠난 뒤에, 당신이 평생 모은 재산을

유동화하여 남은 이들이 나눠 가지게 될 때 시작된다. 대부분의 재산은 사이좋게 분배되겠지만 그중 한 명이 갑자기 앞에 언급한 노래를 부르기 시작한대도 별로 드문 일은 아니다.

상속설계를 하지 않고 사망한다면 당신은 '무유언無遺言, instate' 상태에서 사망하는 것이며, 거주 중인 주의 무유언법에 따라 당신의 재산을 처분하고 상속할 사람이 지정된다. 즉 상속 계획을 남겨놓지 않는다면 주 정부가 당신을 대신할 것이란 얘기다! 모든 주에는 유산을 누가 어떤 비율로 받아야 할지 법정상속 순위를 지정하는 상속법이 있다. 미성년 자녀가 있을 경우에도 역시 법원이 후견인을 지정할 것이다. 대부분 그 과정에서 소요된 시간과 비용 때문에 상속인이 궁극적으로 받게 될 재산은 줄어들게 된다(게다가 심지어 이들은 당신이 염두에 두고 있던 상속인이 아닐지도 모른다!).

유언장을 작성할 때

> 함께 유산을 상속하면 그 사람의 진정한 인품을 알 수 있다.
> – 벤자민 프랭클린

상속 계획에서 가장 중요하고 흔한 서류는 바로 유언장이다. 유언장을 작성할 때는 중요한 결정 세 가지를 내려야 한다.

- '상속인'을 선정한다. 유언장은 누구에게 재산을 물려줄지 결정

할 기회다. 당신의 의향을 서면으로 명시하는 것은 법적으로도 중요하지만 당신이 떠난 뒤 재산 분배를 놓고 가족 구성원들 간의 불화와 다툼을 방지하는 데도 유용하다.

• '유언집행자'를 결정한다. 유언집행자는 당신의 세금과 부채를 청산하고 재산을 수거 및 관리하고 이를 유언에 따라 분배하도록 유언장에 지명하는 사람이다. 집행인은 유언장을 법원에 신고하고, 유언검인 기간 동안 당신의 재산을 관리하고, 유산의 세부 사항들을 처리하고(신용카드, 자동차 리스, 주택융자 등), 은행에 유산계좌를 개설하는 등 다양한 의무를 수행한다. 많은 사람들이 유언집행인으로 친족이나 가까운 친구, 신탁회사나 변호사를 지명한다. 그러니 신중하게 골라라!

• '후견인'을 지명한다. 미성년 자녀가 있다면 유언장에 후견인을 지명할 수 있다. 후견인은 당신이 사망할 경우 당신의 자녀를 대신 양육해줄 사람(혹은 사람들)을 가리킨다. 당신의 자녀를 기꺼이 양육해줄 사람을 선택해야 하며(당신과 같은 가치관이나 믿음을 가진 사람이라면 더욱 좋다. 아이를 돌보는 책무를 다할 수 있을 만큼 성인이어야 하지만 동시에 자녀가 성인이 될 때까지 생존할 수 있는 연령이어야 한다) 유언장에 후견인이 명시되어 있지 않을 경우, 당신의 자녀를 양육하길 원하는 사람은 판사에게 후견인 자격을 요청할 수 있다. 판사는 '아동의 최선의 이익'을 고려해 누가 당신의 자녀를 키울지 결정할 것이다.

직접 분배 vs 유언 신탁

유산 분배를 결정할 때는 현금이나 부동산을 상속인에게 곧장 전달하거나('직접 분배'라고도 한다) 자산을 '신탁'에 맡길 수 있다. 신탁은 단순히 자산을 보관하는 법적 조치일 뿐이다. '유언대용신탁 testamentary trust'은 계약에 따라 사후에 개설되고 집행된다. 유언대용신탁은 다양한 용도로 활용될 수 있으나 가장 기본적인 목적은 당신이 죽은 뒤에 자녀 또는 다른 상속인을 위해 유산이 어떻게 사용될 것인지를 명시하는 것이다.

가령 한 부부가 19세와 20세가 된 두 자녀에게 전 재산 40만 달러를 공평하게 나눠주고 싶어 한다고 치자. 만일 부모가 같은 날에 사망한다면 자녀들은 아무 제한 없이 각각 20만 달러를 받을 수 있다. 자, 여기서 질문. 만약에 당신이 저 나이인데 갑자기 20만 달러가 수중에 들어오면 무엇을 할 것 같은가? 이런 경우 부모는 유언대용신탁에 자녀들이 30세가 될 때까지 신탁에 위탁된 원금과 수익을 생활비와 교육비로만 사용하도록 지시하는 조항을 유언에 포함할 수 있다. 자녀들이 30세가 될 즈음이면 유산은 거의 전액 지급되었을 것이다.[31] 더불어 재산을 안전하게 보관하고 투자하고 사후신탁 요건에 따라 이를 지급할 '유언대용신탁 관리자'를 유언장에 지명할 수 있다.

31　나는 현대의 30세가 새로운 21세라는 데 동의한다.

사안 3. 법정 관리 피하기

여긴 정의가 아니라 법을 다루는 곳이요, 젊은이.

– 올리버 웬들 홈스 주니어 Oliver Wendell Holmes Jr.

일정 액수 이상의 많은 유산을 남긴다면 유언장이 있든 없든 유언 검인의 대상이 된다. '유언검인 probate'과 '유언검인법원 probate court'은 앞에서도 등장한 적이 있지만, 이 유언검인이란 정확히 뭘까? 법원이 유언장(존재한다면)의 타당성과 유효성을 검증하고 유언장에 지명된 유언집행인을 승인하는 것이다. 유언장이 없을 경우에는 법원이 '유산관리인 administrator'을 지명한다. 유언검인은 법률에 의해 필요한 문서와 보고서를 제출하고, 세금 및 부채 청산을 주도하고, 법원의 감독 하에 유산을 분배한다. 유언검인의 주목적은 채무자들에게 당신이 진 빚을 수거할 수 있는 시간을 부여하고 유언집행인이 당신 대신 받아야 할 돈을 수거할 시간을 확보하는 것이다. 또한 필요하다면 부동산의 소유권을 설정한다.

어쩌면 당신은 이렇게 말할지도 모르겠다. "유언검인 절차를 밟는다고 해서 나쁠 게 있나?" 물어봐줘서 고맙다! 사람들이 법정 관리를 피하고 싶은 이유에는 여러 가지가 있다.

- 자산 처분 제한: 유언검인 기간 동안 유산 상속인은 자산을 처분할 수 없으며, 유언집행인은 법원의 승인을 받은 후에만 자산

을 처분할 수 있다.

- 소요 기간: 유언검인 절차에는 최소 6개월이 소요되는데 대개는 적어도 1년 이상이 걸린다. 유언 소송(유언장의 효력에 대한 의문 제기)이나 사업적인 문제 또는 다른 예기치 못한 문제로 상황이 더 복잡해질 경우에는 더 오래 걸릴 수도 있다. 게다가 이러한 기간은 각 주마다 다르다.

- 비용: 역시 주마다 다르지만 유언검인에 들어갈 경우 수만 달러에서 많으면 '수십 만' 달러까지 비용이 소모될 수 있다.

- 개인정보 유출: 혹시 유명인의 유산 상속과 관련된 세부 사항들이 어떻게 언론의 귀에 들어가는지 궁금했던 적이 있는가? 정답은 간단하다. 유언검인은 공문서 기록을 남긴다. 다시 말해 누구든 당신의 개인 재정 상황과 유산 분배 계획, 자산 목록이 상세하게 적힌 법정 자료에 접근할 수 있다는 의미다. 이렇게 가장 사적이고 은밀한 정보가 대중에게 공개된다는 사실은 많은 사람에게 충격적일 것이다. 누가 남의 일에 관심을 갖겠느냐고 생각할지도 모르지만, 실제로 어떤 사람들은 유언검인 기록을 '뒤져' 많은 유산을 상속받은 사람을 찾아내거나 당신의 상속인에게 관심을 가질 수 있다. 또한 법원은 채무자가 유산에 대한 권리를 요청할 수 있도록 일정 횟수 당신의 사망 공고를 내도록 요구할 것이다.[32]

---

32   그러니 자산 처분 제한, 시간 및 비용 소요, 개인정보 유출 문제만 빼면 나쁘진 않다.

더욱 중요한 것은 여러 주州에 걸쳐 자산을 소유하고 있을 경우 일반적으로 '각각'의 주에서 별도로 유언검인 절차를 거쳐야 한다는 것이다. 이를 '보조 유언검인ancillary probate'이라고 부른다. 예를 들어 사망했을 때 뉴욕시에 살고 있었지만 플로리다주에 아파트를 한 채 갖고 있었다면 당신의 유산은 뉴욕과 플로리다에서 각각 개별적으로 유언검인 절차에 들어가게 된다.

유언장이 있다면 검인 절차에 박차를 가할 수도 있지만 과정 자체를 피할 수는 없다. 실제로 유언장이 존재한다는 것은 곧 유언검인을 받아야 한다는 말과 '같다.' 당신이 유언검인 절차를 좋아하지 않는다는 가정 하에 이를 피할 수 있는 몇 가지 방법을 소개한다.

- 특정 자산: 상속인의 이름이 명시된 일부 자산들, 가령 생명보험이나 은퇴 계좌 등은 유언검인을 피할 수 있다. 이러한 자산에 수혜자가 지정되어 있지 않거나 우선 수혜자가 사망했고 다른 수혜자는 존재하지 않는 경우, 해당 자산은 다른 유산과 함께 법정 관리 대상이 된다.
- 추가 자산(일부 주의 경우): 매우 다양하게 적용된다. 유산이 적고 해당 주에서 소유 자산의 유형이 법정 관리에서 면제된다면 유언검인을 피할 수 있다.
- 공동소유권: 공동명의로 등록된 자산은 소유자 중 한 명이 사망하더라도 유언검인 대상이 되지 않는다. 그러나 법정 관리를 피할 목적으로 이 방법에 의존하는 데는 여러 가지 단점이 있다.

공동소유권은 다른 소유주가 사망할 때까지 유언검인을 '연기' 하는 것뿐이며, 만일 소유주가 동시에 사망한다면 유언검인을 피할 수 없다. 또한 개인 자산을 공동명의로 이전한다면 부채 및 세금 문제가 발생할 수 있다.

- 취소가능 생전신탁: 적절히만 활용한다면 '모든 자산'의 유언검 인을 피할 수 있다.

취소가능 생전신탁

내겐 아버지에게 받은 유산이 있으니 바로 달과 태양이라네.
온 세상을 떠돌아다녀도 결코 바닥나지 않는다네.

– 어니스트 헤밍웨이, 『누구를 위해 종은 울리나』

거의 10년도 전에 나는 중서부 북부지역에서 부동산으로 큰돈을 번 부부와 일할 기회가 있었다. 그들은 상속 계획을 설계하면서 신탁이 아니라 유언장을 선택했는데, 변호사가 유언검인 절차는 그리 '큰일'이 아니며 신탁이 굳이 필요하지 않다고 말했기 때문이다. 그러다 안타깝게도 남편이 4년 전에 세상을 떴는데, 아내는 '아직도' 남편의 자산을 처분할 수 있게 되길 바라며 유언검인 법원의 판결을 기다리고 있다. 유언검인은 아주 복잡하고 지저분한 과정이다. 하지만 조금만 신경 쓰면 쉽게 피할 수 있는 절차이기도 하다.

유언장이 얼마나 중요한지는 많은 이들이 알고 있을 것이다. 그러나 신탁과 그 활용 방식에 대해 알고 있는 사람은 적다. 신탁에 대한 가장 흔한 통념은 오직 부유층에게만 쓸모가 있다는 인식이다. 이는 진실과는 전혀 거리가 멀다. 취소가능 생전신탁은 순자산 수준에 상관없이 모든 상속설계의 핵심이 될 수 있으며, '뿐만 아니라' 유언검인 절차를 피할 수 있게 해준다.

취소가능 생전신탁revocable living trust은 간단히 말하자면 자산관리 계약이다. 살아 있을 때 개설하기에 '생전' 신탁이며, 언제든 계약을 해지할 수 있기 때문에 '취소가능'이다. 즉 취소가능 생전신탁은 이름은 다소 복잡하게 들려도 단순히 '자산을 관리하는 법적 계약이며 살아 있는 동안에는 언제든 해약이 가능'하다.

이 신탁(지금부터는 '생전신탁'이라고 부르기로 하자)이 매력적인 이유는 신탁이 보유한 모든 자산이 유언검인에서 제외되기 때문이다. 당신 '자신'이 수탁인이자 신탁관리인이기 때문에 필요할 때마다 생전신탁 계좌에서 자금을 인출하고 신탁 소유의 주택에 대해 주택융자 이자를 공제받는 등 살아 있는 동안에는 자산을 원하는 대로 자유롭게 운용할 수 있다. 의사 결정이 불가한 무능력 상태에 처했을 때에는 미리 지정한 '후임 신탁관리인'이 당신이 회복할 때까지 신탁을 관리하거나, 당신이 사망한 경우에는 생전신탁 계약에 따라 자산을 분배한다.

생전신탁은 유언장과 동일한 방식으로 작용한다. 수혜자를 지명하고, 유언대용 신탁 조항을 만들고, 자선단체에 기부할 자산을 배정한다. 자, 이제 이런 의문이 들 것이다. "생전신탁이 이렇게나 좋은 거라면 왜 다들 이용하지 않는 거지? 뭔가 함정이 있는 게 틀림없어!"

내 대답은 단순하다. 생전신탁은 '정말로' 유용하다. 그리고 유언검인 대상이 될 자산을 가진 사람이라면 '반드시' 개설해둬야 한다. 만약 그만한 재산을 갖고 있지 않다면 (아파트에 세 들어 살고 있고, 자동차는 리스이며, 다른 자산들도 전부 상속인을 지명해뒀다면) 생전신탁이 있어도 큰 이점은 없다. 그러나 생전신탁을 활용해 상속 계획을 설계하는 것은 많은 이들에게 간단하고도 매력적인 옵션이다.

생전신탁과 유언장 중에서 어느 쪽을 이용할지 고민할 때 주로 고려해야 할 점은 두 가지다. 첫째, 생전신탁은 단순히 유언장을 쓸 때보다 비용이 더 많이 든다. 둘째, 자산의 소유권과 수혜자를 변경하려면 서류작업을 거쳐야 한다. 생전신탁 계약은 신탁이 관리하는 자산에만 적용되기 때문에 생전신탁이 당신의 집과 통장, 투자 계좌를 관리하려면 본인이 아닌 신탁 명의로 소유권을 이전해야 한다. 이처럼 자산 명의를 변경하는 것을 신탁 '자금 조달'이라고 부른다.

생전에 자산을 생전신탁 명의로 돌려놓지 않으면 어떻게 될까? 신탁과 더불어 '명의이전 유언장pour-over will'을 준비해둬야 한다. 이는 사망 시에 신탁에 포함되어 있지 않은 다른 자산을 신탁으로 이전하는 것을 지시하는 간단한 서류다. 즉 당신의 자산을 안전하게 확보하기 위한 안전망이라 할 수 있다. 다른 유언장처럼 명의이전 유언장 역시 반드시 유언검인을 받아야 하기 때문에 자산 명의를 생전신탁으로 이전해놓는 것은 매우 중요하다. 신탁에 자금을 조달해두지 않아 결국 유언검인을 받아야 한다면 애초에 신탁을 개설하느라 그 많은 시간과 비용을 들인 의미가 어디 있겠는가.

마지막으로 유언검인에 대해, 나는 자주 이런 말을 듣는다. "왜 유언검인 문제를 고민해야 하죠? 어차피 난 죽고 없을 텐데." 첫째, 생전신탁은 당신이 무능력 상태에 빠질 경우 수임 신탁 관리인이 자산을 대신 관리할 수 있기 때문에 큰 도움이 된다. 둘째, 당신이 사망한다면 당신의 자산은 더 이상 당신의 문제가 아니다. 남은 사람들의 문제다. 가족들이 당신을 잃고 슬픔에 빠져 있는 동안 복잡한 법적 절차에까지 휘말려야 한다면 최악의 시간에 불필요한 스트레스까지 이중고를 겪는 셈이다. 법원이 인가할 때까지 자산과 계좌가 동결되고 장례식 비용을 치르는 것은 물론 생활을 꾸리기도 버거워진다.

재무 관리

의사결정 무능력 상태에 처하게 되면 누군가 당신의 의학적 치료뿐만 아니라 기타 여러 가지 일상 문제들을 해결해야 한다. 가령 청구서를 지불하거나 법률 문서에 서명하거나 당신을 대신해 다른 당사자(이동통신사나 보험사 등)와 대화를 나누는 것처럼 말이다. 이때 당신을 대리하려면 유효한 위임장이 필요하다. 이러한 서류를 준비해두지 않고 무능력 상태에 처한다면 당신의 배우자나 친척, 친구는 권한을 얻기 위해 법정에 서야 할지도 모른다.

이런 경우 유언검인 법원 공청회를 거쳐야 한다. 다른 법정 절차와 마찬가지로 상당한 시간이 걸리고 변호사가 필요하며, 많은 비용이 발생할 수 있다. 법원에서 당신의 재정 문제를 처리할 대리인을 지명할 경우 그러한 책무에 대한 당신의 권리는 박탈되며, 당신이 선택하지 않은 타인에게 주어지게 된다. 법원이 대리인(법률 용어로는 '재산관리인conservator')을 임명하더라도 또 다른 번거로운 문제가 있다. 관리인은 당신의 자산을 도용하거나 잘못 취급할 경우에 대비해 보험금 역할을 하는 보증증서를 제시해야 하며, 특정 거래를 할 때는 여전히 법원의 승인을 받아야 한다. 아주 재미있을 것 같지 않은가? 물론 비꼬는 말이다. 이런 황당한 상황을 피할 수 있는 간단한 방법이 있다.

'영구 재무위임장durable power of attorney for finance'은 당신을 대리해 재무관리 결정을 내릴 사람을 지명하는 문서다. '영구' 위임장은 당신이 의사결정 무능력자가 되어 스스로 결정을 내리지 못할 때도(권한 위임이 가장 절실한 때) 계속 유효하다는 점에서 일반적인 위임장과 다르다. 많은 사람들이 재무대리인에게 폭넓은 권한을 부여하지만, 실제로는 원하는 만큼만 부여할 수 있다. 이를테면 어떤 사람들은 재무대리인이 그들이나 다른 이들에게 돈과 자산을 줄 수 있는 권한에 제약을 건다.

건강 관리

몇 년 전 한 고객이 크게 당황해 내게 전화를 걸었다. 계속 흐느끼고 있어서 알아듣기가 힘들었지만, 대학생인 딸이 집으로 오다가 심한 교통사고를 당해 현지 병원으로 옮겨졌다는 것이었다. 딸은 열아

흡 살이라 이미 성인이었고, 내 고객은 더 이상 법적으로 딸을 대신해 의료 결정을 내릴 권한이 없었다. 이후에 그의 딸은 완전히 회복했지만 고객은 그런 상황이 닥쳤을 때 자신이 얼마나 무력한지 알고 큰 충격을 받았다. 그 사건 이후로 나는 고객들에게 자신뿐만 아니라 성인 자녀들을 위해서도 의료 결정 위임장을 작성해두라고 권한다.

미국인의 약 75%가 병원이나 의료시설에서 사망한다. 적절한 서류를 미리 준비해두지 않는다면 당신의 생사에 대한 결정권이 의료진에게 넘어갈 것이다. 의사들은 가능한 모든 수단을 동원해 당신의 생명을 연장하려 할 것이다. 심각한 수술이나 연명 치료와 관련된 선택을 해야 할 때 의사가 당신 친척들에게 동의를 구하지 않을 수도 있다. 설사 당신의 파트너나 친척과 상의를 하더라도 적절한 치료방법에 관해 의견이 일치하지 않는다면 문제가 발생할 수 있다. 때로는 이런 의견충돌이 유언검인 법원으로까지 옮겨갈 수 있으며[33], 그러면 누가 당신의 치료법을 결정할지는 판사의 선택에 맡겨질 것이다(법원에서는 해당 인물을 당신의 '보호자guardian'라고 지칭한다). 이는 비용과 시간이 소모되며, 모든 관련 당사자에게 고통과 혼란을 안겨줄 수 있다.

기본적인 서류 몇 개를 미리 작성해놓는 것만으로도 어떤 치료를 받고 싶은지 통제권을 행사할 수 있고 당신의 바람대로 실현되도록 보장받을 수 있다. '영구 의료 결정 위임장durable power of attorney for health

---

33　그렇다. 여기서도 유언검인이 등장한다. 악명 높은 차량등록국DMV보다 더 지긋지긋하다.

care'또는 '의료위임장health care proxy'은 당신이 의료치료와 관련된 결정을 내릴 수 없을 때 당신을 대신해 결정할 수 있는 권한을 부여한다. 그러므로 믿고 맡길 수 있는 사람을 의료 결정 대리인으로 지명해야 한다. 모든 의료 결정이 드라마 〈그레이 아나토미Grey's Anatomy〉의 에피소드처럼 생사를 좌우하는 것은 아님을 명심하라. 의료 결정 위임장은 주치의를 변경하거나 의료 시설을 옮기는 것과 같은 결정들을 모두 포함한다. 의료 결정 대리인은 배우자나 친척, 아니면 가까운 친구가 될 수도 있다. 당신이 지명한 대리인이 당신의 가족이나 의사, 그리고 당신의 소망보다 스스로의 신념이나 이해관계를 더 중요시하는 사람들을 상대해야 할지도 모른다는 사실을 명심하라. 그럴 가능성이 크다고 생각한다면 과연 대리인이 그 모든 갈등과 반론을 이겨내고 당신의 바람을 실천할 수 있을지 잘 생각해보기 바란다. 나아가 가능하다면 가까운 곳에 살고 있는 사람을 지명하는 것이 좋다. 첫 번째로 선택한 대리인의 사정이 여의치 않거나 권한을 거부할 경우에 대비해 예비로 다른 대리인을 명시해두는 것도 좋은 생각이다.

사전 유언(또는 '존엄사 선언', '사전 진료지시서', '사전 의료 결정서')은 의사소통을 하지 못하게 될 경우를 대비해 어떤 진료를 받거나 거부할지 사전에 지정해두는 것이다. 사전 유언을 받을 경우 의사는 반드시 지시에 따르거나 그렇게 해줄 의사에게 당신의 진료를 인계해야 한다. 다른 사람에게 결정권을 부여하는 의료 결정 위임과는 달리, 사전 유언은 스스로 결정을 내릴 수 있다. 장기 기증, 통증 치료, CPR 사용 여부(환자가 심폐소생술을 받고 싶지 않다면 심폐소생술 거부

DNR) 등을 지시할 수 있다. 당신과 배우자(결혼을 했을 경우)를 위해 희망사항을 미리 문서로 남겨두고 부모나 성인 자녀들에게도 그렇게 하도록 권고한다.

사안 4. 상속세 감면

> 나는 자식들에게 무엇이든 할 수 있을 만큼 충분히 남겨주고 싶지만 그렇다고 아무것도 안 할 만큼 많이 남겨주고 싶지는 않다.
>
> – 워런 버핏

대부분의 사람들에게 상속세는 별로 큰 걱정거리가 아니다. IRS에 따르면 2020년 현재 당신은 생전 또는 사후에 최대 1,158만 달러까지 세금 없이 증여할 수 있기 때문이다. 이를 '평생 공제액lifetime exemption' 이라고 한다. 생전에 이보다 많은 재산을 물려주고 싶다면 '증여세'를 납부해야 하며, 사후에 이보다 더 많은 돈을 물려주고 싶다면 '상속세'를 납부해야 한다. 증여세와 상속세 모두 과세율은 40%다.*

하지만 잠깐, 여기서 끝이 아니다. IRS는 평생 공제액 외에도 매년 최대 15,000달러를 원하는 사람에게 증여할 수 있는데, 이를 '연

---

*　　국내에선 지난 1997년 이후 상속세 일괄 공제, 배우자 공제 등을 차감하고 상속재산 10억 원까지는 상속세를 내지 않는다. 최고세율은 50%이다.

간 증여면제액 annual exclusion'이라고 한다. 종합하자면 증여세나 상속세를 한 푼도 내지 않고도 매년 가족이나 친구에게 1인당 15,000달러를 증여하고 사후에는 1,158만 달러를 물려줄 수 있다는 얘기다. 전부 합치면 엄청난 액수다.

부부 간에는 생전 또는 사망 시 서로 증여할 수 있는 금액에 제한이 없기 때문에 생존 배우자가 사망했을 때에만(그리고 과세 재산이 있는 경우) 상속세가 부과된다. 또한 부부는 평생 공제액을 합칠 수 있어 부부의 총 순자산이 2,316만 달러를 초과하지 않으면 상속세를 낼 필요가 없다.

여기서 말하는 상속세가 연방세 federal tax에 국한된다는 점을 유념해야 한다. 어떤 주는 사후 자산 이전에 대해 주세 state tax를 부과하며, 상속세 또한 추가될 수 있다. 이는 많은 중산층의 발목을 잡는데, 특히 이러한 계산에 생명보험까지 포함되기 때문이다.

상속세 및 증여세법은 오늘날 정치에서 굉장히 뜨거운 논란거리다. 즉 언제든 당신의 유산이 과세 대상이 되는 쪽으로 법이 바뀔 수 있다.[34] 변호사와 함께 정기적으로 상속 계획을 검토하고 새로운 법규가 당신과 당신의 재산에 어떤 영향을 끼칠지 이해해야 한다.

상속세를 줄일 수 있는 가장 확실한 방법은 돈을 써버리는 것이다.[35] 상속세는 사망 시 얼마나 많은 자산을 보유하고 있는지에 따라

---

34 당신이 이 글을 읽고 있을 즈음 벌써 관련 법규가 한 여섯 번은 개정되었을지 모른다.

35 이런 전략은 예상하지 못했겠지?

부과되기 때문에 열심히 돈을 소비해 총 자산을 평생 공제액 이하로 낮춘다면(다시 강조하지만 현재 한도액은 약 1,100만 달러다) 상속세를 피할 수 있다. 더불어 가족 여행을 하고, 친구들과 시간을 보내고, 콘서트에 가고, 늘 꿈꾸던 열정을 추구한다면 당신의 유언집행인이 IRS에게 수표를 써 줄 때보다도 돈을 훨씬 더 보람차게 쓸 수 있을 것이다.

물론 상속세를 내야 하는 부유한 개인들에게 세금을 피한답시고 돈을 흥청망청 쓰는 것은 합리적인 해결책이 아니며, 이보다는 복잡하고 세련된 계획이 필요하다. 궁극적으로 상속세 계획은 3가지 옵션을 활용하는 전략으로 귀결된다. 연간 증여액과 평생 공제액을 최대한 활용하고 자선 기부를 이용하는 것이다. 이 중 많은 전략들을 당신이 살아 있는 동안이나 사후에, 또는 적절히 결합하여 활용할 수 있다.

상속세를 줄이기 위해 생전에 증여를 하는 방법은 다양하다.

- '상속인에게 매년 15,000달러를 미리 증여'한다. 부부는 자녀들에게 각각 따로 증여할 수 있기 때문에 당신의 배우자도 같은 사람에게 매년 15,000달러를 추가로 증여할 수 있다. 만일 상속인이 결혼을 했다면 부부가 상속인과 그 배우자에게 각각 연 15,000달러를 증여할 수 있다. 정리하자면 두 부부가 다른 부부에게 매년 총 6만 달러를 증여세 없이 물려줄 수 있을 뿐만 아니라 평생 공제액에도 아무 영향이 없다는 얘기다.
- '대학 등록금을 대신 납부'한다. 연간 증여면제액인 15,000달러를 상속인의 529 학자금 저축 플랜에 사용할 수 있다. 더구나 이

런 경우에는 거주하는 주에서 소득공제를 받을 수도 있다. 이미 대학생일 경우 학교에 등록금을 직접 납부한다면 해당 금액은 연간 증여면제액에 포함되지 않는다.

- '의료비를 지불'한다. 친구나 가족의 의료비를 대신 지불하면 돈이 의료서비스 제공자에게 직접 전달되는 한 연간 증여면제액에는 영향을 미치지 않는다.
- '기부금'을 낸다. 자선단체에 내는 기부금은 증여세나 상속세에서 면제된다.

상속인에게 돈을 직접 증여한다면 몹시 간단하겠지만(그리고 너그러운 처사일 테지만!), 단점은 그 돈이 어떻게 사용될지 모른다는 데 있다. 많은 개인들이 유언대용 신탁처럼 증여 자산이 사용되는 방식을 통제하고 싶어 한다. 가장 효과적인 방법은 '취소불능 신탁 irrevocable trust'을 이용하는 것이다. 취소불능 신탁은 유언대용 신탁처럼 수혜자가 돈을 사용하는 방식(의료, 교육, 및 생활비 등)을 결정할 수 있다. 취소가능 생전신탁과 달리 취소불능 신탁은 취소, 변경, 수정이 불가능하다. 일단 신탁 계좌를 개설하고 자금을 조달하고 나면 당신의 손에서 떠나게 되는 것이다. 하지만 신탁 관리인을 지명하고 펀드의 관리 및 분배 방식을 지시하고 결정할 수는 있다. 그렇다면 취소불능 신탁의 장점은 무엇일까? 이 신탁은 독립적인 법인체로 간주되기 때문에 신탁의 관리 자산은 당신이 사망한 후에도 상속세의 과세 대상이 되지 않는다(다만 사망하기 최소 3년 전에 신탁을 개설하고 자금을 조달해야 한다). 조건만 올바르게 설정한다면 관리 자산은 채권자나 이혼, 법적 판결 및 다른 위험 요소로부터 보호받을 수 있다.

취소불능 신탁을 활용하는 방법을 몇 가지 소개한다.

- 연간 증여: 수혜자에게 돈을 직접 증여하기보다 취소불능 신탁에 납입하는 편이 유용하다. 특히 수혜자가 어리고 자산을 직접 관리하는 데 어려움이 있을 때에는 더욱 그렇다.
- 생명보험: 취소불능 신탁을 이용해 생명보험 과세에 대비하는 것은 흔히 사용되는 방법이다. 보통 '취소불능 생명보험 신탁 Irrevocable Life Insurance Trust'을 줄인 ILIT라고 부른다. 사람들은 대부분 생명보험이 소득세 대상이 아니라는 것은 알면서도 상속세의 대상이라는 사실은 잘 모른다. 생명보험이 상속세 대상이 되지 않게 하려면 보험을 취소불능 신탁으로 전환하거나, 그보다 더 나은 방법은 신탁 안에서 새로 종신보험을 드는 것이다. 그러면 생명보험 납입료로 신탁 자금을 조달하고, 피보험자가 사망하면 상속세나 소득세를 낼 필요 '없이' 수혜자가 보험금을 고스란히 수령할 수 있다.

  이는 특히 순자산이 많은 부유층에게 이로운 방법인데, 세금 부담 없이 상당한 자금을 조달할 수 있을 뿐만 아니라 연간 보험료를 신탁에 납부함으로써 과세 대상 유산을 줄일 수 있기 때문이다. 예를 들어 55세의 부부에게 2,500만 달러 상당의 유산이 있고, 세 명의 자녀가 있다고 가정해보자. 이들은 취소불능 신탁의 형태로 연생보험 joint life insurance 의 보험료를 지불하는 데 연간 증여면제액을 전액 활용하기를 원한다. 이들의 연 보험료는 9만 달러(연간 증여액 15,000달러 × 부부 2명 × 자녀 3명 = 9만 달러)이며, 보험계약 결과에 따라 평생 보험료를 납부하면 약 1,300만 달러의 사망보험금을 받을 수 있다. 만일 두 사람 모두 85세에 사망할 경우, 그들의 과세 대상 자산은 보험료를 납부함으로써 270만 달러(9만 달러 × 30년 = 270만 달러)나 감소하고 자녀들은 세금을 낼 필요 없이 1,300만 달러를 나눠 받을 수 있게 된다. 이러한 자금은 대개 필요한 비용을 청산하고 대규모 유산을 정산하는 데 필요한 현금을 제공하는 데 사용된다.

• 평생 공제액 활용: 초고액 순자산을 보유한 고객들의 경우 평생 공제액(비혼일 경우에는 1,158만 달러, 결혼했다면 2,316만 달러)을 취소불능 신탁의 형태로 상속인에게 증여한다면 상당량의 자산을 보호하거나 세금을 절약할 수 있다. 지금 당장 포기하기에는 너무 큰돈이 아니냐고? 예를 들어 지금 보유하고 있는 1,000만 달러의 자산이 시간이 지날수록 가치가 증가한다고 생각해보라. 나중에 상속세 대상이 될 이 자산을 지금 신탁에 맡긴다면 세금을 낼 필요가 전혀 없다. 평생 공제액보다 적기 때문이다. 그리고 20년 뒤 당신이 사망할 즈음 신탁이 관리하는 이 자산의 가치가 2,000만 달러로 증가했다면, 신탁의 수혜자는 2,000만 달러를 전액 면세로 고스란히 증여받을 수 있다. 만약 사망 시 이 돈이 현금으로 수혜자에게 증여된다면 상당 부분 또

는 전부가 상속세 대상이 될 것이다.

앞에서도 말했지만 취소불능 신탁은 생전에 개설할 수도 있고 사망 시에 조성할 수도 있다. 유언대용 신탁을 기억하는가? 유언대용 신탁은 사망 시 개설하는 취소불능 신탁이다.[36] 예를 들어 지난 결혼에서 얻은 자녀가 있는 가족의 경우, 사망 시 취소불능 신탁을 만들어 생존 배우자에게 소득을 제공하면서 사망한 배우자의 자녀들에게 신탁 원금을 남기는 것은 별로 드물지 않은 일이다.

취소불능 신탁은 또한 자산 보호, 특별한 니즈를 지닌 가족들을 위한 재정 지원, 메디케이드, 자선증여 계획, 사업체 매각 등 보다 정교한 전략에도 사용할 수 있다. 당신과 가족들에게 어떤 전략이 가장 적합할지 재무설계사나 승계 전문 변호사의 도움을 받아라.

기부 계획

우리는 받는 것으로 생계를 유지하고, 베푸는 것으로 삶을 영위한다.
– 윈스턴 처칠

미국인은 세상에서 가장 베풀기 좋아하는 사람들이다. 많은 투자

---

36   사망하면 변경이나 취소가 불가능하니 확실히 취소불능이 맞다.

자들이 재무계획에 있어 자선 기부를 가장 중요한 목표로 삼고 있다. 부를 기부하는 것은 간단한 일이어야 하지만(실제로도 자주 그렇다) 자선활동이라는 유산을 남기고 싶은 부유층의 경우 보다 정교한 옵션들을 활용할 수 있다.

많은 부자들이 일상적인 기부를 통해 사회에 도움이 되고 싶어 한다. 그중에서 많은 이들은 사후에도 자선활동을 지속하고 미래 세대들이 그 유산을 이어나가길 바란다. 계획만 올바르게 세운다면 충분히 실현 가능한 목표다. 법적으로 적절한 체계를 마련하고, 조직을 활용해 자금을 조달 및 관리하고, 나아가 투자자가 세상을 뜬 뒤에도 유산을 이어나갈 관리자를 선택하는 것이다.

자선 기부로 유산을 최대화할 수 있는 몇 가지 방법에 대해 알아보자.

- 자선단체에 적절한 자산을 남긴다. 많은 사람들이 IRA나 은퇴계좌의 수혜자로 자녀들을 지명하고 자선단체에는 현금이나 다른 자산을 기부한다. 하지만 이것이 항상 최선의 방법은 아니다. 예를 들어 당신이 10만 달러짜리 일반 IRA를 자녀에게 남기고 10만 달러 가치의 부동산을 자선단체에 기증한다면 당신의 자녀는 상속받은 IRA에 대해 세금을 납부해야 한다. 하지만 이와 반대로 IRA 계좌를 자선단체에 기증하고 부동산을 자녀에게 남긴다면 자선단체는 세금을 납부할 필요 없이 IRA를 현금으로 바꿀 수 있고 자녀 역시 당신이 사망했을 때 세금을 납부하지

않고 부동산을 처분할 수 있다.

- 기부자조언기금을 이용한다. '기부자조언기금 Donor-advised fund'은 자선가(바로 당신)가 후원하는 계좌를 관리하고 자금이 뜻 깊은 활동과 대의에 사용될 수 있도록 분배하는 공공 자선단체다. 생전 또는 사망 시에 모두 자금을 조달할 수 있으며, 관리 비용이 상대적으로 저렴하다. 계좌를 개설하고 자금을 기부하면 곧장 소득세 공제 혜택을 받을 수 있으며, 언제 누구에게 기금을 보내고 싶은지 지시할 수 있다. 평범한 또는 상당한 재산을 지닌 개인들이 자선 유산을 남기는 좋은 대안이 될 수 있다.

- 개인 재단을 설립한다. 엄청난 자산가라면 개인 재단을 설립하는 것도 여러 대에 걸친 자선사업을 유산으로 남길 수 있는 좋은 방법이다. '개인 재단'은 임직원들이 재단의 운영 및 기금 배분을 관리하는 독립 자선단체다. 개인 재단의 기금 할당 및 사용에 대해서는 많은 규칙과 규제가 존재하며, 직원들을 고용해야 한다는 점에서 운영비용도 높지만 가족들이 급여를 받으며 재단 활동을 할 수 있다. 투자자가 생전 또는 사망 시에 모두 자금을 조달할 수 있으며 개인 또는 자손들에 의해 관리할 수 있다.

- 고액 자산가를 위한 보너스 팁이 있다. 사망 시 자선 재단에 큰 자산을 기증할 생각이라면 다시 한번 고려해야 할 필요가 있다. 생전에 증여하면 개인 재단이든 기부자조언기금이든 상속세를 피할 수 있을 뿐만 아니라 소득세 공제도 높은 비율로 받을 수

있다.[37]

어떤 유형의 자선 기부 유산을 남기고 싶은지 비전을 세우는 것은 당신의 포트폴리오에 가장 적합한 도구와 투자 기술을 결정하는 데 필수적이다. 이를테면 당신의 목표가 올해부터 매년 자선단체에 5만 달러를 기부하는 재단을 설립하는 것이라면(인플레이션 반영), 오늘 100만 달러를 재단에 기증해야 한다. 뿐만 아니라 재단의 포트폴리오는 연간 기부금의 대부분을 소득과 자산 가치 상승을 통해 지급하고 원금은 미래 세대를 위해 보존해야 한다. 다른 목표와 마찬가지로, 이때에도 원하는 목표에 부합하는 얼개를 짠 뒤에야 저축 계획이 가능한 포트폴리오를 구성할 수 있다.

지금까지 은퇴 계획과 자녀 교육, 그리고 자선 기부 계획에 대해 살펴보았다. 하지만 이미 알아차렸는지도 모르겠지만, 투자에 대해서는 아직 한마디도 하지 않았다. 그러나 제일 중요한 결정에 대해서 다루고 (무엇을 성취하고 싶은지 결정하고, 저축에 필요한 기본 틀을 마련하고, 성공 가능성을 최대화하는 최선의 투자 수단을 파악하고) 앞으로의 계획을 위한 토대를 마련했다. 계획을 세웠다면, 이제 각각의 목표를 성취하기 위한 포트폴리오를 구성할 차례다.

부자가 되고 싶다면 부자처럼 '행동'하라.[38] 명확하고 구체적인 비전

---

37   이로써 상위 1%를 위한 공익광고를 마친다.

38   거들먹거리면서 샴페인을 공중에 쏟아부으란 소리가 아니다.

을 세우고 이를 성취하기 위해 최선을 다해 전진하라.

순자산이 10만 달러든 1억 달러든 상속설계는 반드시 필요하다. 당신 혼자만의 일이 아니다. 당신의 성인 자녀도, 부모님도, 나아가 길 건너편에 사는 이웃집 사람에게도 상속설계가 필요하다. 이는 재정적 자유를 추구하는 데 있어 가장 쉬운 부분이며 전문 변호사와 한두 시간만 상의하면 처리할 수 있는 사안이다. 그럼에도 사람들이 상속설계를 꺼려하는 이유는 3가지다. 자신의 죽음에 대해 생각하고 싶지 않고, 골치 아픈 결정을 내려야 하고,[39] 시간이 많이 걸린다고 생각하기 때문이다.

상속 계획을 설계하는 것은 아무것도 하지 않는 것보다는 항상 낫다. 상황이 변할 때마다 관련 서류를 수정해야 하지만 일단 마련해두고 나면 당신과 가족들에게 안정감을 준다. 과도한 스트레스와 뜻밖의 세금, 유언검인을 피할 수 있음을 아는 것만으로도 안심하고 세상을 뜰 수 있다. 운 좋게 상당한 자산을 보유하고 있고 대대손손 재산을 물려주거나 자선 유산을 남기고 싶다면, 상속설계는 당신이 힘들게 번 돈이 정부가 아니라 당신에게 소중한 사람들과 사회적 대의에 사용될 수 있게 해준다. 당신이 세상을 떠난 뒤 어떻게 될지는 몰라도 약간의 시간과 노력을 들일 가치는 충분하다. 그러니 그냥 해라!

---

39 아무리 지레 겁을 먹어봤자 치즈케이크 팩토리의 두꺼운 메뉴판과 비슷한 정도다. 선택할 수 있는 옵션이 무한해 보여도 잠깐만 고민하면 뭘 선택할지는 분명하다. 하나씩 제거해나가다 보면 종국엔 원하는 곳에 다다를 것이다.

드디어 해냈다! 그렇다! 드디어 상속 계획이 끝났다. 이제 본격적으로 투자를 시작하기 전에 어떤 다른 계획들이 필요한지 앞에서 말한 내용을 마지막으로 정리해보자(이미 투자를 시작했다면 추가로 어떤 투자에 손댈 것인지도 파악할 수 있을 것이다).

- 순자산 명세서
- 은퇴자산 추산
- 교육비 등 필요 항목 예측 평가
- 보험 평가
- 사망, 무능력, 장기요양, 건강, 주택, 자동차 및 우산보험을 비롯한 위험 관리 설계(언제나 본인에게 필요한 것만을 정확히 준비할 것)
- 신탁, 유언장, 위임장, 의료위임장, 자선기증 서류 등을 비롯한 상속설계

이러한 요소들은 재무계획의 밑바탕을 구성하며, 당신의 재정적 안녕을 확보하려면 '반드시' 준비해야 하는 것들이다. 말하자면 등산을 시작할 때 챙겨야 하는 장비다. 이 장비들이 없으면 정상에 오를 수 없다. 이 장에서 설명한 계획들은 당신이 등반해야 할 경로를 그려주고, 예상치 못한 위험이 닥쳤을 때 당신과 가족들을 보호해줄 것이다.

3부

길 떠나기

제8장

시장은 어떻게
작동하는가

_피터 멀록

위험은 자신이 무엇을 하고 있는지 모르는 데서 온다.

− 워런 버핏

    어쨌든 이 책은 투자에 관한 책이니 이번 장은 이미 성공한 사람이 알려주는 팁으로 시작해보자. '이' 투자 방식은 지난 98년 동안 연 10%의 수익을 올렸고 여전히 꾸준히 상승궤도를 그리고 있다. [8-1]을 보라!

    평범한 미국인에게 이렇게 꾸준한 고수익 투자는 마치 꿈같은 이야기처럼 느껴질 것이다. 하지만 이게 정말로 진짜라면? 그렇다. 이건 현실이다. 더 놀라운 게 뭔지 아는가? 당신도 여기 참가할 수 있다. 이 엄청난 마법 같은 투자는 무엇일까? 당신도 들어본 적이 있을 것이다. 바로 주식시장이라고 한다.

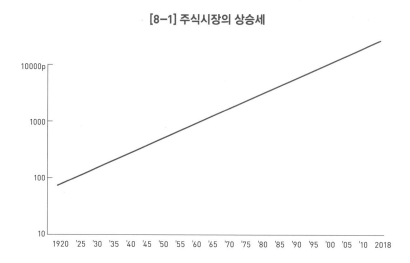

[8-1] 주식시장의 상승세

마켓 타이밍의 역설

많은 연구들이 일반적인 개인 투자자와 주요 주가지수, 이를테면 S&P 500이나 다우존스지수의 투자 성과를 비교하곤 한다. 결과는 전부 개인 투자자의 성과가 지수 평균에 비해 뒤처져 있음을 보여주 며 일부는 심지어 그 격차가 매년 몇 퍼센티지 포인트까지 이른다는 사실을 알려준다. 그렇다면 투자자들은 어째서 이러한 시장수익률을 완전히 누리지 못하는가?

한 가지 이유는 투자자들이 시장의 타이밍을 예측하려 들기 때문 이다. '마켓 타이밍 market timing'이란 주식시장에 치고 들어가거나 빠져

나와야 할 최적의 시점이 존재한다는 개념을 가리킨다.* 표면적으로는 꽤나 설득력이 있는 이론이다. 주가가 하락하는데 왜 계속 머무른단 말인가? 그러나 앞으로 알게 되겠지만, 주가 동향을 일정 수준 이상 꾸준히 예측하는 일은 불가능하다. 무엇보다도 완전한 수익을 얻는 데 있어 핵심은 바로 일관성이다.[40]

분명하게 말한다. 마켓 타이밍은 아무 효력도 없다. 그냥 통하지 않는다. 자신은 그런 짓을 하지 않는다는 말도 하지 마라. 이런 말을 하거나 생각해본 적이 정말로 없단 말인가?

- "현금을 좀 빼뒀어요. 상황이 진정될 때까지 기다리려고요."
- "이번에 보너스를 탔는데 주가가 떨어질 때까지 기다릴 겁니다."
- "나중에 투자하려고요. (그다음에 여기 뭐가 됐든 형편없는 변명을 집어넣으면 된다. 선거가 끝나면, 새해가 되면, 조정장이 되면, 부채 위기가 지나면, 의회예산 문제가 해결되면, 브렉시트가 확정되면 등등)"

이런 것도 전부 마켓 타이밍이다.

도대체 왜 이런 환상적인 수익을 안겨주는 투자에 뛰어들지 않는

---

*   국내에서도 '마켓 타이밍'은 널리 사용된다. "마켓 타이밍을 잡는다."고 하는데 펀드 매니저가 주가의 저점과 고점을 예상한 후 저점에서 사고 고점에서 파는 행동을 뜻한다.

40   물론 세금과 거래 비용은 말할 것도 없다. 그리고 뜬 눈으로 지새우는 밤들도.

단 말인가? 마켓 타이밍은 이성적인 판단처럼 보이지만 실은 감정적인 세계관을 드러낼 뿐이다. 자, 이렇게 생각해보자. 주식시장은 선형으로 상승하지 않는다. 실제 수익률 변화를 그래프로 그려보면 다음 [8-2]처럼 보일 것이다. 나중에 돌이켜 볼 때에야 지난 98년간 증시가 여러 번 침체를 겪었고, 그럼에도 전체적으로는 꾸준히 상승세를 이어왔음을 알 수 있다. 시장 침체를 몸으로 겪은 이들은 마치 세상의 종말이 온 것 같았을 테다. 대공황이나 1970년대 인플레이션을 겪고 허무함과 무기력에 빠진 이들이 감정적으로 얼마나 크게 동요했을지 생각해보라. 요즘 사람들은 2008년 금융 위기 때 느꼈던 무력한 기분을 아직도 기억하고 있고 이어진 경기 침체 역시 기억 속에 선명하게 남아 있다. 투자를 하다 보면 고작 몇 주일의 시간도 평생처럼 느껴진다. 특히 시장이 당신에게 불리한 쪽으로 움직이고 있다면 더욱 그렇다. 24시간 뉴스 채널과 스마트폰의 시대에는 시장의 아주 미

[8-2] 다우존스산업지수 평균, 비선형 수익률

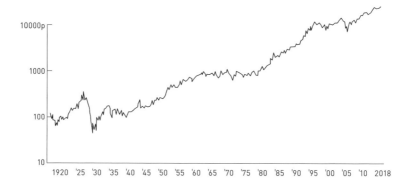

세한 움직임까지도 초유의 관심이 되기 쉽다. 그럴 때마다 일일이 반응하다 보면 약세장을 피해야 한다는 생각을 하게 되지만, 사실 약세장은 완벽하게 정상적인 흐름이다.

투자와 관련해 냉정한 결정을 내리기 위해서는 우선 주식시장의 미세한 움직임에 일희일비하지 않아야 한다. 어떤 상황들이 시장의 정상적인 움직임인지 안다면 투자 성과를 놀랍도록 증가시킬 수 있다. 이러한 새로운 깨달음의 부차적 효과로는 스트레스 감소, 목표 달성 가능성의 증가, 삶의 질 향상을 들 수 있겠다.

분명히 말해두지만 '시장'의 종류는 매우 다양하다. 앞에서 본 다우존스산업지수 그래프는 미국에 상장된 30개 대기업의 주가지수로 최근 100년간의 미국 경제 상황을 간략하게 엿볼 수 있다. 오늘날 이보다 더 잘 알려진 지수는 S&P 500인데, 마이크로소프트, 구글, 프록터 앤드 갬블Procter & Gamble, 맥도날드 등 미국 500개 대기업의 주가지수다. 미국에는 수천 개의 상장 주식이 존재하지만 시장의 시가총액, 즉 총 가치의 80%를 차지하고 있는 것은 이 500개 기업들이다.[41] 이는 S&P 500에 포함된 맥도날드 같은 회사들이 치즈케이크 팩토리 같은 회사들보다 규모가 50배에서 100배나 더 거대하기 때문이다.[42]

---

41   시가총액market capitalization은 '총 가치'를 좀 더 다듬은 말이다. 해당 기업의 주가에 발행주식 수를 곱한 것이 시가총액이다.

42   어쨌든 디저트가 맛있다고 시가총액이 높은 게 아닌 건 확실하다. 이에 대해서는 뒤에서 더 자세하게 다루겠다. 이 책에서 벌써 두 번째로 치즈케이크 팩토리를 언급했으니 조금 있다 한번 가 봐야할 것 같다.

[8-3] 마켓 타이머의 종류

마켓 타이밍으로 시장 평균을 능가하는 성과를 낼 수 있는 사람은 고작 0.01%에 불과하다.
게다가 우리는 이들을 발견할 수조차 없다.

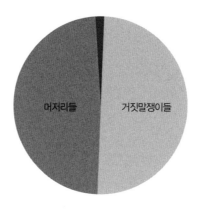

내가 가장 유명한 시장지수를 편애하는 게 아니라는 걸 알려주기 위해서, 미국의 소규모 주식, 해외 주식, 신흥시장 주식 역시 계속 성장 중이라는 것을 덧붙인다. 여기서 중요한 사실은 전 세계의 모든 시장이 똑같은 움직임을 보이고 있다는 것이다. 이들은 상승하고 있다. 그것도 아주 많이.

상황은 꽤 괜찮아 보인다. 하지만 여기서 이득을 보려면 무엇보다 가장 심각한 실수를 저지르지 말아야 한다. 그게 바로 마켓 타이밍이다. 그런데 이게 생각보다 얼마나 어려운지 모른다! 당신 주변에서 무수한 사람들이 이 실수를 저지르라고 부추길 것이기 때문이다. TV에서 떠들어대는 자칭 전문가들과 직장 동료들, '시장이 폭락하기 전에 잽싸게 빠져나온' 당신 처남과 금융 서비스 산업의 전반적인 분위기까지도 말이다.

마켓 타이머는 그림 [8-3]처럼 두 부류로 나눌 수 있다. 당연히 이 그래프는 과학적이지 않다. 머저리와 거짓말쟁이가 실제로 얼마나 정확한 비율로 구성되어 있는지 모르니까. 다만 내 생각에 모든 마켓 타이머는 저 둘 중 하나에 속하며, 양쪽 모두 위험하긴 마찬가지다. 잠시 이 두 부류를 살펴보자.

머저리들

주가가 떨어지면 어떻게 하냐고요? 〈월스트리트저널〉에서 투자전문가라는 사람들의 견해를 읽으십시오. 그러면서 실컷 웃으면 됩니다. 그 사람들이 단기적인 시장 움직임을 예측 못한다는 건 우리 모두 알잖습니까. 그런데도 그들은 아무것도 모르면서 똑똑한 척 보이려고 안간힘을 쓰죠.

– 조너선 클레먼츠

어떤 투자자와 투자자문가들은 정말로 시장에 들고 날 때를 알 수 있다고 진심으로 믿는다. 남들이 모르는 비밀을 자기들만 알고 있고, 남들은 못 보는 것들을 자기들만 볼 수 있다고 믿는다. 그리곤 종종 예전에도 맞춘 적이 있다고 말할 것이며 아마 그 말은 사실일 것이다. 한번쯤은 실제로 맞았을 테니까.

이들은 라스베이거스에 놀러 갔다가 돌아와 "내가 제대로 본때를 보여줬지!"라고 떠벌리지만 판돈을 다섯 번이나 잃었다는 사실은 쏙 빼놓는 친구 같은 사람들이다. 이들은 자신이 잘못한 일들은 잊어버리고 옳았던 결정만 기억한다. 의도는 좋을지 몰라도 실제로는 포트폴리오에 해를 끼치고 있으며, 그들을 신뢰하는 다른 사람들의 포트폴리오도 망쳐버릴 것이다.

거짓말쟁이들

> 시장을 예측하는 사람들은 세 부류다. 아무것도 모르는 사람, 자기가 모른다는 걸 모르는 사람, 그리고 자기가 아무것도 모른다는 걸 알면서도 아는 척 해서 돈을 버는 사람이다.
>
> – 버턴 말킬Burton Malkiel [43]

다른 재무자문가들은 시장을 예측할 수 없음을 알면서도 '하방보호'로 당신을 "빼내줄 수 있다."고 고객들을 설득하는 것으로 생계를 유지한다. 이것은 재무자문 분야에서 가장 쉽게 판매할 수 있는 전략이다. 주가가 오를 때에는 득을 보고 위험은 전부 피할 수 있다는 말을 듣고 싫어할 사람이 어디 있겠는가? 능숙한 투자자라면 그런 일이 가능하지 않다는 걸 알지만, 달콤한 말을 좋아하는 사람들은 항상 있기 마련이다.

---

43 이 주제와 관련해 버턴 말킬의 혁신적인 저서가 있다. 바로 『시장 변화를 이기는 투자A Random Wok Down Wall Street』다. 그는 주가지수를 포트폴리오의 중심으로 사용해야 하며 특정한 '엣지edge'에서는 적극적 투자운용을 활용해야 한다고 믿는다. 내 생각도 같다.

많은 재무전문가들이 마켓 타이밍이 존재한다는 생각을 고쳐먹는 데 필요한 정보를 충분히 접하고 있지만 두둑한 수표는 명백한 사실도 받아들이기 어렵게 만든다. 사이비 교주가 사기꾼이라는 증거를 발견한 신도들처럼, 재무자문가들도 현실을 감당하지 못해 무지와 착각 속에 남아 있기를 선택한다. 데카르트의 말처럼[44] "인간은 자신의 수익에 저해되는 논거는 이해하지 못한다."

시장에 머무르기란 왜 그렇게 어려운가?

효율적인 시장에서 주식의 실제 가격은 어느 시점에서나 내재가치에 대한 훌륭한 추정치이다.

— 유진 파마Eugene Fama

마켓 타이밍이 통하지 않는 데는 여러 이유가 있고, 투자전문가들이 그 반대라고 당신을 설득하려는 데도 역시 여러 이유가 있다. 먼저 전체적인 그림을 살펴본 다음 투자 전문가와 그들의 실제 실적에 대해 알아보자.

---

[44] 아주 똑똑한 사람이긴 한데 이 사람 책을 읽어봤자 투자에 대해서는 아무것도 배우지 못할 것이다.

효율적 시장은 과연 존재하는가

노벨 경제학상 수상자인 유진 파마Eugene Fama의 '효율적 시장 가설'은 투자자가 시장을 능가하기가 어려운 이유가 시장이 모든 관련 정보를 취합하기 때문이라고 주장한다. 즉 많은 똑똑한 사람들이(그리고 별로 똑똑하지 않은 사람들도) 주식이나 채권에 대해 동일한 정보를 갖기 때문에 당신이 시장 수익을 능가하는 지속적인 우위에 있는 것은 불가능하다.

너무나도 많은 시장 예측자들이 (개인과 기관, 그리고 신속한 컴퓨터까지) 모두 동시에 똑같은 주식을 사고팔기 때문에 새로운 정보에는 거의 동시에 '가격이 매겨진다'는 얘기다.

기업이나 시장 전체의 기대수익에 영향을 미치는 좋고 나쁜 사건이 일어날 때마다 뒤이어 발생하는 활발한 거래는 주가에 새로운 정보의 경제적 가치가 반영될 때까지 주가를 상승시키거나 하락시킨다. 일반 투자자가 거래에 끼어들 무렵이면 그가 염두에 두고 있던 우위는 이미 사라진 지 오래다.

시장을 능가할 수 있는 패턴이 나타나는 것은 거의 항상 투자자가

• 지난 2020년 1월 14일 2,238포인트였던 코스피는 이후 코로나19 팬데믹에 3월 19일 1,457까지 폭락했다. 그러나 시장 예상을 깨고 급등을 시작해 2021년 1월 3,000포인트를 돌파했다. 이런 흐름을 예측한 전문가는 단 한 명도 없었다. 이처럼 마켓 타이밍에 따른 매매는 힘든 것이고, 정확히는 불가능에 가깝다. 오히려 이 과정에서 안정적으로 돈을 번 사람은 매주 일정액의 투자금을 '기계적으로' 적립한 투자자들이었다.

위험을 추가로 감수하고 있기 때문이다. 이를테면 소기업 주식이 대기업 주식보다 장기적으로 더 나은 수익을 내는 이유는 이들이 더 위험하기(더 불안정하기) 때문이다.

대중은 틀린다. 몇 번이고 거듭해서!

앞으로 1년 후 주식시장이나 금리, 또는 기업 활동이 어떻게 될지는 아무도 모른다. 주가 예언자들의 유일한 장점은 점쟁이들이 용해 보이게 하는 데 있다. 단기 시장 예측은 독극물과 같다. 안전한 곳에 보관해 어린아이의 손이 닿지 않게 해야 하며, 또한 시장에서 어린아이처럼 행동하는 성인들로부터 멀리 떨어뜨려놔야 한다.

– 워런 버핏

일반 투자자들은 일상적으로, 그리고 아주 거창하게 마켓 타이밍을 잘못 예측한다. 2001년 약세장이 바닥을 쳤을 때, 투자자들은 당시 사상 최대 수준으로 주식을 매각해 현금화했다. 그런 다음 시장이 회복되자 다시 주식시장으로 몰려들었다. 2008~2009년 시장 위기 때도 마찬가지였다. 투자자들은 몇 년 전 기록을 깨트리고 다시 주식을 대거로 처분하고 현금을 손에 쥐었다. 이게 바로 전형적인 군중심리다.

현재 주가는 당시 바닥을 쳤을 때 비해 수배나 올랐다. 투자자들의 시장 예측은 완벽하게 어긋났으며, 양쪽 모두 정확하게 잘못된 시기에 기록을 세웠다.*

언론은 틀린다. 몇 번이고 거듭해서!

> 미래를 예언하는 자는 설사 그게 진실이라고 해도 거짓을 말하는 것이다.
> — 아랍 속담

평범한 투자자들은 대부분 미디어를 통해 금융 정보를 얻는다. 중요한 사실은 시장의 향방과 관련해 이런 미디어가 제공하는 정보의 총 가치가 0이라는 것이다. 아니, 실제로는 0도 아니고 마이너스다. 미디어의 시장 예측을 따르다간 중립이 아니라 마이너스 수익을 얻을 가능성이 크기 때문이다.

미디어에서 활동하는 예언가들은 대담한 시장 예측을 내놓는 데 혈안이 되어 있다. 나는 CNBC와 폭스 비즈니스Fox Business를 비롯해 몇몇 전국적인 비즈니스 채널에서 일한 경험이 있는데, 프로듀서는 프로그램이 시작되기 전에 종종 "시장이 어디로 갈지" 물어보고는 내가 "모르겠는데요."라고 대답할 때마다 실망한 기색을 내비쳤다. 한 전국구 케이블 방송에서는 나더러 아예 '타임머신 자문가'라는 별명을 붙였는데, 내가 언제나 단기적으로는 어떨지 몰라도 장기적으로는 확실하다고 운을 떼곤 했기 때문이다.[45]

금융 전문가들은 사람들의 머릿속에 마켓 타이밍이라는 개념을 밀

---

45   구식 공중전화 박스처럼 보이는 타임머신에 내 머리를 붙인 그래픽은 꽤 웃겼다.

어 넣으면 돈을 쉽게 벌 수 있다고 생각하고, 뉴스 매체들도 그들에게 반대하지 않는다. 초대 손님이 황당한 시장 예측을 하면 시청자가 늘기 때문이다.

경제학자들은 틀린다. 몇 번이고 거듭해서!

> 예측은 예측을 하는 사람에 대해서는 많은 것을 알려줄지 몰라도 미래에 대해서는 아무것도 알려주지 않는다.
>
> – 워런 버핏

경제학자들은 경제의 방향을 예측하는 능력을 보여주지 못했다. 일정 수준의 정확성을 이룩하기에는 밝혀진 변수와 밝혀지지 않은 변수가 너무 많기 때문이다. 역사는 우리에게 두 가지 일화를 말해준다.

1929년 10월 15일, 밀턴 프리드먼Milton Friedman이 "미국이 배출한 가장 위대한 경제학자"라고 지칭한 어빙 피셔Irving Fisher가 "주가가 영원히 하락하지 않을 안정적인 고점"에 이르렀다고 단언했다. 그다음 주에 주식시장이 붕괴했고 대공황을 맞이했으며, 다우존스지수는 거의 80%에 이르는 가치를 상실했다. 이런 급격하고 가파른 폭락을 또 다시 경험한 것은 거의 80년 후의 일이었다. 그리고 '이' 경우에도 물론 또 다른 저명한 경제학자가 대혼란이 닥치기 직전 매우 대담한 예측을 내놓았다. 2008년 1월 10일, 당시 연준 의장이었던 벤 버냉키Ben

[8-4] 역사가 알려주는 교훈

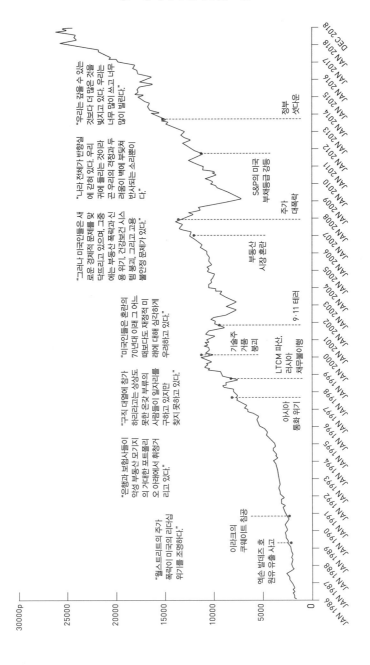

Bernanke는 "연방준비제도는 불황을 예상하지 않는다."[46]라고 말했다. 하지만 시장은 그의 말을 듣지 않았다. 몇 달 뒤, 대공황 이후 최악의 불황이 닥쳤고 주식시장은 50% 이상 급락했다.

흠, 당신 머릿속 소리가 들리는 것 같다. "그래, 저 사람들이 틀렸네. 하지만 저 둘이 시장을 예측하지 못했다고 해서 제대로 예측할 수 있는 사람이 없다는 소리는 아니잖아?" 그 사실을 지적해줘서 고맙다. 이제 이런 강렬한 예측을 내놓는 경제 예언가들이 전반적으로 얼마나 형편없는지 한번 살펴보자.

다행히 이런 자료를 찾으려고 시간을 들여 조사할 필요도 없었다. 경제학자 저커 덴렐 Jerker Denrell과 크리스티나 팽 Christina Fang이 이미 2002년 7월부터 2005년까지 〈월스트리트저널〉 '경제전망 조사'에 게재된 모든 예측들을 정리해두었기 때문이다. 이들은 예상 밖의 결과를 가장 성공적으로 예측한 경제학자 집단을 분류하기 위해 검색 범위를 좁혔는데, 이때 '극단적' 예상이란 평균 예측보다 20% 높거나 20% 낮은 경우로 정의했다.

해당 경제학자 집단이 내놓은 다른 경제 전망을 살펴본 덴렐과 팽은, '극단적' 사건을 예측하는 데 높은 성공률을 기록한 이들이 전반적으로는 적중률이 최악이라는 사실을 발견했다. 즉, 가장 터무니없

---

46   잠깐만 생각해보자. 연준은 세계에서 가장 훌륭한 경제학자들에 의해 운영되고 있다. 앞으로 일어날 일에 적어도 일부나마 영향을 끼칠 금리를 좌지우지하는 이들도 미래를 예측하지 못하는데 당신과 당신의 친구, 또는 당신의 재무자문가가 어떻게 미래를 예측할 수 있을까?

는 예측을 하는 이들은 때때로 홈런을 칠 수는 있어도 실은 다른 일반적인 사람들보다 삼진아웃을 당할 확률이 훨씬 큰 것이다. 정말로 이런 사람들에게서 투자 조언을 듣고 싶은가?

'자신의 예측을 확신하는 사람일수록 예측이 적중할 확률은 떨어지며, 이는 실상 쇼맨십에서 비롯되었을 가능성이 크다.' 투자에 관한 한 대담한 예상일수록 소스의 신빙성은 떨어진다. 당신의 재정적 안녕을 소중하게 생각한다면, 데이터는 그들의 말을 무시하는 게 낫다는 것을 보여준다. 노벨경제학 수상자인 조셉 스티글리츠 Joseph Stiglitz 는[47] 경제학자들의 말이 맞아떨어지는 경우는 "열 번 중 서너 번"에 지나지 않는다고 말했다. 그 정도 확률이라면 나는 무시하는 편을 택하겠다. 당신도 그래야 한다.[48]

투자관리사들도 틀린다. 몇 번이고 거듭해서!

물론 주가가 최고점일 때 탈출해 바닥일 때 다시 진입할 수 있다면 더할 나위 없을 것이다. 그러나 나는 55년 동안 일하면서 그럴 수 있는 사람은 단 한 명도 본 적이 없다. 그런 사람을 안다는 사람도 보지 못했다.

— 존 보글John Bogle

---

47   노벨경제학 수상자가 한 명 더 나왔다!

48   대담하고 극단적인 증시 예측 또는 경제 전망을 듣게 되면 그저 끝에 "안 그럴 수도 있고."라고 덧붙여 줘라!

무수한 재무자문가들이 시장의 타이밍을 잴 수 있는 '시장 지표'를 알고 있다고 주장한다. 그러나 모닝스타의 사장인 돈 필립스Don Phillips가 말했듯이 "마켓 타이밍을 주요 투자 기준으로 삼아 장기적으로 우수한 기록을 낸 뮤추얼펀드는 전 세계 어디에도 없다." 매우 설득력 있는 말이다. 평생 모은 돈을 마켓 타이밍에 걸려고 하는데, 펀드의 수익 실적을 평가하는 전문 회사를 경영하는 사람이 그것이 효과를 발휘하는 일을 한 번도 본 적이 없다고 말한다면 그 충고를 귀담아 들어야 하지 않을까?

결국 핵심은 투자관리사가 시장에 들어갔다가 빠질 때를 효과적으로, 그리고 지속적으로 예측할 수 있음을 입증할 증거는 없다는 것이다. 타이밍을 올바르게 가늠할 수 있는 확률은 지극히 낮고, 그런 게임에 평생 모은 돈을 들고 참가하는 것은 바보들뿐이다. 심지어 그보다 더한 바보들은 이런 도박을 하라고 남에게 자기 돈을 맡기기까지 한다. 어떤 도박사가 어마어마한 판돈을 걸고 계속 이기고 있다면, 당신은 그 사람이 항상 이길 거라고 생각하는가? 마켓 타이밍도 라스베이거스의 도박판과 마찬가지다. 당신에게 너무 불리해서 장기적으로는 크든 작든 결국 실패밖에 얻을 게 없는 것이다.[49] 충고 하나 할까. 주가가 하락세로 돌기 전에 당신의 돈을 빼낼 수 있다고 말하는 재무자문가를 만나거든 당장 다른 사람을 찾아 봐라.

---

49 투자의 첫 번째 법칙. 커다란 실패를 피해라.

뉴스레터는 틀린다. 몇 번이고 거듭해서!

뉴스레터로 돈을 벌 수 있는 유일한 방법은 그것을 판매하는 것이다.

– 말콤 포브스Malcolm Forbes

많은 미국인들이 마켓 타이밍 뉴스레터*를 구독한다. 정기적으로 메일을 받기 위해 요금을 내고 소식지를 읽느라 많은 시간을 투자하지만 결과는 외려 낮은 수익을 얻을 확률이 높아질 뿐이다.

1994년에 존 그레이엄John Graham과 캠벨 하비Campbell Harvey가 마크 헐버트Mark Hulbert[50]가 제공한 데이터를 분석하여 뉴스레터의 시장분석 능력에 관한 포괄적인 연구를 실시했다. 이들은 13년 동안 237개의 뉴스레터를 대상으로 15,000건 이상의 마켓 타이밍 예측을 조사했다. 결과는 압도적이었다. 뉴스레터의 75%가 '마이너스'라는 비정상적인 수익을 돌려주었던 것이다. 이런 뉴스레터의 충고를 따른다면 대부분 마이너스 수익을 얻게 된다는 얘기다! 한때 유명했던 그랜빌 마켓 레터Granville Market Letter는 연평균 −5.4%의 수익률을 기록했다. 대폭락 광신도들이 좋아하는 엘리엇 웨이브 씨오리스트Elliot Wave Theorist는 연간 −14.8%의 마이너스 수익을 돌려주었다.[51] 한편 같은 기

---

* 증권사 애널리스트 리포트와는 다르다. 국내로 보면 시황 설명이나 종목 추천 등을 하는 사설 주식 정보지로 보면 될 것 같다.

50 마크 헐버트는 뉴스레터의 전망 및 투자 성과를 추적하는 서비스를 운영한다.

51 돈을 절약하려는 절실한 노력에도 불구하고 결국 돈을 잃었다는 게 재미있지 않은가?

간 동안 S&P 500은 연 15.9% 수익을 올렸으며 전체 뉴스레터 중 4분의 3의 수익을 능가했다.

어쩌면 당신은 이렇게 물을지도 모른다. "증시와 일치하거나 능가한 나머지 25%는요?" 사실 해당 연구는 뉴스레터의 투자 성과를 실제보다 좋게 과장하고 있다. 왜냐하면 시장에 들락날락하려면 많은 비용이 들기 때문이다. 해당 연구에 수수료와 거래 비용, 세금까지 포함했다면 결과는 이보다 더 처참했을 것이다. 마지막으로 연구진은 나름 긍정적인 실적을 올린 뉴스레터가 계속해서 승리의 파도를 이어나가고 있는지 확인했다. 결과는 명백했다. "승자라고 해도 다시 승리를 거둘 확률은 매우 낮다." 저자들은 가혹할 정도로 딱 부러지게 단정 짓는다. "뉴스레터가 마켓 타이밍을 예측할 수 있다는 증거는 없다."

마크 헐버트의 또 다른 연구에 따르면 특정 해에 시장 수익률을 능가한 몇몇 뉴스레터도 향후 같은 일을 반복하지는 못한다. 다른 데이터를 보면 어떤 마켓 타이밍 뉴스레터도 장기적으로는 시장 수익률을 능가하지 못한다는 것을 알 수 있다!

/ 마켓 타이밍에 대한 똑똑한 투자자들의 생각 /

마켓 타이밍 명예의 전당은 텅 비어 있다.

– 제인 브라이언트 퀸 Jane Bryant Quinn

위대한 투자자들 가운데 마켓 타이밍을 찬양하는 사람은 아무도 없다. 한 젊은 투자자가 19세기 미국 금융가를 지배했던 J. P. 모건에게 앞으로 시장의 동향이 어떻게 될지 물었다. 모건이 대답했다. "변동을 거듭할 걸세, 젊은이. 올랐다가 내렸다가 계속 변하겠지." 투자의 아버지인 벤자민 그레이엄 Benjamin Graham 은 1976년 마켓 타이밍을 비판하며 이렇게 말했다. "내가 월스트리트에서 60년 동안 배운 게 있다면 주가를 예측하는 것으로는 성공할 수 없다는 사실이다."

세계 최고의 펀드 회사인 뱅가드 Vanguard 의 창립자인 존 보글은 마켓 타이밍을 가늠하는 것은 불가능하며 헛된 일이라고 주장했다. 독보적인 투자가인 워런 버핏은 마켓 타이밍을 투자자가 할 수 있는 가장 멍청한 선택이라고 말하며 끊임없이 조롱했다. 그는 "주가 예언자들의 유일한 장점은 차라리 점쟁이들이 용해 보이게 만드는 데 있다."라든가 "시장의 타이밍을 잴 수 있는 사람은 '단 한 번도' 본 적이 없다." 등과 같이 말했다.

그렇다면 투자자는 어떻게 해야 하는가? 어쨌든 경제학자와 경제 전망가, 금융 전문가, 뉴스레터가 미디어의 주목을 끄는 이유는 모두가 우위를 확보해 남들보다 앞서 나가고 싶어 하기 때문이다. 이런 전문가들의 도움에 의지할 수 없다면 어떻게 스스로를 지킬 것인가? 그 대답은 투자에 관한 확고한 계획을 세우는 것이다. 시장이 흔들릴 경우를 대비해 미리 준비해야 한다. 내가 자동차에 늘 우산을 놔두는 이유는 언젠가는 비가 올 것이고, 그때가 되면 우산이 필요해질 것이기 때문이다. 주식시장에 투자하고 포트폴리오를 구축하면 언젠가는 가끔씩 비가 내릴 것이다. 조정장('여름 소나기')부터 약세장('시야를 가리는 폭우')에 이르기까지 다양한 강도로 말이다.

조정장은 기회가 될 수 있다

> 경기 침체가 오면 주식시장이 하락한다. 그런 일을 예상하지 못한다면 준비되어 있지 않은 것이다. 그러면 좋은 성과를 낼 수가 없다.
>
> − 피터 린치

세상에 확실한 것은 딱 두 가지, 세금과 죽음뿐이라고들 한다. 나는 한 가지가 빠졌다고 주장하는 바다. 바로 '조정장'이다. 어떻게 이런 말을 할 수 있느냐고? 시장 조정은 늘 일어나는 일이기 때문이다.

'조정장 correction'이라는 게 정확히 뭘까? 증시가 고점에서 10% 이상 하락한 것을 말한다. 여기서 20% 이상 하락하면 '약세장 bear market'이 된다. 조정장은 얼마나 자주 발생할까? 1900년 이후 조정장은 평균적으로 거의 매해 발생했다. 그러니 너무 걱정 말고 그 시기를 잘 견뎌내는 게 중요하다. 당신이 50세라고 치면 앞으로 조정장을 평균 35번이나 더 경험하게 될 것이다!

혹자는 이렇게 말할 수도 있다. "주가가 10%나 떨어졌으면 약세장이 되기 전에 탈출하는 게 낫지 않나요?" 그러나 대부분의 조정장은 약세장으로 악화되지 않는다. 역사적으로 조정장의 평균 하락률은

13.5%이고, 대부분 두 달 이상은 지속되지 않으며 평균 지속 기간은 54일이다. 조정장이 실제 약세장으로 진입하는 경우는 다섯 번 중 한 번에 불과하다. 다시 말해 80% 이상은 약세장으로 진입하지 않는다는 뜻이다.

그러니 시장 조정이 발생했을 때 주식을 현금화하는 것은 합리적이지 못한 반응이다. 대부분의 경우 결국 바닥을 치기 직전에 주식을 처분하는 것이기 때문이다. 조정장을 만났을 때 투자분을 현금화한다면 겨우 몇 번만으로도 당신의 포트폴리오는 치명적인 손실을 입을 수 있다. 우리는 조정장이 자주 발생하는 일이라는 것을 안다. 대부분의 조정장은 약세장으로 진입하지 않고, 역사적으로 조정에 들어갔던 시장이 늘 다시 회복했다는 것도 안다. 그러니 허둥지둥 주식을 처분하고 현금으로 바꾸러 달려갈 이유가 전혀 없다.

어떤 재무자문가들은 마켓 타이밍처럼 조정장을 예측하려 들기도

[8-5] 조정장은 약세장으로 이어지지 않는다

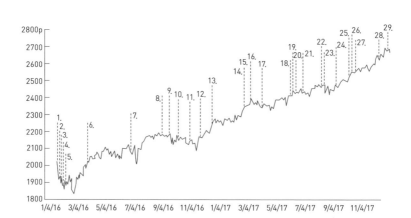

한다. 증시가 하락하는 데는 이유가 있을 수도 있고 없을 수도 있다. 하지만 솔직히 말해서, 예의 주식전문가들이 시장을 예측한답시고 스스로를 바보로 만드는 모습을 구경하는 건 꽤 재밌긴 하다. [8-5] 는 시장이 얼마나 완고하며 전문가들의 예측이 어떻게 빗나갈 수 있는지를 보여준다.

1. "조지 소로스가 2008년 금융 위기가 반복될 거라고 말하다", 매트 클린치Matt Clinch, CNBC, 2016년 1월 7일

2. "2016년, 세계가 또 다시 경제 위기로 추락하나?", 래리 앨리엇Larry Elliott, 〈가디언Guardian〉, 2016년 1월 9일

3. "RBS 경제학자들이 전한다, 주가 대폭락이 오기 전에 전부 팔아라!", 닉 플레처Nick Fletcher, 〈가디언〉, 2016년 1월 12일

4. "우리 세대 최악의 증시 붕괴가 오고 있다", 크리스 매튜스Chris Matthews, 〈포춘Fortune〉, 2016년 1월 13일

5. "약세장의 전형적인 징후가 나타나고 있다", 아만다 디아즈Amanda Diaz, CNBC, 2016년 1월 20일

6. "최초의 대폭락이 눈앞에 있다", 해리 덴트Harry Dent, 〈이코노미 앤드 마켓Economy & Markets〉, 2016년 3월 14일

7. "새로운 글로벌 금융 위기가 이미 시작됐다는 명백한 증거", 마이클 T. 스나이더Michael T. Snyder, 〈시킹알파Seeking Alpha〉, 2016년 6월 17일

8. "시티그룹이 11월에 거둔 대승리가 글로벌 경기침체를 초래할 수도", 루크 카와Luke Kawa, 〈블룸버그Bloomsberg〉, 2016년 8월 25일

9. "2016년의 두 번째 조정장으로 한 발짝 더 가까이", 마이클 A. 게이드Michael A. Gayed, 〈마켓와치Marketwach〉, 2016년 9월 7일

10. "2016년 증시 폭락의 원인", 〈머니모닝Money Morning〉, 2016년 9월 26일

11. "경제학자들, 트럼프가 당선되면 증시가 추락할 것", 벤 화이트Ben White, 〈폴리

티코Politico〉, 2016년 9월 26일

12. "끝없는 세계 불황을 보게 될 것이다", 폴 프루그먼Paul Krugman, 〈뉴욕타임스〉, 2016년 11월 8일

13. "경제학자 해리 덴트가 '일생일대의' 증시폭락 예측, 다우지수 17,000포인트까지 추락할 수 있어", 스테파니 랜드먼Stephanie Landman, CNBC.com, 2016년 12월 10일

14. "지금 이 주식을 팔 때인지 모른다", 로렌스 코틀리코프Laurence Kotlikoff, 〈시애틀 타임스Seattle Times〉, 2017년 2월 18일

15. "곧 다가올 조정장에서 포트폴리오를 보호하는 4단계", 존 퍼시노스John Persinos, 〈스트리트Street〉, 2017년 2월 18일

16. "미국 주식시장 조정이 경기 침체를 초래할 수 있다", 알레산드로 브루노Alessandro Bruno, 〈롬바르디 레터Lombardi Letter〉, 2017년 3월 1일

17. "2017년 증시붕괴를 가리키는 세 가지 중요 지표", 마이클 롬바르디Michael Lombardi, 〈롬바르디 레터〉, 2017년 3월 28일

18. "경제학자 해리 덴트의 심각한 경고: 다우지수가 6,000포인트까지 급락하는 끔찍한 시나리오의 시작", 로라 클린턴Laura Clinton, 〈이코노미 앤드 마켓〉 2017년 3월 30일

19. "2017년에 증시붕괴가 발생할 가능성이 생각보다 큰 이유", 머니모닝, 2017년 6월 2일

20. "우리 시대 최악의 대폭락이 온다", 짐 로저스Jim Rogers, 해리 블로젯Harry Blodget과의 인터뷰, 〈비즈니스 인사이더Business Insider〉, 2017년 6월 9일

21. "닥터 둠 마크 파버의 경고, 40% 주가 폭락으로 '아주 나쁘게' 끝날 것이다", 스테파니 랜드먼, CNBC, 2017년 6월 24일

22. "늦여름 또는 초가을에 조정장이 발생할 3가지 이유", 하워드 골드Haward Gold, 〈마켓와치〉, 2017년 8월 4일

23. "주식시장이 심하게 조정될 것이다", 마크 잰디Mark Zandi, 〈포춘〉, 2017년 8월 10일

24. "두 달 뒤에 올 시장 조정에 대비하라", 실비아 아마로Silvia Amaro, CNBC, 2017년 9월 5일

25. "10월에 주가가 폭락할 수 있는 네 가지 이유", 데이비드 요 윌리엄스David Yoe Williams, 〈스트리트〉, 2017년 10월 2일

26. "주식시장 폭락 경고: 블랙먼데이가 다시 온다", 라나 클레먼츠Lana Clements, 〈익스프레스Express〉, 2017년 10월 7일

27. "모건 스탠리: 주식시장 조정 가능성이 '더 높아 보인다'", 조 치올리Joe Ciolli, 〈비즈니스 인사이더〉, 2017년 10월 17일

28. "뱅가드 그룹, 미국 주식시장이 조정될 가능성 70%", 에릭 로젠바움Eric Rosenbaum, CNBC, 2017년 11월 29일

29. "조정장이 임박했다", 아틀라스 인베스터Atlas Investor, 〈시킹알파〉, 2017년 12월 9일

[8-6] S&P 500 연중하락 대비 연도별 투자 수익

평균 연중 하락률 13.9%에도 불구하고 연간 수익률은 39년 중 29년 동안 긍정적이었다.

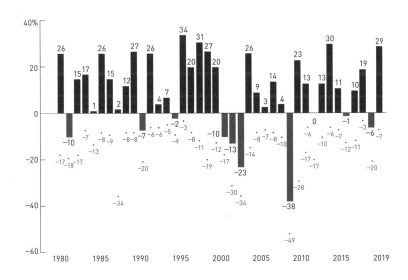

핵심이 뭐냐고? 조정장은 늘 발생하며, 대부분 약세장으로 진입하지 않고, 역사적으로 주식시장은 거의 항상 시장 조정을 극복하고 회복세로 돌아섰다. 그러니 당황하지 마라. 투자를 그만두지도 마라.

약세장은 반드시 회복한다

주가가 20% 떨어진다고 상상하는 것만으로도 불안한 사람은 주식 투자를 하면 안 된다.

– 존 보글

약세장은 조정장만큼 자주 발생하지는 않지만 역시 늘 일어나는 일이다. 약세장은 주가가 고점에서 20% 이상 하락했을 때를 가리키며, 대개 3~5년마다 발생한다. 1900년부터 지금까지 약 35번의 약세장이 있었고 1946년 이후로는 15번밖에 발생하지 않았다.[52]

가장 최근에 발생한 4번의 약세장은 테러 공격과 경제 붕괴, 유럽 채무 위기, 약 10년마다 일어나는 석유파동[53], 그리고 전 세계적인 팬

---

52 '좋았던 옛 시절'에는 시장이 안정적이었다고 떠드는 사람들은 사실 역사를 잘 모른다. 마치 난방시설과 냉방시설, 하수도와 전화기, 인터넷, 건강보험이 없었던 좋았던 옛 시절로 돌아가자고 말하는 것과 똑같다.

53 한동안은 모두가 유가가 너무 낮다고 투덜거리다가 그다음에는 또 한동안 너무 높다고 투덜대게 된다.

데믹을 포함한 다양한 위기와 관련이 있었다. 약세장의 평균 하락률은 33%이며, 3분의 1 이상 40%가 넘게 폭락했다. 약세장은 평균적으로 약 1년간 지속되고 어떤 경우든 8~24개월 동안 유지되었다. 약세장은 자주 발생한다. 하지만 그만큼 언젠가는 반드시 회복된다!

시장 하락의 원인은 같지만 또 다르다

투자 세계에서 가장 위험한 말은 '이번에는 다를 거야'이다.

− 존 템플턴 John Templeton

모든 약세장이 결국에는 강세장으로 바뀐다는 것을 알면서도 사람들은 어째서 공황에 빠져 주식을 현금으로 바꾸는 걸까? 그 이유는 약세장이 시장의 기본 가치 fundamental 에 즉각적이고 극적인 충격을 일으키는 사건에 의해 발생하지만, 그럼에도 사건들 자체는 동일하지 않기 때문이다. 자유시장 경제가 움직이는 것은 '공급자'가 상품과 서비스를 자유롭게 이동시켜 그것을 필요로 하는 사람들의 '수요'를 만족시키기 때문이다. 이 두 가지 힘이 균형을 이룰 때 시장은 '평형 상태'를 유지한다.[54] 그리고 이 두 가지 힘이 주가를 결정하고 전 세계에

54　자, 이게 바로 세상에서 제일 단순한 경제학 강의 되시겠다.

서 사고파는 거의 모든 재화의 가격을 결정한다.

약세장이 되면 이런 정상적인 시장 원리가 흔들리게 된다. 예를 들어 9·11 테러가 발생했을 때 주가는 급격히 추락했는데, 수요에 혼란이 발생했기 때문이다. 하락세가 주춤하기까지 S&P 500는 44%까지 급락했고 나스닥은 78%나 가치를 상실했다.

[8-7] 약세장은 얼마나 자주, 오래, 심각하게 발생하는가?

연도	지속 기간(일)	S&P 500 하락폭(%)
1946~1947	353	−23.2%
1956~1957	564	−19.4%
1961~1962	195	−27.1%
1966	240	−25.2%
1968~1970	543	−35.9%
1973~1974	694	−45.1%
1976~1978	525	−26.6%
1981~1982	472	−24.1%
1987	101	−33.5%
1990	87	−21.2%
1998	45	−19.3%
2000~2001	546	−36.8%
2002	200	−32.0%
2007~2009	515	−57.6%

테러 공격이 발발한 후에도 공장과 비즈니스, 그리고 서비스는 여전히 전 세계에서 돌아가고 있었다. 중요한 것은 공급 부족이 아니었다. 문제는 사람들이 전부 집에 틀어박혀서 경제를 돌아가게 하는 일을 하지 않으려고 했다는 데 있었다. 가령 물건을 구입하고 소비하는 행위 말이다. 미국인들은 또 다시 테러 공격이 있지는 않을지, 정부가 예방 조치를 취하지 못하지는 않을지, 안전하다는 느낌을 받을 수 있게 되기까지 얼마나 걸릴지 궁금해했다. 시간이 지나자 사람들은 점차 정상적인 생활로 돌아가기 시작했고, 수요가 발발했다. 증시가 회복되어 새로운 고점을 향해 움직이기 시작했다.

2008년과 2009년 금융 위기 때는 이와 정반대였다. 무슨 일이 있었는지는 다들 대충 알고 있을 거다. 대형 은행들이 무분별하게 투자자들의 자금을 사용했고 뒤이어 공급 부족으로 금융 시스템이 마비되었다. 그러자 대출 시장이 얼어붙었다. 아무도 융자를 얻을 수 없었고 아무것도 할 수가 없었다. 자금 공급이 중단되자 사업체들이 비틀거리기 시작했고 모든 재화의 공급이 위축되었다. 동시에 미국인들은 예전보다 가난해졌다는 느낌의 공포에 잠식되었다. 이 두 요소의 결합은 다시 안전하다는 느낌을 받게 되기까지 소비를 꺼리게 만들었다. 2009년 3월 9일에 증시가 바닥을 쳤을 때는 고점에 비해 53%나 하락해 있었다. 결과적으로 이 위기는 연방 정부가 개입해 은행을 지원함으로써(공급 관리) 해결되었다. 정부는 소비자들을 위해 감세 조치를 단행하고 대출 비용을 낮추는 등 금융적으로 여러 인센티브를 제공했다. 이와 더불어 기타 다양한 정책들이 시행되면서 마침내 시스템이 안정되자 개인들이 돈을 쓰기 시작했다(수요 관리). 시간이 지나자 사람들은 정상적인 생활로 돌아왔고, 증시가 회복되었고, 다시 새로운 고점을 향해 움직이기 시작했다.

2020년 1월 초반에 세계는 새로운 바이러스의 존재를 알게 되었다. 이후 코비드19라고 명명된 이 유행병은 폐렴의 일종처럼 보였으나 전파력이 매우 높을 뿐만 아니라 짧은 시간 내 사망에 이르게 할 수 있었다. 몇 달도 되지 않아 사망자가 속출했다. 전 세계에서 40만 명 이상이 감염되었고 2만 명 이상이 사망했다. 매일같이 늘어나는 확진자와 사망자, 사업체들의 파산과 부도, 셧다운 등의 소식이 밀려오면서 한 달도 안 돼 전 세계 증시가 30% 이상 추락했다.

이 경우에 증시는 공급과 수요 양쪽에 모두 반응한 것이다. 봉쇄 조치가 시작되기 전에도 사람들은 감염 위험을 피하기 위해 집에서 시간을 보내고 극장과 쇼핑몰, 스포츠 경기 같은 대중이 밀집된 장소를 피했다. 상품과 서비스에 대한 수요가 추락했다. 공장과 가게들은 질병 확산 통제를 지원하기 위해 문을 닫았다. 여행이 제한되면서 항공기와 크루즈, 호텔과 놀이동산 등이 운영을 중단했다. 상품과 서비스의 공급 또한 하락했다. 팬데믹 기간이 길어지면서 이러한 혼란이 얼마나 오래 지속되고 이를 회복하는 데는 또 얼마나 걸릴지에 대한 불확실성 때문에 주가가 추가로 하락했다.

이와 동시에 우리는 뭔가 다른 상황들을 목격하기 시작했다. 정부가 시장 경제를 지원하기 위해 새로운 접근법을 취하기 시작한 것이다. 개인들은 거리두기를 유지하며 필수적인 서비스를 제공했다. 의학계와 의료진이 치료제와 치료법을 개발하고 개선하기 시작하면서 사태가 나아질 전망이 조금씩 보이기 시작했다. 서서히 그러나 확실하게, 과거의 강세장과 미래의 번영 사이에 '다리'가 건설되고 있었다.

주식시장의 역사를 아는 사람들은 이런 순환고리를 이해할 것이다. 우리는 과거 다른 약세장에서도 이런 일들을 수없이 겪었다. 대폭락을 겪은 적이 있는 우리는 공포와 불안감이 불꽃처럼 폭발해 번져나갔다가 다시 회복하고 한층 더 높은 고점에 자리를 내어주는 과정을 아직도 생생하게 기억한다.

약세장을 초래하는 주가 폭락이 언제나 서로 다른 사건으로 인해 발생하기 때문에, 투자자들은 "이번에는 다를 거야."라고 말하며 공황에 빠진다. 약세장 뒤에 있는 이야기들은 모두 제각각일지라도(기술주 거품, 테러 공격과 전쟁, 유동성 위기, 그리고 글로벌 팬데믹) 결과는 늘 똑같다. 경제는 항상 앞으로 나아갈 길을 찾아낼 것이다.

다음번에 약세장을 맞닥뜨리거든 지난 80년 동안 지나온 길을 떠올리기 바란다. 제2차 세계대전(1940년대), 베트남전(1960~1970년대), 하이퍼 인플레이션(1970~1980년대), 석유 파동(1970~1980년대), 부동산 붕괴 및 은행 파산(1980년대), 신흥시장 위기(1980년대), 이른바 '순간 폭락 flash crash'(1987년), 아시아 금융 위기(1990년대), 기술주 거품 붕괴(2000년), 9·11 테러와 뒤이은 아프가니스탄과 이라크 전쟁(2001년), 그리고 유동성 위기(2008년)에 이르기까지 그 파란만장한 역사를 말이다.

우리 경제가 이 모든 사태를 이겨내고 살아남았다면 다음 번 약세장도 견뎌낼 수 있을 것이다. 더구나 이것들은 전부 개중에서 가장 극적인 사례들이다. 시장에는 헤아릴 수 없는 수많은 작은 위기들이 발생하고, 미국의 신용 강등이나 예산 논의, 선거, 그날의 뉴스에 보도되는 별별 사건들이 소위 예측가들이 약세장을 예측하도록 조장한다. 2018년 12월에 미국 증시는 중국과의 관세 협상 중단과 금리 인상에 관한 우려로 고점에서 19.8% 하락해 거의 약세장에 진입할 뻔했다.

약세장이 불가피한 것은 사실이나 예측할 수 있는 일은 아니다. 조정장과 마찬가지로 언제 약세장이 올지 지속적·반복적으로 예측할 수 있는 사람은 없다.

약세장을 유리하게 활용하려면 시장에서 빠져나오고 다시 들어가야 할 타이밍을 알고 무엇보다 이를 반복할 수 있어야 한다. 이렇게 할 수 있는 사람을 찾고 싶다면, 행운을 빈다. 왜냐하면 그런 사람은 존재하지 않기 때문이다. 그런 사람은 도시전설이다. 당신은 그런 사람이 존재한다고 믿고 싶고 한동안은 정말로 믿을지도 모른다. 그러다 정보와 지식이 어느 정도 쌓이다 보면 그런 사람이 존재할 수 없다는 것을 알게 되는데, 그래도 인정할 수가 없을 것이다. 그리곤 마침내 사실을 시인하고 받아들이게 될 것이다. 당신이 절실히 찾고 있는 바로 그 사람인 척하면서 주변을 어슬렁거리는 수많은 이들은 아무 도움도 되지 않는다.

당신의 머릿속 생각이 들리는 것 같다. "하지만 지난번에 TV에 나왔던 (경제학자, 트레이더, 유명인)은 주가가 붕괴할 거라는 걸 예측했다던데?" 이런 사람들의 문제는 언제나 암울한 미래를 예견한다는 것이다. 이들도 적중하기는 한다. 고장난 시계가 하루 두 번은 맞아 떨어지는 것처럼 말이다. 안타까운 일이지만 TV에 출연해 마켓 타이밍이 중요하다고 말하는 자칭 전문가들보다도 차라리 고장 난 시계가 적중률이 높을 거다.*

투자를 포기한 사람들은 바보가 된다

> 주식시장에 뛰어들 때와 빠져나올 때 종이 울린다는 생각은 터무니없다. 나는 그런 일을 성공적으로, 지속적으로 해내는 사람을 한 번도 본 적이 없다. 그런 사람을 안다는 사람도 한 명도 보지 못했다.
>
> — 존 보글

이쯤이면 주식시장에 드나들 때를 꾸준히 성공적으로 예측하는 것이 불가능하다는 사실을 이해했으리라 믿는다. 하지만 이렇게 생각하는 사람도 있을 법하다. "적어도 상황이 진정될 때까지만 현금을 갖고 있다가 금방 들어가면 놓치는 것도 별로 없고 괜찮지 않을까." 하지만 이 방법은 통하지 않는다! 아무도 내일부터 주가가 오를 거라

• 국내에서도 "비관론자는 명성을 얻지만 돈을 벌지 못한다."는 투자 격언이 있다. 특히, 2020년 3월 코로나19에 따른 주가 폭락 이후 비관론자들은 지속적으로 시장을 어둡게 예측했지만 시장은 정반대로 움직였다. 이에 다수의 비관론자들이 시장에서 퇴출되는 상황도 발생했다.

[8-8] 약세장에서 강세장으로

날짜	12개월 후 (S&P 500)
1949년 6월 13일	42.07%
1957년 10월 22일	31.02%
1962년 6월 26일	32.66%
1970년 5월 26일	43.73%
1974년 10월 3일	37.96%
1982년 8월 12일	59.40%
1987년 12월 4일	22.40%
2001년 9월 21일	−12.50%
2002년 7월 23일	17.94%
2009년 3월 9일	69.49%

고 이메일을 보내주지 않을 테니까. 주가는 그저 조금씩 상승과 하락을 반복하다가 어느 날 갑자기 로켓처럼 치솟아 순식간에 가치를 회복할 것이다(마켓 타이밍 신봉자들에게는 먼지구름만 남기고). [8-8]이 이를 명백하게 보여준다.

주가는 변동하기 마련이다

우리의 버티기 전략은 주식시장이 활발하게 거래하는 사람의 돈을 인내심 있는 사람에게로 이동시키는 재분배 센터라는 사고방식을 반영한다.

– 워런 버핏

때로 증시는 약세장은커녕 조정장도 없이 1년 넘게 안정적인 상태를 유지하기도 한다. 가끔은 연말에 기분 좋은 수익을 안겨주고, 돌이켜보면 모든 일이 간단했던 것처럼 느껴질 수도 있다. 하지만 이건 매우 드문 경우다. 1980년 이래 주식시장은 해년마다 평균 13.9%의 하락을 겪으면서도 39년 중에 29년 동안 플러스 수익률로 마감했다. 지독하게 변덕스럽다! 주가는 평소에 엄청난 폭으로 오가기 때문에 거기 익숙해지는 게 좋다. 그저 인정하고, 받아들이고, 즐겨라![55]

앞에서 계속 말했지만, 약세장은 아주 흔히 발생한다. 만약 당신이 지금 쉰다섯 살이라면, 앞으로 일고여덟 번은 약세장을 겪게 될 것이다. 그때마다 벌벌 떨 것인가? 주식시장을 들락날락거릴 것인가? 아니, 그러면 안 된다. 당신도 그래서는 안 된다는 것을 알고 있지 않은가! 증시는 항상 회복되며 약세장은 항상 강세장으로 전환된다. 그런데도 왜 그렇게 많은 투자자들이 공황에 빠지는 것일까? 왜냐하면 대부분의 사람들은 합리적인 사고를 바탕으로 한 이성적인 판단이 아닌 감정을 토대로 투자 결정을 내리기 때문이다.

---

55 약세장과 조정장이 하느님이 예쁘게 포장해 현관 앞에 살포시 놓고 간 선물이라는 생각이 들기 시작한다면 당신은 이제 숙련된 투자자다.

시장은 언제나 내일을 바라본다

소비자 신뢰지수 조사는 "쓸모없다."

— 딘 크로쇼레Dean Croushore, 리치먼드 대학

약세장이 오면 경제 논설가들은 '소비자 신뢰지수'에 대해 떠들기 시작한다. 경제의 상당 부분이 소비자들의 소비에 의해 움직이기 때문이다. 경제를 신뢰하지 않는 소비자들은 지갑을 열지 않는다. 소비자들이 돈을 쓰지 않으면 기업들은 돈을 벌 수가 없다. 기업들이 돈을 벌지 못하면 주가는 회복되지 않는다. 이런 사고의 흐름은 일견 일리 있게 느껴지지만 한 가지 중요한 사실을 간과하고 있다.

시장은 오늘을 보지 않는다. 시장은 '언제나' 내일을 본다. 시장 중심적인 관점에서 오늘의 경제와 소비자의 심정보다 더 중요한 것은 미래에 대한 전망이다. 강세장은 투자자들이 미래에 대해 '최고로' 암

[8-9] 신뢰와 확신이 필요한 건 누구인가?

소비자 신뢰 지수 〈 60%	12개월 후(S&P 500)
1974	+37%
1980	+32%
1990	+30%
2008	+60%
2011	+15%

울하게 느낄 때 고개를 들기 시작한다. [8-9]를 보면 소비자 신뢰지수가 60% 이하를 기록하고 12개월 뒤에 주식시장이 어떻게 반응했는지 알 수 있다.

자산 배치를 꾸준히 유지하라

> 너 자신을 알라.
>
> – 소크라테스

내게는 세 자녀가 있다. 아이들을 데리고 놀이동산에 갈 때마다 아이들은 다양한 롤러코스터를 놓고 이것저것 따져본다. 어떤 것은 막내도 재미없다고 느낄 정도고 어떤 것들은 손위 아이들을 흥분하게 만든다.

옛날에는 아이들이 타고 싶다는 것을 무작정 따라 타곤 했다. 하지만 요즘에는 자주 후회한다. 특히 굼벵이처럼 느릿느릿한 속도로 까마득한 높이까지 올라갔다가 갑자기 뚝 떨어져서 속이 뒤집히게 만드는 기구를 탈 때는 더욱 그렇다. 하지만 그럴 때조차도 나는 무서운 속도로 추락하는 기구 앞에서 벌떡 일어나는 건 좋지 않은 결정이라는 걸 명심하려고 노력한다. 어쨌든 손잡이를 꽉 잡고 끝까지 버텨내면 터널 끝에 무사히 다다를 수 있을 테니까 말이다.

투자도 마찬가지다.

채권시장은 레고랜드Legoland에 있는 유아용 코스터와 같다. 완만해서 거의 누구나 탈 수 있다. 주식시장은 식스 플래그Six Flag 놀이동산에 있는 대형 롤러코스터와 비슷하다. 신나고 스릴 있고 빙글빙글 회전하거나 휘어지는 구간도 많다. 부동산 시장은 디즈니랜드에 있는 스페이스 마운틴Space Mountain이다. 깜깜한 어둠 속을 쏜살같이 내달린다. 상품 시장은 천천히 올라가다가 갑자기 뚝 급강하하는 놀이기구와 비슷하다. 전부 속도도 안정성도 제각각이다. 어떤 사람은 불안한 놀이기구를 가장 스릴 넘친다고 느낄 것이고 어떤 이들은 속이 울렁거린다고 할 것이다. 하지만 어떤 기구를 타든 대부분은 안정적인 결말에 이른다. 심지어 자신이 뭘 타고 있는지 잘 모르는 승객들도 그렇다.

당신이 어떤 롤러코스터를 제일 좋아하는지 평가하기에 가장 좋은 시점은 바닥에 있을 때다(즉 시장이 비교적 안정적일 때). 어쨌든 놀이기구가 출발한 뒤보다 그 전에 결정을 내리는 편이 훨씬 쉽다. 그리고 시기를 놓치더라도 탈것은 곧 다시 출발한다.

말이야 쉽지만 막상 행동하기는 어렵다. 나도 아들과 같이 롤러코스터를 탔다가 다시는 그런 짓을 하지 않겠다고 결심했지만, 다음에 놀이동산에 갔을 때는 지난번에 얼마나 고생했는지는 까맣게 잊어버리고 또 다시 발밑이 푹 꺼지는 것 같은 그 기구를 타겠다고 말했다.

현명한 투자자는 취향에 맞춰 롤러코스터를 고른다. 다양한 시장의 투자 상품을 골고루 조합해 단기, 중기, 장기적 목표에 적합한 포트폴리오를 구성한다. 포트폴리오는 투자자의 특정한 목표에 따라 변동성을 내포할 수밖에 없고 롤러코스터처럼 몇 번이고 고비를 맞이하겠지만, 이는 감당할 수 있는 범위 내로 제한되어야 한다. 최고의 포트폴리오는 변동성은 최대한 낮추고 의도한 목표를 달성할 수 있어야 한다. 포트폴리오의 변동성이 당신이 감당할 수 있는 한계를 능가한다면 목표나 저축 계획을 조정해야 한다.

/ 마켓 타이밍의 위험을 과소평가하지 마라 /

나는 주식으로 돈을 벌려고 하지 않는다. 나는 다음날 주식시장이 폐쇄되고 향후 5년 동안 다시 열리지 않을 거라는 가정 하에 주식을 산다.

– 워런 버핏

이제는 마켓 타이밍이 얼마나 비효율적인지 깨달았을 것이다. 어쩌면 당신은 이렇게 생각할지도 모른다. '하지만 그게 그렇게 큰 문제인가? 안전하게 현금을 쥐고 있는 대신에 돈을 조금 덜 벌게 되는 것 정도는 괜찮지 않을까?' 이는 증시가 하락할 때에 시장에 남아 있는 사람들이 가장 많이 듣는 항변이다. 하지만 대답은 간단하다. 주식시장에서 빠져나옴으로써 겪는 위험은 시장에 남아 있을 때 감수해야 하는 위험보다 '훨씬' 크다.

유산이나 보너스처럼 큰돈이 들어왔다고 치자. 당신은 지금 투자할 것인지 아니면 시장에 돈을 맡겨도 안심할 수 있는 무작위적이고 계측 불가능한 어느 시점까지 기다렸다가 투자할 것인지 고민 중이다. 만일 당신이 지금 투자한다면 도출 가능한 결과는 세 가지다. 증시가 오르든가(더할 나위 없이 좋다), 안정적으로 유지되든가(배당금을 받는 사람에게는 나쁘지 않다), 하락할 것이다(물론 이럴 수도 있다. 하지만 영원히 계속되진 않을 것이다).

시장이 하락한다면 두 가지를 명심해야 한다. 첫째, 당신은 여전히 배당소득을 받을 것이다. 둘째, 주가는 언젠가 회복될 것이다. 돈을 투자한다고 해서 잃을 것은 없다. 주가 하락은 늘 일시적이며 장기 투자자에게는 어차피 별로 중요한 일도 아니다. 하지만 계속 현금으로 놔둔다면? 역시 세 가지 가능성이 존재하지만 그 결과는 전부 다르다.

- 증시가 상승한다(당신이 놓친 기회와 수익을 생각해보라!).
- 안정적으로 유지된다(저축 계좌에 붙은 0.06% 이자가 얼마나 되지?).
- 증시가 하락한다(평소에도 투자하는 것을 두려워했는데, 그런 당신이 과연 주가가 하락하는 이때를 좋은 기회로 볼까? 솔직해져보자. 우리는 그 대답이 "노!"라는 걸 알고 있다).

대부분의 사람들이 간과하는 사실은 주가가 상승하고 있을 때 현금을 보유한 사람은 이익을 현실화할 기회를 '영원히' 잃었다는 것이다. 물론 주가는 언젠가 다시 떨어진다. 하지만 과연 기존의 최저점으로 다시 돌아갈까? 그럴 수도 있고 그렇지 않을 수도 있다. 주가가 기존 수준으로 하락하지 않는다면 현금화한 투자자들은 놓친 수익을 다시는 회복할 수 없다.

2008년에 겁을 집어먹고 투자 시장에서 뛰쳐나간 사람들에게 물어보라. 그다음 해 증시가 얼마나 폭발했던가. 투자에서 손을 뗀다는 것은 대개 위로 상승할 기회를 '영원히' 놓친다는 의미다. 반대로 지금 투자하는 개인들은 발생 가능한 최악의 일이라고 해봤자 주가가 '일시적'으로 하락하는 것뿐이다. 이는 엄청난 차이다.

나는 완벽하다는 환상[56]

> 나쁜 시점에 '빠져나갔다'가 좋은 시점에 '들어올' 수 있는 것은 거짓말쟁이뿐이다.
> ─ 버나드 바루크Bernard Baruch

어떤 사람들은 모든 증거가 반대쪽을 가리키는데도 자기가 '완벽한 사람'이라고 생각한다. 완벽한 타이밍에 주식시장에서 빠져나올 수 있고 앞서 말한 모든 데이터가 자신에게는 적용되지 않는다고 믿는다. 이런 조건 하에서 완벽하게 투자할 수 있다고 말하는 사람들

56　　엄마가 한 말을 전부 다 믿으면 안 된다.

을 시험하기 위해, 슈왑 금융연구센터 Schuwab Center for Financial Research 는 20년 간 매년 20,000달러의 현금을 투자하는 투자자가 사용할 수 있는 다섯 가지 전략의 결과를 평가했다.

- 전부 현금으로 저축한다.
- 현금이 생길 때마다 전부 투자한다.
- 현금을 매달 같은 금액으로 나눠 '정액적립 Dollar-cost-average '[57] 형태로 주식에 투자한다.
- 전액을 매년 의도치 않게 '최악의 날'에 투자한다(연중 최고점을 기록한 날에 주식 매입).
- 운 좋게도 전액을 매년 '최적의 날'에 투자한다(이게 바로 주가가 '정확히' 최저점에 이를 때까지 기다렸다가 가진 돈을 전부 투자하는 '완벽한' 당신이다).

결과는 가히 충격적이었다. 시장의 타이밍을 '완벽하게' 예상한 투자자가 87,004달러를 벌었다면 현금이 생길 때마다 즉시 투자한 사람은 2위로 81,650달러를 벌었다. 그러므로 앞으로 20년간 완벽한 날만 골라 투자할 수 없다면 지금 즉시 투자하는 쪽이 합리적인 선택이다. 완벽한 타이밍과 즉시 투자의 차이인 6,000달러는 거의 무시

---

57   정액적립식 투자는 문자 그대로 일정 금액을 지속적으로 꾸준히 투자하는 것이다.

해도 될 수준이다. 게다가 최악의 시점에 투자한 사람도 아예 투자를 하지 않은 사람보다 21,000달러를 더 벌었다. 다시 한번 강조하는데, 시장에 머무르는 편이 아예 투자를 하지 않는 것보다 훨씬 낫다!

[8-10] 마켓 타이밍은 습관보다도 효력이 낮다

수익 결과(1993~2012)

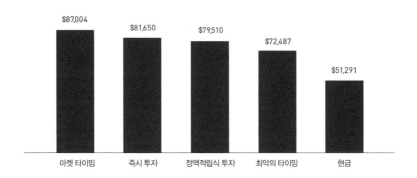

하늘을 나는 법을 배우려면

나는 나는 방법을 배우고 있어. 하지만 날개가 없지.

— 톰 페티Tom Petty

새끼 새는 둥지를 떠날 때가 되면 폴짝 뛰어내리며 날갯짓을 한다. 많은 투자자들도 그렇게 시도했다가 바닥에 추락했고, 둥지로 돌아가 다시 뛰어내릴 날을 고대하며 시기를 쟀다.

역사적으로 주식시장이 사람들에게서 돈을 빼앗아간 적은 한 번도 없다. 투자에 대해 아무것도 모르는 사람이라도 S&P 500 주식을 사서 10년, 20년, 30년간 묵혀두면 큰 수익을 올릴 수 있었다. 그러나 시장에서 많은 돈이 사라진 것도 사실이다. 주로 포트폴리오를 구성할 때 실수를 했거나 마켓 타이밍을 이용하는 재무자문가를 고용했거나, 종목을 잘못 선택했기 때문이다. 또한 현금을 소지한 채 투자에 손대지 않은 사람들은 이론적으로 더 큰 손해를 봤다. 역사상 어떤 시점에서든 주식 투자를 한 투자자는 현금을 고수한 사람보다 더 많은 돈을 보유하게 되었을 것이다. 이른바 가장 불운한 투자자들의 실적을 살펴보자.

1987년 금융 시장이 붕괴하기 직전에 투자한 사람	S&P 500 334포인트
1990년대 초반 경기침체 직전에 투자한 사람	S&P 500 363포인트
9·11 테러 직전에 투자한 사람	S&P 500 1,096포인트
2007년 주가가 고점을 기록한 날 투자한 사람	S&P 500 1,526포인트

아무리 '불운한' 시기에 투자를 한 사람이라도 둥지에 머무르며 뛰어내릴 '적절한' 타이밍을 재던 새들보다는 나은 성과를 올렸다.' 이 책을 쓰는 지금 S&P 500은 2,830포인트이고, 여기에 배당금은 포함하지도 않았다. 배당금은 현재 평균 2%로, 2007년 이래 거의 460포인트가 추가된 것과 맞먹는다. 심지어 최악의 타이밍에 시장에 합류

한 투자자들조차도 현금을 쥐고 상황이 '안정되길' 기다리는 투자자들보다 앞서 있다.

사람들은 '주가 사상 최고치 달성' 같은 헤드라인을 보면 겁을 집어먹는다. 물론 그럴 수도 있지만 이는 '항상 일어나는 일'이다. 이런 상황이 무서워 시장에 참여하지 못한다면 당신은 평생 투자에 편안함을 느끼지 못할 확률이 크다.

이런 주장에 대한 가장 흔히 듣는 대답은 조정장이나 증시 붕괴가 일어난 직후에 투자를 시작하는 게 낫다는 것이다. 그러나 그런 일이 언제 발생할지는 아무도 모르고, 더욱 중요한 사실은 그런 일이 일어나기 전에 증시가 얼마나 상승할지 역시 아무도 모른다는 것이다. 다우존스지수가 25,000에서 26,000으로 상승했다가 다시 25,000으로 떨어지는 동안 현금을 갖고 있었다면 배당금을 탈 기회를 잃은 것이다! 게다가 25,000포인트에서 불안감을 느끼는 투자자가 과연 23,000포인트에서는 환상적이라고 느낄까? 상황이 지나치게 좋다는 데 불안해하는 사람이라면 시장 상황이 좋지 않을 때에도 별로 기뻐하지 않을 것이다.

오늘 어떤 위기가 발생하든 시장은 언제나 살 길을 찾고 계속 나아간다. 지금까지 그랬고, 앞으로도 그럴 것이다. [8-11]이 이를 간략하

• 다만, 이는 역설적으로 '중장기적으로' 버틸 여력이 있는 자금으로 투자하라는 뜻도 된다. 일정액의 생활비가 확보되지 못한다면 주가 급락 시기에 버티지 못하고 결국 손해를 보고 주식을 팔아야 하기 때문이다. "주식이란 여유 자금으로 10년 이상 꾸준히 해야 성공하는 겁니다." 국내 여의도 증권업계에서 오래전부터 내려오던 '투자비법'이다.

[8-11] 시장 변동성과 단기적인 시장

단기 시장 변동은 가장 참을성 있는 투자자에게도 극복하기 힘든 도전이 될 수 있다.
역사는 장기적인 안목을 제공하며, 시장 변동이 장기적인 수익을 위해
지불해야 할 대가에 지나지 않는다는 사실을 보여준다.

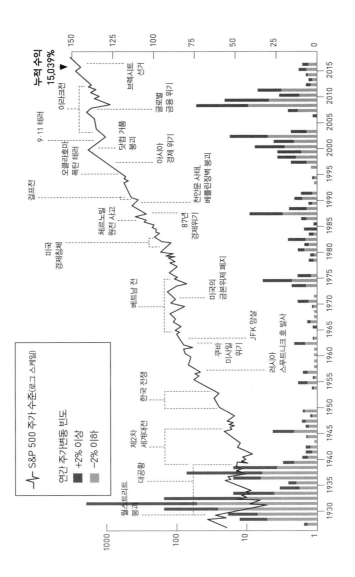

게 보여준다.

시장은 시장이 할 일을 할 것이다. 조정장과 약세장이 얼마나 자주 발생하는지 또 얼마나 정상적인 일인지, 그리고 어떤 투자전문가나 경제학자도 투자를 시작할 절호의 시기를 예측할 수 없다는 사실을 이해하는 것은 시장의 작동 원리를 이해하는 길로 가는 가장 큰 한 걸음이다. 숙련된 투자자에게 투자를 하기 가장 좋은 시기는 언제나 오늘이다. 어제 투자를 시작하는 건 불가능하기 때문이다.

자, 이제 당신은 날개가 되어줄 지식을 갖췄고, 드디어 시장과 함께 날아오를 준비를 마쳤다.

· · ·

제9장

정답은 전부
내 머릿속에 있다

_피터 멀록

투자자에게 가장 중요한 자질은 지성이 아니라 기질이다.

– 워런 버핏

사실 인간은 천성적으로 훌륭한 투자자가 되기 힘들다. 인간이 설
계된 방식이 그렇다. 변화를 경계하지만 동시에 충동적이며, 종종 사
실이 아니라 감정이나 직관에 근거해 결정을 내린다. 우리 모두에게
는 잘못된 길로 빠질 수 있는 편향적인 기질이 내재되어 있다. 당신이
미처 깨닫기도 전에 신중하게 계획한 여정이 절벽 끝에 도달해 있을
수도 있다! 그러므로 올바른 길을 따라가려면 자신이 어떤 편견과 편
향을 지니고 있는지 깨닫고 경계해야 한다.

투자에 열심인 사람들은 시장을 조사하고 마켓 타이밍이나 주식

선별에 관한 뉴스레터를 읽고 온라인 서비스에 가입하고 경제 뉴스를 꼬박꼬박 챙겨본다. 많은 정보를 알수록 더 똑똑해져 실수를 저지르지 않을 것이라고 믿는다. 그러나 이제 당신도 알겠지만, 투자 세계는 그런 식으로 작동하지 않는다. 무난한 지적 수준을 갖고 있고 이 책의 기본 원칙을 이해하기만 한다면 당신은 대다수 투자자보다 더 나은 성과를 올릴 수 있다. 가장 중요한 핵심은 바로 망치지 않는 것이다.

하지만 안타깝게도 일을 망치는 방법은 무수히 많다. 지금까지 우리는 투자에 도움이 되기보다 방해가 되는 전략들을 주로 살펴봤다. 가령 중개인을 고용한다거나 마켓 타이밍을 재려고 하는 일처럼 말이다. 그러나 감정적 실수만큼 투자자에게 재정적 피해를 끼치는 것은 없다. 그러므로 자신의 충동적 기질을 간파하고 실수를 저지르지 않게 늘 의식적으로 경계해야 한다. 그럼 시작해볼까.

두려움, 탐욕, 군중심리

다른 사람들이 욕심을 부릴 때 겁을 내고, 다른 사람들이 겁을 낼 때 욕심을 부려라.

–워런 버핏

2014년 인터뷰에서 전前 연준의장인 앨런 그린스펀은 그가 평생 일하면서 무엇을 깨닫게 되었는지 잠시 회상했는데, 흥미롭게도 금융에 대한 분석이 아니라 인간의 행동 양식에 대해 보고 느낀 바를 말해주었다.

"이를 악물고 단기적인 주가 하락을 무시하거나 나아가 장기적인 하향세마저 참아낸다면 괜찮은 결과를 얻게 될 겁니다. 가진 돈을 전부 주식에 투자한 다음, 집에 가서 포트폴리오는 쳐다보지도 않으면 시기를 재며 주식 거래를 할 때보다 훨씬 나은 성과를 얻을 수 있어요. 그건 두려움과 행복감 사이의 불균형적인 관계 때문입니다.[58] 가장 성공한 투자자, 최고의 투자자는 두려움과 행복감의 불균형적 편향이 서로 호환된다는 사실을 알고 있기 때문에 실패하지 않습니다. 거기에는 매우 중요한 안전성이 존재합니다. 동시에 그보다 훨씬 많은 쓰레기 통계와 분석, 주식 뉴스레터가 있어서는 안 될 수준으로 횡행하고 있죠. 몹시 황당하죠."

그린스펀은 거의 모든 소식이 잡음에 불과하며, 최고의 투자자는 다른 사람이 두려워할 때도 겁을 먹고 주식을 매각하지 않고 도리어 투자할 기회를 잡는다는 것을 배웠다고 말했다. 즉 기본적으로 두려움과 탐욕을 통제해야 한다고 믿고 있다. 군중심리에 말려들지 말고

---

58   그린스펀은 '탐욕' 대신 행복감이라는 단어를 사용하고 있지만 발상 자체는 똑같다.

감정을 다스릴 것, 그러면 모든 게 순조로울 테다. 한때 세상에서 가
장 강력한 지위를 누리던 사람에게서 나오는 말 치고는 대단히 인상
적이지 않은가.

[9-1] 다우존스산업평균지수

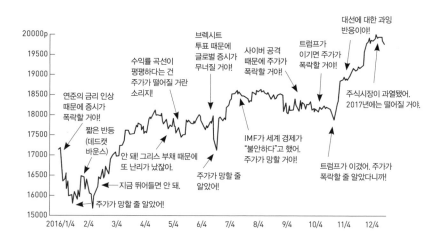

[9-1]은 한 해 동안 일어난 주식시장의 전형적인 움직임과 주가가
변동할 때마다 터져 나오는 다채로운 반응들을 보여준다. 어딘가 익
숙하게 느껴지지 않는가? 이런 반응들은 대체로 최악의 결정을 초래
하는 사람들의 두려움과 탐욕에서 비롯된다. 두려움과 탐욕은 삶에
서 가장 강력한(그리고 가장 추악한) 원동력 중 하나다. 평범한 일상생
활에 영향을 끼칠 뿐만 아니라 투자자들에게 재앙에 가까운 결과를
초래할 수 있다. 거물들은 이런 감정을 통제하는 법을 알지만 초보

투자자들은 자주 감정의 먹잇감이 되고, 언론과 경제 매체들은 이른바 '대가'들의 입을 빌려 이런 광증을 부추긴다. 두려움과 탐욕이 인간의 군중심리와 결합하면 대참사가 발생한다.

인간은 집단으로 움직이려는 본능 때문에 군중을 따르며, 합의라는 안정을 추구한다. 시장이 하락하면 언론 매체부터 주변 친구들에 이르기까지 온갖 목소리들이 "배를 버려!"라고 귓전에 속삭이고 우리의 본능은 ('두려움'이라는 거부할 수 없는 힘과 결합하여) 집단과 똑같이 행동해야 한다고 부추긴다. 반대로 시장이 활발해지면 머릿속 목소리들은 이번에는 "전부 걸어!"라고 외치고 우리의 집단 본능은 (역시 거부할 수 없는 '탐욕'이라는 힘과 결합하여) 다른 사람들에게 합류하라고 조장한다.

집단 행동을 하고자 하는 본능은 우리 조상들이 매머드를 사냥할 때는 효과적이었을지 몰라도 오늘날의 포트폴리오에는 대재앙이나 다름없다. 두려움은 투자자에게 추락하는 시장에서 도망치라고 부추기고 탐욕은 이미 고점에 올라선 주식을 사라고 속삭인다. '잘못된' 시점에 '잘못된' 방향으로 몰아가는 것이다. [9-2]에서 보다시피, 거의 모든 강세장과 약세장에서 발생하는 현상이다.

장기적으로 증시는 계속 상승하고 있으나, 투자자들은 두려움과 탐욕에 먹혀 결국 포트폴리오에 되돌릴 수 없는 손상을 입는다. 약세장이 되면 투자자들은 보통 순매도 포지션을 취하는데(사는 주식보다 파는 주식이 더 많은), 아무 짓도 하지 않고 가만히 있었다면 오히려 상당한 이익을 취할 수 있었을 것이다. 반대로 숙련된 투자자는 약세장

[9-2] 투자자의 현금 흐름

시점	날짜	가중치	지난 2년 동안의 투자자 현금 흐름 (단위: 백만)		주식시장 성과 (누계)	
			주식 펀드	채권 펀드	2년 전	2년 후
90년대 초반 강세장	1993년 1월 31일	34%	–	–	–	–
강세장 고점	2000년 3월 31일	62%	$393,225	$5,100	41%	−23%
약세장 저점	2003년 2월 28일	40%	$71,815	$221,475	−29%	53%
강세장 고점	2007년 10월 31일	62%	$424,193	$173,907	34%	−29%
약세장 저점	2009년 2월 28일	37%	−49,942	−83,921	−51%	94%

을 주식을 매수할 절호의 찬스로 인식하며 '재조정 기회'라고 부른다. 주가 하락은 포트폴리오에 원하는 자산을 상당한 할인가로 추가할 수 있는 기회를 제공하고, 따라서 투자자는 주가가 하락할 때 채권을 매각해 주식을 매수한다. 뒤이어 필연적으로 찾아올 회복기에 주가가 반등하면 포트폴리오의 가치는 크게 상승할 것이다.

이런 전략은 늘 결실을 맺는다. 다만 유일한 문제가 있다면 이익을 얻게 될 때까지 시간이 얼마나 걸릴지 모른다는 것이다. 워런 버핏은 다른 투자자들이 공황에 빠져 있는 동안 공격적으로 포트폴리오에 자산을 축적했다. "다른 사람들이 욕심을 부릴 때 겁을 내고, 다른 사람들이 겁을 낼 때 욕심을 부려라."는 그의 말은 공포와 탐욕, 그리고 군중심리의 함정을 피하고자 하는 이들에게 매우 유용한 조언

이다.[59]

행동경제학 기업인 마켓사이키 MarketPsych 의 공동창립자인 프랭크 머사 Frank Murtha 박사는 "투자는 스트레스를 주고, 그런 스트레스는 시장 상황이 불리해질 때 두려움에 기반하여 감정적 결정을 내리게 할 수 있다."고 말했다. 또한 두려움에 기반하여 내린 결정은 목표 달성에 방해가 되는데 왜냐하면 감정(재정적 필요가 아닌), 특히 '다시 통제력을 느끼고 싶다'는 욕구에 중점을 두고 있기 때문이다. 성공적인 투자를 하려면 재정적 결정을 내릴 때 반드시 감정을 배제할 줄 알아야 한다. 그래야 공황에 빠져 성급한 결정을 내리지 않고 시장의 변동성이 제공하는 기회를 활용할 수 있다. 시장 변동성은 파괴적인 힘이 아니라 성장을 위한 도구가 되어야 한다.

확증편향의 늪

확증편향은 우리의 가장 소중한 적이다. 우리의 의견과 감각, 이 모든 것은 제한된 마음이 이미 진실이라고 생각하는 것을 뒷받침하는 정보에만 주의를 기울이기 위해 수년 동안 선택적으로 고른 결과이다.

— 아이나 카트린스쿠 Ina Catrinescu

---

59 나는 버핏의 투자 조언은 따르되 다이어트 조언은 무시하는 게 낫다는 것을 깨달았다. 워런 버핏은 매일 아침식사로 맥도날드를 먹고 체리코크를 몇 잔씩 마시는 걸로 유명하다.

뉴욕에서 여러 고객들과 미팅을 마친 뒤, 나는 팀원들에게 저녁식사를 함께 하자고 제안했다. 그들은 한 스테이크 하우스를 열렬히 추천했다. 나는 그들에게 가긴 하겠지만 캔자스시티 출신이다 보니 스테이크와 바비큐는 즐길 만큼 즐겼다고 말했다. 하지만 그들은 뉴욕의 스테이크가 최고라고 끈질기게 주장했다. 우리는 한참 동안 입씨름을 했지만 결국, 그들이 추천한 스테이크 하우스로 가게 되었다. 웨이터가 온갖 부위의 쇠고기가 근사하게 진열된 카트를 끌고 왔다. 그는 한참 동안 각 부위를 정성들여 설명했고 마침내 스트립 스테이크에 도달했다.

　웨이터는 스트립 스테이크가 이 가게의 자랑이며, 따라서 다른 메뉴보다 각별히 추천한다고 말했다. 그리곤 대단히 유려하고 과장된 말투로 근사하게 끝맺음했다. "오늘 막 캔자스에서 도착한 거랍니다!" 아, 그게 바로 내가 듣고 싶은 말이었다. 캔자스시티야말로 최고의 스테이크가 있는 곳이라는 것 말이다. 하지만 동료들은 이것이야말로 무슨 분야가 됐든 최고는 결국 뉴욕으로 오게 된다는 증거라고 주장했다! 이게 바로 확증편향이라는 것이다.[60]

　'확증편향'은 자신의 선입견과 믿음을 확인하고 강화하는 정보만을 찾고 중요시하는 한편 믿음과 일치하지 않는 정보는 회피하거나 폄훼하는 경향을 가리킨다. 당신의 의견과 일치하지 않는 뉴스 채널

60　그리고 솔직히 말해 그건 정말 환상적인 캔자스 스트립 스테이크였다.

이나 웹사이트, 정치 프로그램을 얼마나 자주 보는가? 대부분의 사람들과 비슷하다면 이미 진실이라고 믿는 것을 확인하는 데만 상당한 시간을 투자하고 있을 것이다.

사람들은 모두 온갖 주제에 대해 (정부의 재정 정책에서부터 두루마리 화장지를 거는 바른 방법에 이르기까지)[61] 자신이 옳다고 생각하고 항상 그 믿음을 뒷받침할 것들을 찾는다. 우리의 두뇌는 이미 알고 있는(또는 안다고 생각하는) 것과 일치하지 않는 새로운 발상을 잘 받아들이지 못하며, 심리학자들은 이러한 현상을 '인지부조화'라고 부른다. 우리는 옛 믿음과 이미 일치하는 추가 정보를 훨씬 쉽게 수용한다. 물론, 고도로 지적인 사람들은 평범한 이들과 반대로 행동한다. 기존과 다른 관점을 찾고 스스로의 생각에 도전하며, 때때로 자신의 신념을 바꾸기도 한다. 숙련된 투자자도 마찬가지다.

투자자의 결정에 있어 확증편향이 매우 중요한 역할을 한다는 증거는 무수히 많다. 예를 들어 특정한 투자를 선호하는 투자자는 온라인 게시판 같은 여러 출처에서 자신의 선택을 뒷받침해주는 정보를 찾아다니길 좋아할 것이다. 심지어 워런 버핏처럼 크게 성공한 투자자조차 확증편향의 희생자가 되는데, 그는 자신의 의견에 강하게 반대하는 투자자들을 적극적으로 찾아다님으로써 이러한 문제를 극

---

61 '전문가'들의 주장에 따르면 화장지를 푸는 부분이 바깥쪽으로 오도록 걸어야 '올바른 방식'이다. 나처럼 강박적인 독자들은 지금 즉시 책을 내려놓고 화장실마다 돌아다니며 잘못 걸려 있는 화장지가 있다면 똑바로 '바로잡아도' 좋다.

복한다고 말한다.

어떤 투자에 강한 매력을 느낀다면, 투자해서는 안 될 이유를 최대한 찾아보라. 어떻게 잘못될 수 있을까? 어떤 방식으로 투자금을 잃게 될까? 어떤 위험이 도사리고 있는가? 전략의 잠재적인 결점을 인지하면 자신의 믿음과 상반되는 아이디어를 수용할 수 있고, 그로써 더 나은 투자자가 될 수 있다.

과신효과의 맹점

> 문제는 똑똑한 사람일수록 의심으로 가득 차 있고 어리석은 사람일수록 자기확신에 차 있다는 것이다.
>
> — 찰스 부코스키Charles Bukowski

얼마 전 대안투자 회사를 운영하는 어떤 사람이 투자 아이디어를 들고 사무실을 찾아왔다. 그들은 '확실성'이나 '안전함'과 같은 단어를 사용하며 엄청난 자신감을 내비쳤다. 나는 즉시 걱정스러워졌다. 유능한 재무자문가는 수많은 미지의 변수가 작용한다는 사실을 알고 있으며, 투자 세계에 '확실'하거나 '안전한' 것은 존재하지 않는다. 시장에 대해 정확히 알지 못해 지나친 자신감에 팽배해 있든가 아니면 시장을 제대로 이해하고 있으면서도 일부러 위험을 감추고 있다고 해석할 수밖에 없었다.

'과신효과_{overconfidence effect}'는 특히 강한 확신을 지니고 있을 때 개인의 '주관적' 확신이 '객관적' 정확성을 능가하는 것을 가리킨다. 간단히 말해 사람들은 자신이 실제보다 더 낫거나 똑똑하다고 여기는 경향이 있다. 이는 자신의 능력을 믿는 합리적인 자신감과는 다르다.

스콧 플라우스_{Scott Plous}는 『심리학 카페(판단과 의사결정의 심리학 The Psychology of Judgement and Decision Making)』에서 "과잉확신은 인간이 희생양이 될 수 있는 모든 인지편향 중에서 가장 널리 퍼져 있고 파멸로 이어질 가능성이 크다. 이는 소송과 파업, 전쟁, 주식시장 거품과 붕괴를 일으킨 원인이라는 비난을 받아왔다."고 말했다. 절대로 과장이 아니다. 과신효과의 어마어마한 영향력을 입증하는 연구는 무수히 많다.

연구에 따르면 학생 운전자의 93%가 자신의 운전 솜씨가 평균 이상이라고 여기며 대학 교수의 94%가 스스로 평균 이상의 교육자라고 생각한다. 그리고 자신이 평균 이상의 연인이라고 생각하지 않는 남녀는 찾기가 어려울 지경이다. 내가 가장 좋아하는 것은 학생들의 인성과 관련된 연구다. 79%의 학생들이 자신이 평균 이상의 인성을 지니고 있다고 생각한다. 그중 27%는 상점에서 도둑질을 한 적이 있고 60%는 작년 시험에서 커닝을 했다고 시인했는데도 말이다![62]

투자 세상에서 과신효과는 늘 시험대에 오르고 결국 결과로 입증

₆₂ 연구에 따르면 사람들이 99% 확신한다고 말할 때 실은 80%를 확신하는 것이라고 한다. 나는 이 사실을 결코 잊을 수 없을 것이다. 왜냐하면 세상에는 너무 많은 사람들이 99% 확신한다고 말하기 때문이다. 더는 그 말을 진지하게 받아들일 수 없을 것 같다!

되곤 한다. 금융학 교수인 브래드 바버Brad Barber와 테런스 오딘Terrance Odean은 남성 투자자와 여성 투자자의 실적을 비교한 바 있다. 3만 5,000가구를 대상으로 5년간의 주식 투자 내역을 살펴본 결과 이들은 남성 투자자들이 과잉확신 성향으로 인해 여성 투자자보다 45%나 더 많은 거래 활동을 한 것을 알게 되었다.

지나친 주식거래는 남성 투자자의 성과를 낮췄고 결과적으로 이들의 연평균 수익은 여성보다 2.65%나 낮았다. 뿐만 아니라 잦은 거래로 인해 수수료와 세금까지 더 내야 했다. 이처럼 과잉확신은 높은 비용을 초래한다.

전문가들은 어떨까? 이들은 기업정보에 더 쉽게 접근할 수 있고 정교한 분석 소프트웨어와 특수 훈련 시스템까지 구비하고 있다. 자신의 능력은 믿지 못한대도 적어도 이들은 믿을 수 있지 않을까? 연구조사에 따르면 투자 애널리스트의 80%가 상승 종목에 대해 확신을 지니고 있으나 예상 적중률은 40%에 불과하다고 한다. 2006년 연구에서 제임스 몬티어James Montier가 펀드 매니저 300명에게 본인의 투자 실적을 평가하도록 요청했을 때에는 74%가 자신이 평균보다 높은 실적을 올렸다고 믿고 있음이 드러났다. 앤드류 재커라키스Andrew Zacharakis와 딘 셰퍼드Dean Shepherd는 벤처 투자자들의 96%가 포트폴리오에 포함된 회사들의 성공 확률에 대해 지나친 확신을 하고 있음을 밝혀냈다!

이러한 사실은 과잉확신에 대한 중요한 연구를 떠올리게 한다. 『정보분석의 심리 Psychology of Intelligence Analysis』에서 리처드 호어 Richards

Heuer는 CIA 분석가들의 행동편향에 대해 조사했다. 그가 밝혀낸 바에 따르면 정보분석가가 정보에 입각한 판단을 내리는 데 필요한 '최소한'의 정보만을 지니고 있을 때 추가 정보는 판단의 '정확성'을 높이지 않으며, 단지 판단에 대한 '확신'을 높여 과잉확신을 가져온다.

이는 과잉확신 편향이라는 문제의 근간에 무엇이 있는지를 보여준다. 인간은 단순한 추가 '정보'를 '사고력'의 향상으로 이해한다. 추가 정보를 통해 더 깊은 통찰력을 얻는 것이 아니라 기존의 믿음과 확신을 강화하는 용도로 사용한다. 이러한 경향은 투자를 할 때도 종종 손해를 끼친다. 투자자는 자료를 조사하고 정보를 수집할수록 더 자주 거래하게 되고, 그럴수록 실적은 저조해진다. 궁극적으로 과잉확신을 지닌 투자자는 시간과 돈을 낭비할 뿐만 아니라 불필요한 노력을 들이고 스트레스를 가중하게 된다.

당신이 이 편향의 희생양이 되기에 너무 똑똑하다고 생각한다면[63] 플라우스의 연구 조사를 조금 더 인용해보겠다. "정확성과 확신의 불일치는 의사결정자의 지적 능력과는 아무 관계가 없다." 뿐만 아니라 지적 능력이 뛰어날수록 더 강한 과잉확신으로 이어진다는 증거도 있다. 어쩌면 무지야말로 진정한 축복인지 모른다!

63　이것이야말로 자기 자신에 대한 과잉확신이 아닐까!

닻내림 효과의 희생양

닻내림 효과는 인간의 의사결정 과정 전반에 걸쳐 널리 퍼져 있는 듯 보인다.

— 토드 맥켈로이Todd McEloy & 키스 다우드Keith Dowd

1970년대 심리학자 대니얼 카너먼Daniel Kahneman과 아모스 트버스키 Amos Tversky가 발표한 '닻내림anchoring' 효과는 인간의 온갖 의사결정에 영향을 끼치는 심리적 편향에 관한 연구들의 수문을 열었다. '닻내림' 은 두뇌가 결론을 도출하기 위해 정신적 지름길을 택하는 방법을 설명할 때 사용하는 심리학 용어다. 간단히 말해 우리는 뇌로 들어오는 최초의 정보에 지나치게 의존하는 경향이 있다.

이 정보 조각이 '닻anchor'이다. 일단 닻이 내려지고 나면 향후에 이뤄지는 모든 결정은 이 닻을 중심으로 이뤄지며, 합리적인 사고를 오염시킨다. 이를테면 누군가 짐바브웨의 인구가 2,000만 명 이상인지 이하인지 묻는다면 당신은 나름의 사고를 통해 예 또는 아니오로 대답할 것이다. 하지만 그다음 실제 짐바브웨 인구가 몇 명이라고 생각하는지 묻는다면 당신은 2,000만 명에 가까운 숫자를 대답할 것이다.[64]

초보자든 숙련가든 협상 전문가라면 이 닻내림 효과가 무엇인지

---

[64] 참고로 2019년 짐바브웨의 인구는 1,465만 명이다. 잘하면 맞출 수도 있었을 텐데!

잘 이해하고 있을 것이다. 협상을 할 때 처음 제시하는 가격은 향후 모든 논의의 닻이 된다. 마케터들 역시 이 효과가 고객의 소비습관에 영향을 끼친다는 사실을 안다. 브라이언 완싱크Brian Wansink, 로버트 켄트Robert Kent, 스티븐 호치Stephen Hoch가 아주 흥미로운 실험을 했다. 그들은 캠벨 깡통수프를 전시한 다음, 한 캔에 79센트로 할인 행사를 하고 있으며 1인당 구매 제한이 없다고 설명했다. 그런 다음 같은 할인 가격에 똑같은 판매 부스를 열었는데, 이번에는 '1인당 구매 제한 12개'라는 팻말을 붙였다. 무제한 부스에서 수프를 산 소비자들은 평균 약 3.3개의 수프캔을 구매했다. '제한' 팻말을 본 소비자들은 1인당 약 7개를 구매했다. 12개라는 숫자에 인식이 고정된 나머지 거기에 의미를 부여한 것이다(가령 "우와! 이거 진짜 괜찮은 가격인가봐. 내가 너무 많이 사면 가게에 손해가 되니까 일부러 제한을 걸어놓은 거야.")

투자 세계에서 닻내림 효과는 대개 주식의 매수가를 가리킨다. 어떤 주식을 주당 50달러에 매수했는데 30달러로 떨어졌다면 당신은 다시 50달러로 오를 때까지 계속 갖고 있을 것이다(원래 매수한 50달러 가치를 충분히 지니고 있다고 생각한다면 더 많이 살 수도 있다). 만약 그 주식이 50달러에서 70달러로 오른다면 주가가 과대평가되었다는 생각에 처분할 수도 있다. 이런 상황에서는 사고가 고정되어 있어 판단력이 흐려지기 쉽다. 많은 투자자들이 주가가 고점에서 너무 많이 하락했다는 생각에 주식을 매수하거나("지금 사면 거저나 다름없어!") 아니면 새로 고점을 찍은 주식을 매수하지 않음으로써("너무 고평가된 거야!") 닻내림의 희생양이 된다.

사실 주가는 꽤나 공정하게 제값으로 평가된다. 한쪽에는 매수자가, 다른 한쪽에는 그와 동등한 수의 매도자가 있기 때문이다. 투자자가 '거저나 다름없는'이나 '고평가'라고 생각하는 이유는 그저 기존의 고정 가격에서 이동했기 때문이다. 닻내림 효과를 유념한다면 고평가된 주식을 너무 오래 붙들고 있거나 저평가된 주식을 일찍 처분하는 실수를 피할 수 있다.

통제할 수 있다는 환상

[9-3] 통제라는 착각

사람들은 통제권을 가지고 있거나 적어도 행동의 결과를 책임질 수 있다고 느끼기를 좋아한다. 남이 모는 자동차에 불안한 기분으로 앉아 있던 적이 있다면 내가 무슨 소리를 하는지 알 것이다. 반면 자기 손으로 핸들을 쥐고 발로 페달을 밟을 때는 자동차를 아무리 오래 타도 불안하지 않다. 직접 운전대를 잡으면 내가 상황을 통제하고

있다는 '느낌'을 받을 수 있기 때문이다.

'통제의 환상illusion of control'은 사건에 대한 통제 능력을 과대평가하고 나아가 심지어 우리가 영향을 미칠 수 없는 결과에 대해서도 책임을 수용하는 심리적 경향을 가리킨다. 가령 직장에 출근하거나 자주 들르는 가게에 간다고 생각해보자. 당신은 집에서 출발하는 시간과 최상의 경로를 통해 목적지에 도착하는 시간을 스스로 결정할 수 있다고 여길 것이다. 그러나 실은 속도제한과 도로의 교통 상황, 신호등의 타이밍, 무작위로 발생하는 교통사고, 갑자기 도로를 건너는 거위 가족, 도로 공사 같은 것들이야말로 목적지에 도착하는 데 걸리는 시간을 결정하는 중요 요인이며, 당신은 이러한 요인에 아무 영향도 끼칠 수 없다. 다시 말해 우리는 때때로 어떤 상황에 약간의 영향력을 행사할 수는 있지만, 통제권을 쥐고 있다고 착각해서는 안 된다는 얘기다.

이 효과는 삶의 다른 많은 분야에서도 발견된다.[65] 이 효과에 이름을 붙인 심리학자 엘렌 랭어Ellen Langer는 복권과 관련된 실험을 했다. 참가자들은 복권의 숫자를 직접 고르거나 무작위로 선택된 숫자가 적힌 복권을 받았다. 그리곤 마지막으로 당첨 확률이 더 높다고 생각되는 다른 사람의 복권과 교환할 수 있는 기회를 부여받았다. 복권 숫자를 직접 고른 사람들은 그렇지 않은 사람들보다 복권을 교환하

---

65 통제의 환상이 적용되는 최고봉의 분야는 바로 육아일 것이다. 여기에 대해서는 책 한 권도 부족하다.

기를 더 꺼려했다. 양쪽 모두 완전히 무작위로 선택한 숫자인데도 참가자들은 자신이 선택한 숫자는 마치 결과에 중대한 영향을 끼칠 수 있는 것마냥 행동했다.

많은 사람들이 투자를 할 때도 비슷하게 행동한다. 이들은 폭넓게 다각화된 포트폴리오가 목표를 달성할 가능성이 더 높은데도 종종 자신이 선택한 종목이나 익숙한 포지션을 포기하지 못한다. 숙련된 투자자는 자신의 행동이 포트폴리오의 성과에 큰 영향을 끼치지 않는다는 사실을 알고 있다. 중요한 것은 투자자가 아니라 시장이다.

손실회피와 보유효과

한번 착용해보세요.

– 모든 보석점 점원들

대니얼 카너먼과 아모스 트버스키는 '손실회피 경향'에 대한 연구로 유명하다. 손실회피 경향은 사람들이 이득을 '얻기'보다 손실을 '피하는' 것을 선호하는 편향을 가리킨다. 다시 말해 얻음으로써 느끼는 행복감보다 잃음으로써 느끼는 괴로움을 더 크게 느낀다는 것이다. 이 편향에 관한 심화연구는 이득으로 얻는 즐거움보다 손실로 인한 고통이 두 배나 크다는 사실을 보여준다.

한 연구에서 카너먼과 트버스키는 실험 참가자를 두 집단으로 분류했다. 한 집단은 3.98달러짜리 가격표가 붙은 펜을 갖고 있고 다른 집단은 펜이 없다. 연구진은 펜이 없는 집단에게 펜을 구입하는 데 돈을 얼마나 지불할 것인지 묻고, 펜이 있는 집단에게는 그 펜을 얼마에 팔 것인지 물었다. 펜이 없는 집단은 펜을 소유한 집단에 비해 훨씬 낮은 가격을 불렀다. 왜 그럴까? 대답은 간단하다. 펜을 가진 사람은 3.98달러보다 낮은 가격으로 손해를 보고 싶지 않았고, 반대로 펜이 없는 사람은 3.98달러 이상을 주고 구입하여 손해를 봤다고 느끼고 싶지 않았기 때문이다.

혹시 보석점에 가 본 적이 있는가? 보석점 점원들은 항상 손에 반지를 끼워 보라거나 목걸이를 착용해 보겠느냐고 묻는다. 그들은 손실회피 경향을 활용해 당신이 그 제품을 사고 싶어 하도록 부추기고 있는 것이다. 이러한 형태의 손실회피 경향(보유 효과 또는 현상유지 효과라고도 불리는)은 펜이나 보석, 또는 다른 물품들을 일단 잠시 손에 넣고 나면 마치 내 것처럼 받아들여 다시는 잃고 싶지 않다고 느끼게 한다.[66]

손실회피 경향은 다른 어떤 집단보다도 투자자에게 손해를 초래한다. 투자자들이 현금의 구매력이 시시각각 떨어지고 있다는 사실을 빤히 알면서도 현금을 손에 쥐고 있는 것도 바로 이 때문이다. 지난 수십 년 동안 단기 금융시장의 수익률은 인플레이션보다도 낮았지만

---

66   "손님한테 이 목걸이가 얼마나 잘 어울리는지 한번 보시겠어요?", "이 블라우스가 정말
          잘 어울릴 것 같아요. 한번 입어보세요.", "테스트 드라이브를 해 보시겠습니까?"

사람들은 투자를 했다가 더 큰 손해를 입을까봐 날마다 돈을 조금씩 잃는 쪽을 감수한다. 이런 계획대로라면 당신이 가진 돈의 구매력은 24년도 지나지 않아 절반으로 뚝 떨어질 것이다!

손실회피 경향은 당신이 1994년 이후 한 번도 입지 않은 청바지를, 2003년 이후로는 쳐다보지도 않은 스웨터를, 더는 쓸 일도 없는 온갖 물건들을 버리지 않고 창고에 쌓아두는 이유가 된다. 그리고 오래 전에 크게 하락한 주식을 계속 간직하고 있는 이유이기도 하다. 손해를 입었다는 사실을 인정하고 싶지 않기 때문이다. 그러려면 당신이 실수를 저질렀음을 시인해야 하기 때문이다. 그러느니 차라리 주가가 (어쩌면) 회복될 때까지 기다리는 게 낫다는 식이다.

주가가 회복될 때까지 기다리겠다는 고객들과 이야기를 나눌 때마다 나는 이렇게 묻는다. "만약에 이 주식 대신 현금을 갖고 있다면, 무엇을 이루고 싶은지 뚜렷한 목표를 갖고 있다면, 오늘 이 주식을 사시겠습니까?"

고객의 대답은 거의 언제나 '아니오'이고, 투자자가 그저 손해를 입고 싶지 않아서 그 주식을 유지하고 있음을 알게 된다. 손실회피 경향이 우리의 의사결정에 어떤 영향을 끼치는지 이해하면 더 나은 투자자가 되는 데 도움이 된다.[67]

---

67 그리고 〈호더스Hoarders(물건을 버리지 못하고 쌓아두는 사람들의 집을 정리해주는 리얼리티 프로그램―옮긴이)〉의 다음 번 에피소드에 출연하지 않을 가능성도 높여준다!

심적 회계

인간의 의식은 한꺼번에 몇 가지 생각 밖에 처리하지 못하기 때문에 삶의 복잡성을 쉽게 다루기 위해 끊임없이 '모둠'으로 묶으려 한다. 우리는 돈을 쓸 때마다 일일이 금액을 계산하기보다 특정한 구매를 중심으로 묶어서 분류한다. 다른 방식으로 사고하는 계산능력이 미흡하기에 잘못된 지름길에 의존한다.

— 조나 레러Jonah Lehrer

리처드 세일러Richard Thaler 는 행동경제학 분야의 업적은 물론 '심적 회계mental accounting'라는 개념을 정의 및 발전시킨 것으로 유명하다. 심적 회계란 현재와 미래의 자산을 상호 이전이 불가능한 각각 별개의 부분으로 구분하는 과정을 가리킨다.

심적 회계의 영향에 관한 한 연구에서 실험 참가자들은 다음과 같은 시나리오를 상상하도록 요청받았다. 당신은 영화를 보러가기로 했다. 표 값은 10달러다. 극장에 들어가려는 데 영화표를 잃어버린 것을 알게 되었다! 안타깝게도 아무리 주머니를 뒤져도 표를 찾을 수가 없다. 자, 당신은 다시 10달러를 주고 표를 구매할 것인가? 참가자 중 오직 46%만이 표를 다시 구매하겠다고 응답했다. 이번에는 다른 시나리오를 상상해볼 차례다. 당신은 10달러짜리 영화를 보기로 결심했다. 극장에 들어가려는데 지갑에서 10달러 지폐 한 장이 사라진 것을 발견했다! 그래도 당신은 영화를 보기 위해 10달러짜리 표를 살 것인가? 응답자에게 미칠 재정적 영향은 첫 번째와 동일하지만 이번에는 88%의 응답자가 그렇다고 대답했다!

본질적으로 이 두 시나리오는 모두 이미 10달러를 잃은 상태에서 다시 10달러짜리 영화표를 사겠느냐는 질문을 던지고 있다. 그런데도 응답률에 큰 차이가 발생한 이유는 심적 회계 때문이다. 표를 구입한 응답자는 마음 속 계좌의 '오락' 란에 이미 10달러를 기입했다. 이들은 영화에 대한 예산을 이미 지출했기 때문에 영화표를 또 사서 지출을 다시 늘리고 싶지 않았다. 두 번째 시나리오의 경우에는 똑같이 10달러를 잃어버렸지만 그 10달러는 아직 영화 비용이 아니기 때문에 금전적 손실을 봤음에도 다시 영화표를 살 의향이 있다. 이 실험은 우리가 실제 금전적 가치는 동일할지 몰라도 모든 돈을 똑같이 여기지 않는다는 사실을 보여준다.

심리학자 할 아크스Hal Arkes의 연구는 세금 환급금과 복권 당첨금이 재빨리 탕진되는 이유가 심적 회계에 있다는 사실을 보여준다. 사람들은 심적 회계를 통해 그런 수입을 '횡재' 란에 기입한다. 사회학자 비비아나 젤라이저Viviana Zelizer는 오슬로의 성매매 시장 연구를 언급하며 세계에서 가장 오래된 직업에 종사하는 이들의 소득 소비 방식에도 동일한 원칙이 적용된다는 사실을 지적한다. 성노동자들은 생활보호수당과 의료급여를 집세와 필수적인 청구서를 지불하는 데 지출하고, 성을 판매하여 얻은 돈은 마약과 술에 소비한다. 이것으로 미뤄볼 때 심적 회계는 인간의 조건에 내재되어 있는 듯하다.

심적 회계는 일상적인 결정에 영향을 끼치지만, 숙련된 투자자라면 영향을 받아서는 안 된다. 각각의 투자를 개별적으로 인식하는 투자자는 보유자산별로 별도의 심적 계좌를 생성한다. 투자 계좌를 분리하여 보유하고 있다면 그것들을 각각 평가하지 말고 장기적인 목표에 적절히 기여하는지를 판단해야 한다. 큰 그림을 보면 목표를 향해 제대로 나아가고 있는지 더욱 용이하게 판단할 수 있다. 각각의 계좌나 투자를 단편적으로만 이해하면 심적 회계를 유발하고, 잘못된 의사결정을 내릴 수 있다. 투자에 있어 심적 회계의 영향을 약화하는 방법은 계좌를 최대한 하나로 통합하는 것이다. 이렇게 하면 전체 그림을 염두에 두고 신중한 판단을 내리기가 훨씬 쉬워진다.

최신편향

> 투자자들은 가장 최근에 본 것을 바탕으로 미래를 예측한다.
> 이것은 극복하기 힘든 습관이다.
>
> — 워런 버핏

'최신편향'은 가장 최근에 겪은 경험이나 관찰을 미래에 투영하는 경향을 가리킨다. 최신편향은 사람들이 최근의 사건을 바탕으로 미래를 예측하게 만든다.

인간의 정신이 보유한 수많은 탁월한 능력에도 불구하고, 우리는 아직도 의사결정 과정을 단순화하는 데 패턴 인식에 크게 의존하고 있다. 때로는 패턴을 감지하는 능력이 도움이 되기도 한다. 며칠 연속 똑같은 도로에서 경찰차를 본다면 그 근처에서는 제한속도를 넘지 않게 조심할 것이다. 그러나 투자에서 최신편향은 위험할 뿐만 아니라 많은 비용이 들 수 있다.

여러 연구에 따르면 중개인은 이전 해에 높은 수익을 올린 인기주를 추천하지만 그런 종목들의 성과는 대개 다음 해에는 기대에 미치지 못한다. 투자자는 몇 달 연속 상승세를 유지하는 주식에 마음이 가고 상승 추세가 지속되길 바라지만, 결국 댄스파티에서처럼 밤이 지나면 빈털터리가 되어 패배자들 사이에 끼어 있는 자신을 발견하게 된다. 기술주 거품과 9·11 테러가 연달아 약세장을 불러온 후에는 많은 투자자들이 또 다시 약세장이 형성될 것이라 믿었다가 뒤이은 상승장에서 얻을 수 있었던 수익을 놓치고 말았다. 2008~2009년 금융 위기 때에는 많은 투자자들이 증시가 하락할 때마다 시장 붕괴의 징조라고 여겼다.

증시가 정말로 그런 식으로 작동한다면 얼마나 좋을까. 그러나 주가가 작년에 어떻게 마감했든 올해는 긍정적인 영역에서 마감할 가능성은 무한하다. 몇 주, 몇 달, 혹은 1년 전에 무슨 일이 있었든 시장 조정이 발생할 가능성도 충분하다. 지난 10년 동안 무슨 일이 벌어지든 일반적으로 그 기간에는 약 두 번의 약세장을 기대할 수 있을 것이다. 동전을 던져 세 번 연속 앞면이 나오더라도 다음에 던졌을 때 확률은 여전히 반반인 것처럼, 가까운 과거에 있었던 사실은 앞으로 일어날 일에 대한 신뢰할 수 있는 지표가 되지 못한다.

최신편향 효과를 거스를 수 있는 한 가지 방법은 체계적인 시스템을 도입하여 재산을 관리하는 것이다. 예를 들어 당신의 포트폴리오가 주식 60%와 채권 40%로 구성되어 있을 경우, 비율이 5% 이상 변화할 때만 비율을 재조정하는 식이다. 투자와 관련된 결정에 이런 체계적인 관리법을 활용하면 최근에 발생한 시장 사건이 영향을 끼치는 것을 막을 수 있다.

최신편향은 일상생활에 어떤 방향으로든 영향을 끼칠 수 있지만, 투자에 있어서는 주의하지 않으면 긍정적 영향보다 손해를 끼칠 가능성이 더 크다.

근시안적 손실회피

> 조용히, 그리고 충분히 준비해 나간다면, 우리는 실망을 겪을 때마다 보상을 얻게 될 것이다.
>
> — 헨리 데이비드 소로우Henry David Thoreau

크게 성공한 사람은 실패를 겪더라도 꿈과 목표를 포기하지 않는다. 우리는 시련을 겪게 되면 다시 시도하거나 새로운 전략을 꾀하기보다 본능적으로 단념하거나 달아나고 싶어 한다. 장기적인 목표보다 빠른 결과에 집중하는 경향이 있으며 특히 상황이 처음 계획과 다르게 흘러갈 때면 더욱 그렇다. 행동경제학자들은 이를 '근시안적 손실회피'라고 부른다.

아이들에게 10번 넘어져도 다시 일어나야 한다고 가르친다면, 우리 역시 똑같은 충고를 받아들여야 할 필요가 있다. 투자 전략을 이해하고 동의하더라도, 빠른 시일 내 효과가 나타나지 않으면 아무리 장기적으로는 성공할 것이라고 생각해도 그 길에 꾸준히 머무르기가 어려울 수 있다. 투자자는 보통 즉각적으로 이익을 얻지 못하면 자금을 빼내고 싶어 한다.

근시안적 손실회피를 피하려면 당신의 포트폴리오에 어떤 투자 자산이 포함되어 있고 그 투자 목적은 무엇인지를 분명히 이해하고 있어야 한다. 사람들은 지금 당장의 성과에만 사로잡힌 나머지 포트폴리오가 왜 그렇게 구성되어 있는지 이유를 간과하기 일쑤다. 연구에 따르면 투자자들은 종종 자산이나 투자 전략의 효율성을 평가하기 위해 임의의 시간 단위를 설정한다. 대개 1년 단위로 자산을 평가하는데, 설령 그러한 평가 기준이 투자 수단의 성격에 맞지 않을 때조차도 그렇다.[68] 지능형 포트폴리오는 10년 후에(또는 그 이상) 자산의 가치가 증가하도록 구성되어 있다. 지금 자산을 매각해야 하는 게 아니라면 현 시가는 아무 의미도 없다.

많은 순자산을 가진 투자자는 종종 포트폴리오에 사모펀드를 포함하는데 이런 투자 중 일부는 초반에는 심지어 마이너스 수익으로 시작하기도 한다! 거의 모든 유형의 투자가 폭넓은 가격 변동과 예측하

---

[68] 자산 가치가 얼마나 올랐는지 시시때때로 들여다보는 것은 포트폴리오의 효과를 평가하는 적절한 방법이 아니다.

기 힘든 단기 성과를 지니고 있지만 동일한 자산군은 장기적으로는 예측 가능한 성과를 낼 수 있다. 근시안적 손실회피 경향을 통제하려면 이 사실을 항상 유념해야 한다! 당신의 니즈가 변하지 않는 한, 그리고 포트폴리오가 목표에 맞게 구축되어 있는 한 투자 수단이 가치를 생성하는 데 필요한 시간을 넉넉하게 설정해야 한다.

부정편향

'부정편향'은 긍정적 경험보다 부정적 경험을 더 생생하게 기억하는 인간의 본성과, 부정적 결과를 피하기 위해 취하는 의식적 및 무의식적 행동을 지칭한다.

손실회피 경향처럼 부정편향도 매우 강력한 효과를 발휘한다. 테레사 애머빌 Teresa Amabile 과 스티븐 크레이머 Steven Kramer 는 직장에서 겪은 사소한 부정적 좌절감이 긍정적인 진전보다도 행복감에 두 배나 영향을 줄 수 있다는 사실을 발견했다. 또한 연구진에 따르면 사람들은 긍정적인 강화보다 부정적 강화를 통해 더욱 빠르게 학습한다. 언어 분석 연구에서는 우리가 사용하는 감정 단어의 62%가 부정적이며, 성격에 관한 단어 중에 74%가 부정적이라는 사실을 밝혀냈다. 연구에 의하면 부정편향은 학습된 반응이라고는 말하기 힘들다. 이는 어린아이들에게서도 관찰되기 때문이다. 나쁜 표정인지 좋은 표정인지 평가하는 실험에서 아이들은 긍정적인 표정은 좋은 것으로 판단했지만 부정적 표정과 중립적 표정은 모두 나쁜 것으로 인식했다.

우리가 부정적 사건에 더 강하게 반응한다는 사실을 감안하면 뉴스피드가 부정적인 뉴스로 채워지는 것도 그리 놀랄 일이 아니다. 우리는 전체 범죄율이 감소했다는 뉴스보다 가까운 동네에서 강도 사건이 발생했다는 뉴스를 훨씬 더 자주 접한다. 선거 기간이 되면 후보들의 광고는 거의 항상 그들 자신의 장점을 강조하기보다 상대 후보에 대한 부정적인 공격으로 채워진다. 이는 사람들의 부정편향을 자극하고 강렬한 감정적 반응을 초래한다.

부정편향은 투자 세계에서도 뚜렷하게 나타난다. 투자자가 조정장이나 약세장에서 주식을 매각하는 것도 이런 부정적인 관점 때문이다. 주식 매각은 투자자들이 포지션이 바뀌는 부정적 경험을 회피하기 위한 반응 중 하나다. 특히 최근의 중요한 사건이 머릿속에 생생하게 남아 있을 때면 부정편향에 굴복하고 싶은 유혹을 받게 되는데, 행동과학자들은 이를 '현저성 vividness'이라고 부른다. 예를 들어 2008년과 2009년의 금융 위기와 같은 지독한 약세장이나 코로나 바이러스로 인한 팬데믹을 경험한 투자자는 약간의 시장 조정에도 과민하게 반응하며 또 다시 위기가 닥칠 것이라는 공황에 빠져 주식을 현금화할지 모른다.

다른 모든 행동 편향처럼 부정편향의 효과를 완화하는 핵심 열쇠는 이것이 존재한다는 사실을 인식하는 것이다. 그러면 심리적 편향에 굴복하려 들 때마다 자기 자신 또는 포트폴리오에 해를 입히기 전에 멈출 수 있다. 부정편향이 얼마나 강력한지는 이미 이 책의 1장 전체를 그것을 극복하는 방법에 할애했다는 점에서 알 수 있다!

홈런편향

난 모든 걸 원해. 지금 당장 원해.

– 프레디 머큐리Freddy Mercury

우리는 시간에 따라 증가하는 점진적 변화에 중점을 두기보다 최대한 빨리 크고 좋은 결과를 얻길 바라는 경향이 있다. 이를 '홈런편향home run bias'이라고 하는데, 철마다 유행하는 다이어트 비법이 좋은 예시가 될 수 있을 것이다. 살을 빼고 싶다면 칼로리 섭취를 줄이고 운동을 병행하는 것이 최선의 방법임을 누구나 안다. 그런데도 매년 수백만 명의 사람들이 쉽고 빠른 길을 꿈꾸며 약물과 해독주스, 극단적인 다이어트를 시도한다. 투자도 비슷하다. 많은 이들이 '지속 가능한' 장기적인 수익에 초점을 맞추기보다 한 방 크게 홈런을 날리고 싶어 하는 것이다.

홈런을 꿈꾸는 투자자의 문제점은 홈런을 노리는 야구선수들의 문제점과 별반 다르지 않다. 홈런을 치기보다 삼진아웃을 당하는 경우가 더 많다는 것이다. 다만 타석에 설 때마다 좋은 스윙을 날리는 선수라면 시간이 지나면 좋은 결과를 이끌어낼 수 있을 것이다(때로는 도중에 홈런을 칠 수도 있다!). 투자자로서 당신도 이와 비슷한 관점을 취해야 한다. 목표를 달성하기에 가장 적합한 자산을 보유하고, 시장이 기회를 제공할 때마다 최대한 활용하라. 그러다 보면 당신도 진짜 '홈런'을 칠 수 있게 될 것이며, '게임'(이 경우에는 재정적 독립)이 위태로울 때 삼진아웃을 피할 수 있다.[69]

내면의 도박사

> 언제 패를 들고 있을지, 언제 접어야 할지 알아야 해.
> 언제 걸어 나갈지, 언제 도망쳐야 할지 알아야 하지.
>
> — 케니 로저스Kenny Rogers

어떤 사람들은 '투기꾼'이다. 소수의 주식이나 옵션 거래에 운을 걸고, 한 방 크게 따거나 시장 전체의 수익률을 능가할 수 있다는 믿음으로 마켓 타이밍을 시도하며 증시를 마치 개인 카지노처럼 취급한다.[70] 한편 대부분의 사람들은 '투자자'가 되는 편을 선호한다. 장기 목표를 실현할 가능성을 높이는 데 초점을 맞춰 반복 가능하고 체계적인 전략을 따르는 것이다. 그리고 많은 사람들이 양쪽 진영 모두에

---

69   투자를 스포츠에 비유하는 건 여기서 끝낼 테니 안심하도록!

70   요즘 도박사들의 최신 유행은 암호화폐다. 대다수 사람들은 돈을 잃었지만 그중 소수는 부자가 되었다.

해당한다.

도박에 대한 열망은 모두에게 내재되어 있다. 도박 산업은 생리학과 심리학에 기반을 두고 있다. 게임에 이기고 있을 때 신체는 엔도르핀을 분비하고, 환희감에 도취된 뇌는 계속해서 게임을 하고 싶어 한다. 게임에 지고 있을 때에는 돈을 잃었다는 감정적 고통에서 벗어나기 위해, 그리고 또 다시 엔도르핀을 맛보기 위해 게임을 계속하라고 부추긴다.[71] 카지노는 이런 원리를 유리하게 활용하는 방법을 알고 있다. 그들은 실내의 산소 농도를 높여 우리를 흥분시키고, 공짜 음료를 돌려 거부감을 걷어낸다. 그들은 당신이 게임을 하면 할수록 돈을 버는 것은 그들이라는 사실을 잘 알고 있다.

앞에서 다뤘듯이, 증시에서 적극적 거래는 당신에게 불리하다. 하지만 카지노, 즉 증권회사에는 유리하게 작용한다. 적극적 거래는 수수료를 발생시키고, 이는 중개인에게 수입이 된다. 이런 회사들의 광고를 떠올려 보라. 수수료 무료 또는 저비용 플랫폼이라고 홍보하고, 상승 주식을 선별하라고 권하고, 주식시장에 대한 '통찰력'을 제공하는 근사한 도구들을 추천한다. 온라인 주식거래 플랫폼이 카지노 도박장과 비슷한 디자인과 효과음을 쓰는 것이 정말 단순한 우연의 일치일까? 초록색과 빨간색, 주식 시세 표시기, 반짝이는 이미지, 땡땡 거리는 소리까지!

71　카지노가 이길 수 있는 이유는 도박이 이 장에서 언급된 다양한 편향들을 부추기기 때문이다. 거기다 공짜 뷔페까지 딸려오고 말이다.

내면의 도박꾼을 억누르기란 절대 쉽지 않다. 성공 가능성이 가장 높은 방법은 모든 자산을 장기적으로, 당신의 전반적인 전략과 일치하는 방식으로 투자하는 것이다. 그러나 내면의 도박꾼을 완벽히 억제할 수 없다면 소량의 자금으로 별도의 거래 계좌를 개설해 '게임'을 즐기는 방법도 고려해보기 바란다. 그렇게 하면 재정적 독립을 위험에 처하게 하지 않고도 도박의 스릴을 즐길 수 있다.

/ ## 정치편향 /

미국이 정치적으로 다소 분열되어 있다는 말을 들은 적이 있을 것이다. 이러한 사회적 분열은 듣고 싶은 내용만을 제공하는 언론에 의해 조장되어 최근 몇 년 새 점점 악화되었다. 사실 이제는 '너무' 심각해져서 투자자들이 정치적 견해를 바탕으로 중요한 투자 결정을 내림으로써 포트폴리오에 심각한 피해를 입히는 행태를 자주 목격할 정도다.

2008년 오바마 대통령이 당선되었을 때 많은 경제 매체들이 거의 발작을 일으키며 사회주의가 만연하고 시장이 붕괴할 것이라고 말했다. 그러나 8년에 걸친 오바마 대통령의 재임 기간 동안 미국 증시는 역사상 최고의 호황을 기록했다. 2016년 트럼프 대통령이 당선되었을 때 경제 매체들은 시장이 그의 불예측성을 감당할 수 없으며 전쟁에 대한 불안감이 주가를 하락시키고 상승세를 끝장낼 것이라고 주장했다. 그러나 증시는 역대 최고의 호황을 누렸으며, 그가 취임한 다음 해에는 매달 연속 고점을 갱신하는 전대미문의 기록을 세웠다.

분명히 말해둔다. 시장은 백악관에 누가 앉아 있는지는 관심이 없다. 그저 미래의 이익(기업 이윤)이 중요할 뿐이다. 미래 이익에 영향을 끼치는 요인은 많지만, 미국 대통령이 누구인지에 영향을 받는 요인은 소수에 불과하다. 물론 그런 요인들 역시 중요하다는 데는 의심할 여지가 없으나 일반적으로 대통령이 영향력을 행사할 수 없는 다른 수많은 요인들(가령 금리처럼)을 대체하기에는 턱없이 부족하다. 당신이 정치적으로 좌익이든 우익이든, 투자에 관해서만큼은 중립을 유지하는 게 좋다. 포트폴리오에 관한 결정을 내릴 때는 누가 정권을 쥐고 있는지에 절대로 좌우되지 마라.

그럼에도 자유롭게

재무설계와 투자의 기본을 가르치는 책이다 보니 주제에서 다소 어긋난 내용처럼 보일 수도 있지만, 전혀 그렇지 않다. 아무리 철저한 계획을 세우고 투자를 하더라도 도중에 발생하는 중요한(그리고 충분히 예방할 수 있었던!) 실수를 보상할 수 있는 것은 없다. 엔 보그En Vogue의 유명한 1992년 노래처럼 "마음을 자유롭게 해방시키면 나머지도 해결될 것"이다.

제10장

세상의 모든
투자 자산군

_피터 멀록

평균적으로 수익 변동성의 90%는 자산 배분으로 해결할 수 있다.

― 로저 아이봇슨Roger G. Ibbotson

지금까지 우리는 투자 세계의 중요한 부문들을 몇 가지 살펴보았다. 이제 당신은 주식시장을 이해할 수 있게 되었다. 상승과 하락(그리고 어떤 기대를 해야 하는지), 주식 투자가 장기 투자자들에게 유리한 이유에 대해 말이다. 또한 혼란스러운 시장 상황에서 어떤 마음가짐을 유지해야 하는지도 알고 있다. 언론 매체와 중개인, 스스로의 불안과 공포심에 휘말리지 마라. 그렇다면 드디어 투자 그 자체로 넘어갈 시점이다. 주요 투자 자산군에 대해 알아보고 각각의 작동 방식과 포트폴리오에서의 역할을 살펴보자.

현금, 안전하다는 환상

한 가지 분명한 것은 현금이야말로 최악의 투자라는 것이다. 모든 사람들이 "현금이 최고" 같은 말을 하지만 사실 현금은 시간이 지날수록 가치가 하락한다. 그러나 좋은 사업체는 시간이 갈수록 가치가 증가한다.

— 워런 버핏

위험한 자산군이라고 하면 사람들은 가장 먼저 원자재(금과 원유), 부동산, 주식, 몇몇 채권을 떠올릴 것이며, 현금은 아마 목록의 가장 마지막에 있을 것이다. 그러나 현금은 여러 가지 위험을 내포하고 있으며 무엇보다 역사적으로 최악의 수익 실적을 지닌 자산군이다. 이제껏 현금은 아주 오랫동안 다른 주요 자산군을 능가하는 수익을 올린 적이 없다. 재산의 상당 비율을 현금으로 오래 보유할수록 포트폴리오의 실적은 탐탁지 않을 가능성이 크다.[72]

장기간 현금을 보유하면 실질적으로 인플레이션을 따라잡지 못해 결국 구매력을 상실한다. 즉 매년 물가는 인상되는데 현금의 가치는 제자리걸음이라는 얘기다. 은행에 10만 달러를 넣어두고 10년간 연이율 1%의 이자를 받고 있다고 치자. 현금을 인출할 때면 물론 기분

72　포트폴리오 전문가들은 이 사실을 잘 알고 있다. '현금 드래그cash drag'(현금 보유로 인한 기회손실 비용 — 옮긴이)라고 이를 가리키는 전문용어도 있다. 현금 드래그는 수익을 감소시킨다!

이 좋겠지만 그 1%로는 우유와 양복, 초콜릿, 건강보험, 혹은 대학교 등록금의 인상분을 따라 잡을 수가 없다. 돈을 벌었다고 생각할지 몰라도 사실은 귀중한 구매력을 잃은 것이다.

많은 '투자자'가 현금을 쥐고 있는 이유 중 하나는 시장에 들어갈 타이밍을 노리고 있기 때문이다. 그들은 이른바 '드라이파우더dry power'*를 확보해두길 원한다. 주식시장에서 빠져 나와 현금화한 다음 다시 투자를 시도하는 반복적인 전략이 효과적이라는 연구 결과는 단 하나도 없는데 말이다. 이때 당신은 시장에서 탈출하고 다시 진입하는 시기를 정확히 판단해야 할 뿐만 아니라 이 과정을 계속해서 성공시켜야 한다. 단 한 번이라도 실수를 저지르면 포트폴리오는 영구적인 타격을 입을 것이다. 하지만 이젠 당신도 이 방식이 효과가 없다는 걸 알고 있을 테다.

또한 많은 투자자가 금융시장에 종말이 올 경우를 대비해 현금을 구비해 놓는다. 증시가 0으로 혹은 거의 0에 가깝게 하락해 다시는 회복되지 않을 대참사 말이다. 자, 현실적으로 생각해보자. 만약 아마존, 나이키, 맥도날드 등 전 세계 대기업들이 파산하고 다시는 회복하지 못할 세상이 온다면 미국 정부의 국채도 채무불이행 상태가 되지 않을까? 주요 대기업들이 전부 파산했는데 정부가 어떻게 장기 국채를 갚을 수 있겠는가? 회사가 없는데 누가 일을 해서 정부가 부

---

* 드라이파우더는 사모펀드 등에서 자금은 모았지만 투자 기회를 기다리면서, 실제 투자를 하지 않고 있는 현금성 자산을 말한다.

채를 갚아야 할 세금을 납부할 수 있을까? 이런 상황이라면 연방예금보험공사 FDIC; Federal Deposit Insurance Corporation 가 은행 예금을 보증해도 아무 의미도 없고 현금은 종이쪼가리로 전락할 것이다. 주요 기업들이 살아남을 수 없다는 것은 곧 경제 체제 자체가 무너진다는 뜻이다. 그렇다면 정부가 발행하는 현금은 문자 그대로 최악의 자산이다.[73] 그런데도 미국인들은 현재 역대 최고인 수조 단위의 돈을 현금으로 쥐고 있다.

단기 예금을 준비해 두는 것은 좋은 생각이다. 그러나 장기적으로 현금을 보존하는 것은 좋은 생각이 아니다. 투자 포트폴리오에서 현금은 지워버리기 바란다.

/ 채권이라는 함정 /

모든 채권을 "대출"이라고 부르면 이해하기가 훨씬 쉬워질 텐데.
– 금융과 관련된 모든 것이 지나치게 복잡해지는 게 너무 싫은 어떤 사람[74]

채권을 구입하는 것은 기업이나 정부, 또는 다른 독립체에 대출을

---

73 분말식품과 생존키트가 갑자기 훌륭한 투자 분야로 보인다면 모를까.

74 출처는 바로 나다!

해주는 것과 같다. 채권은 대여금이다. 그뿐이다.[75] 연방정부에 빌려준 돈은 '국채'고, 시나 주, 또는 카운티 정부에 빌려주는 것은 '지방채'다. 넷플릭스나 마이크로소프트 같은 기업에 빌려주는 것은 '회사채'라고 한다. 투자자를 유혹하기 위해 높은 이율을 지불하는 회사에 돈을 빌려주면 '고수익채권 high-yield bond'[76]이고, 다른 말로는 '정크본드 junk bond'라고 부른다.[77]

채권은 이런 독립체가 대중에게서 돈을 빌리고 싶을 때 발행되며, 채권을 구입한 사람은 채권자가 된다. 가령 어떤 회사가 1억 달러의 자금을 조성해야 한다고 치자. 개인이나 기관이 이렇게 많은 액수를 한 회사에 빌려주는 위험을 감수하지는 않을 것이므로, 회사는 원하는 자금을 마련하기 위해 소액, 가령 2만 5,000달러로 나눠 충분한 양의 채권을 발행한다. 그러면 더 많은 투자자들이 참여할 수 있게 된다. 다른 평범한 대출처럼 일정 기간('기간 term') 동안 돈을 빌려준 투자자는 이자를 받을 수 있다. 대출 기간이 끝나는 날('만기일 maturity date')이 되면 융자액(이 경우에는 2만 5,000달러)은 다시 투자자에게 돌아간다.

이율은 자금을 대출받은 대상에 따라 다양하다. 채권 금리에 가장 큰 영향을 미치는 2가지 요인은 신용도와 만기이다.

---

75   채권은 본질에 비해 훨씬 더 복잡하게 묘사된다. 이는 금융 서비스 산업이 모든 것들을 최대한 헷갈리게 만들기 위해 애쓰고 있기 때문이다.

76   업계 용어

77   솔직한 용어

먼저 신용도가 금리에 어떤 영향을 끼치는지 살펴보자. 많은 사람들이 미국 재무부에 돈을 빌려주는 것이 세상에서 가장 안전한 투자라고 여기며, 이는 미국 국채가 회사채보다 수익률이 낮은 이유이기도 하다.* 미국 정부가 채무불이행에 빠질 확률보다 기업체가 문을 닫거나 채권 소유자에게 돈을 갚지 못할 가능성이 더 높기 때문이다.[78] 지방 정부와 외국 정부, 또는 기업은 미국 재무부보다 더 높은 세후 수익을 제시한다. 불안정한 회사들은 당신에게서 자금을 조달하기 위해 그보다 더 높은 수익률을 제시해야 한다. 다른 모든 조건이 동일한 상황에서 높은 수익을 약속한다는 것은 곧 높은 위험을 감수해야 한다는 의미다. 이것을 '신용위험credit risk'이라고 한다.

채권의 신용도는 문자로 점수를 표시하는 기관들에 의해 평가된다(개인 신용을 평가하는 FICO 점수처럼). 피치Fitch와 스탠더드앤드푸어스Standard & Poors는 동일한 평가 단위를 사용하며(AAA가 최고 등급, 그 밑으로 AA+, AA, AA- 등이 있다), 무디스Moody's는 같은 정보를 반영하지만 다른 등급을 사용한다(Aaa가 최고 등급, 이후 Aa1, Aa2 등). 피치와 S&P에서 BBB- 이상(또는 무디스에서 Baa3 이상)의 채권은 투자 등급으로 분류되고 그 이하에 해당하는 채권은 투기 등급(정크본드)

- 일반적으로 세계 시장 금리 수준을 말할 때 10년 만기 미국 국채 금리를 기준으로 삼는다.
78 어떤 이들은 바로 여기에 세상이 끝나는 시나리오를 집어넣을 수도 있을 것이다. 그러나 연방정부는 부채를 갚기 위해 재빨리 아래층으로 달려가 달러를 더 많이 찍어낼 수 있는 유일한 채권 발행자다. 어쨌든 적어도 합법적으로 할 수 있는 건 그들뿐이다.

으로 취급된다.[79]

대출 기간은 이율에 어떤 영향을 끼칠까. 예를 들어 연방정부에 10년간 돈을 빌려준다면 당신이 받게 될 이자는 매우 낮을 것이다. 하지만 같은 금액을 30년 동안 빌려주면 10년 만기에 비해 더 높은 이자를 받을 수 있다. 지방채와 회사채에도 같은 원칙이 적용된다. 돈을 빌려주는 기간이 길수록 수익이 늘어나는 것이다. 이유는 명백하다. 돈을 오래 빌려 줄수록 더 많은 '금리위험 interest-rate risk'을 감수하게 되기 때문이다.[80] 만기 때까지 채권을 보유하면 빌려 준 돈을 고스란히 되돌려 받을 수 있고 이자까지 회수할 수 있지만 그럼에도 2가지 요인을 고려해야 한다.

먼저 연방정부에 2.6% 금리에 30년 만기로 돈을 빌려준다면 그 기간 동안 금리는 오를 가능성이 크다. 가령 30년 동안 경제가 튼튼해져 연방준비제도가 금리를 인상하고, 따라서 10년 만기 채권의 금리가 4%까지 상승한다고 하자. 이 와중에 당신이 30년 만기 채권을 팔고 싶다면 할인된 가격으로 팔아야 할 것이다. 예를 들어 20년 뒤에 채권을 처분하고 싶어졌다. 하지만 지금 당장 4%짜리 10년 만기 채

---

79 고수익 채권 쪽 사람들은 좀 더 유능한 마케팅 팀을 고용할 필요가 있다.

80 첨언하자면 때때로 시장 참여자들은 장기 채권에 더 적은 돈을 지불하기도 하는데 이 경우 수익률 곡선이 '역전'한다고 한다. 이는 종종 경기 침체에 대한 잠재적 신호다. 왜냐하면 이는 투자자들이 기본적으로 돈을 장기적으로 묶어둘 의향이 있다는 뜻이며 즉 미래에 대한 전망을 긍정적으로 보지 않는다는 의미이기 때문이다. 금융 매체의 집단 히스테리아다.

권이 있는데 누가 금리가 2.6%밖에 안 되는 채권을 사고 싶어 하겠는가? 또한 만기가 도래할 때까지 채권을 보유한다고 해도 나중에 투자했더라면 얻을 수 있었을 고수익 기회를 놓치고 만다.

신용위험과 금리위험에 대해 이해했다면 채권 가격에 대해서는 더 쉽게 이해할 수 있을 것이다. 채권 지급은 계약상의 의무다. 다시 말해 기업은 반드시 당신에게 그 돈을 갚아야 한다. 반면에 주식배당금(이익의 배분)은 자유 재량이며 기업은 원한다면 배당금 지급을 중단할 수 있다. 때문에 만기 채권을 보유하고 있고 채권 발행자가 파산하지 않았다면 당신은 원금과 이자를 모두 받을 수 있다. 자산군으로서의 채권은 85% 확률로 매년 긍정적인 수익을 제공한다. 그러나 채권은 기대이익의 범위가 매우 넓은 자산군이라는 사실을 반드시 명심해야 한다.

그렇다면 포트폴리오에서 채권은 어떤 의미를 지니는가? 단기 및 중기, 양질의 다각화된 채권은 2~7년 기간의 금전적 니즈를 지닌 투자자에게 적합하다. 또한 채권은 증시가 하락할 경우에 대비해 투자 자금을 마련해두고 싶은 투자자에게 '드라이파우더'를 제공해줄 수 있다. 유동성 높은 채권 포트폴리오를 갖고 있으면 주식을 살 기회가 왔을 때 재빨리 현금을 조달할 수 있다. 더불어 다각화된 채권 포트폴리오는 시장 변동성이 부담스럽고 채권 수익률만으로도 니즈를 충족할 수 있는 고액의 투자 포트폴리오를 보유한 보수적인 투자자에게 대부분의 니즈를 충족시킬 수 있다.

주식, 장기 투자 시장

> 모든 주식 뒤에는 회사가 있다.
>
> — 피터 린치

주식 구입은 실존하는 회사의 일부분을 소유하는 것이다. 소비자를 넘어 주주가 된다는 것이며, 이는 사고방식에 있어 엄청난 변화를 초래한다. 금융 매체들은 종종 주식이 복권이나 도박과 비슷하다는 인상을 주곤 하는데 전혀 사실이 아니다. 상장기업의 주식을 구입하면 '지금 영업 중인 진짜 회사의 일부분을 소유'하게 된다. 이는 당신이 무엇을 왜 사고 싶은지와 관련해 더욱 바람직한 결정을 내릴 수 있게 돕는다. 주식의 가치는 회사의 인지 가치에 따라 상승하거나 하락한다. 많은 주식이 매 분기마다 배당금을 지급하여 주주들에게 수익을 배분한다.

역사적으로 주식은 매년 9~10%의 수익을 돌려주었지만 많은 전문가들은 가까운 장래에 평균 수익률이 현저히 감소할 가능성이 높다고 예측하고 있다. 하지만 어떤 경우든 주식은 기대수익률이 가장 높은 투자 중 하나다. 또한 변동성이 매우 높고 몇 년마다 20%에서 50%까지 하락하기도 한다. 주식 투자는 심약한 사람에게는 무척 힘든 일이다.

주식은 장기적으로 채권보다 기대수익률이 높은데 바로 '위험 프리미엄risk premium' 때문이다. 즉 위험이 증가할수록 보상도 증가한다. 주식이 채권보다 수익률이 높지 않다면 아무도 주식 투자를 하려 들지 않을 것이다. 누군가 재무자문가에게 전화를 걸어 "수익은 채권 수준이면 되고 변동성은 50% 이상 왔다 갔다 하는 불안정한 걸로 사고 싶습니다."라고 말하는 걸 상상할 수나 있겠는가? 그렇다면 주식은 포트폴리오에서 어떤 위치를 차지해야 할까?

장기적으로 볼 때, 주식시장만큼 경제 확장을 잘 반영하는 곳은 없다. 앞으로 10년 사이 경제와 비즈니스가 지금보다 더 발전하리라고 믿는다면 주식시장은 당신의 돈을 투자하기에 최적의 분야다. 그러나 주식시장은 단기적으로는 예측이 굉장히 어렵고 종잡을 수가 없다. 실제로 주식은 대략 4년마다 하락하는 경향이 있다. 증시 급락은 흔한 일이며, 때로는 합리적인 이유가 있기도 하지만 때로는 정말 아무 이유 없이 추락하기도 한다. 그러므로 단기 목표를 달성하기 위한 돈은 주식에 투자하지 '않는' 것이 좋다. 주식시장은 '은퇴'처럼 장기적인 목표를 위해 투자하는 곳이다.

부동산, 주식을 좇다

부동산을 사려고 기다리지 말고 부동산을 사고 나서 기다려라.

― 윌 로저스Will Rogers

공개 거래 부동산에 투자하는 것도 고려해볼 수 있다. 주로 공개적으로 거래되는 부동산투자신탁 REIT*을 이용한다. 리츠라고 불리는 부동산투자신탁은 상업용 부동산(공장, 아파트 단지, 상가, 즉 주택 외 부동산)과 소득을 창출할 수 있는 다른 부동산을 모두 포함한다.

투자자가 공개 거래 부동산을 선호하는 이유는 주식과 움직임이 동기화되어 in sync[81] 있지 않기 때문이다. 하지만 그럼에도 부동산 시장은 주식시장과 꽤나 유사하게 움직이며 때로는 상호적으로 연계되어 있을 수 있음을 유념해야 한다. 특히 금융 위기 때는 더욱 그렇다. 리츠는 주식과 다소 다르게 움직이기 때문에 포트폴리오를 다각화할 때 유용하다. 또한 리츠는 부동산 시장 내에서도 탁월한 다각화를 제공한다. 예를 들어 부동산에 10만 달러를 투자할 계획이라고 하자. 당신은 작은 마을의 작은 임대용 부동산을 구입할 수도 있고, 아니면 공개 거래되는 리츠 주식을 구입해 전국의 다양한 부동산 시장 부문(아파트, 공장, 창고 등)에 걸쳐 수천 개의 상업용 부동산 중 일부를 소유할 수도 있다.

리츠는 대개 주식보다 배당금이 높고 거의 두 배 이상을 기록하기도 하는데, 이는 순임대소득이 투자자에게 전달되기 때문이다. 집주인이 겪는 골치 아픈 문제는 신경 쓸 필요 없이 꼬박꼬박 받아 챙기는 돈을 싫어할 사람이 어디 있을까? 임대료는 인플레이션과 함께

- 리츠는 다양한 부동산(시설)에 투자해, 발생하는 임대 수입과 매각 차익을 투자자들에게 배당하는 상품이다. 증시 상장 여부로 상장 리츠와 사모 비非상장 리츠로 나뉜다. '공개 거래 부동산'은 상장 리츠를 가리킨다.

81 보이밴드를 말하는 게 아니다. (원문이 in sync라 '엔싱크N sync'를 지칭한다—옮긴이)

상승하는 경향이 있기에 리츠는 인플레이션을 반영하더라도 수익을 보장받을 수 있다. 마지막으로 공개 거래되는 리츠는 유동성이 높다. 즉 주식처럼 거래할 수 있다는 뜻이다. 전체적으로 공개 거래 리츠는 다각화된 포트폴리오의 일부로서 현명한 투자가 될 수 있다.[82]

상품, 극심한 변동성

상품은 원유와 같은 에너지나 커피, 옥수수, 밀 같은 식품, 또는 금, 은, 구리 등의 귀금속처럼 사고 팔 수 있는 원자재나 농산품을 말한다. 소득을 발생시키지 않고 변동성이 심하며, 종종 높은 세금이 부과된다. 가장 인기 있는 상품인 금을 예로 들어보자.

> 금 투자자들을 자극하는 힘은 시장의 공포심이 갈수록 증가할 것이라는 믿음이다. 지난 10년간 그러한 믿음이 옳았음이 증명되었다. 뿐만 아니라 치솟는 가격은 구매 광풍을 불러일으켰고 가격 상승을 투자 이론의 유효성으로 인식하는 더 많은 구매자들을 끌어들였다. '밴드왜건' 투자자들이 파티에 참가하면서, 적어도 얼마 동안 그들은 자신들만의 진실을 만들어 나가게 된다.
> – 워런 버핏[83]

---

82 경고. '비공개' 리츠(비상장 리츠)는 중개인들 사이에서 매우 인기가 높다. 높은 커미션을 받을 수 있기 때문이다. 문제는 유동성이 '없어' 투명성이 현저하게 떨어진다는 것이다. 여기는 접근할 생각도 하지 마라!

83 더불어 재치 있는 버핏의 말을 첨부한다. "금은 아프리카 같은 지역에서 채굴된다. 그러

[10-1] 연평균 금 시세, 인플레이션 반영(1914~2018)

— 2018년 달러 가치 기준 인플레이션 반영 금 시세
— 금 명목 가격

많은 투자자가 세계 경제가 무너지면 금이 유일하고 진정한 통화 (최근에는 암호화폐가 그 자리를 조금씩 차지하고 있긴 하지만)가 될 것이라고 믿는다. 어떤 사람들은 높은 인플레이션으로 현금의 가치가 점점 저하되기 때문에 금이 가장 안전한 투자처라고 생각한다.

기업과 부동산과 에너지와 달리, 금은 내재가치를 거의 지니고 있지 않다. 기업과 부동산은 소득을 창출할 잠재력을 지니고 있고, 에너지 기업은 수입을 창출하고 세계 경제에서 가장 중요한 자원 중 하

면 우리는 그것을 녹여서 다시 커다란 구멍을 파고 그 안에 묻은 다음, 사람들에게 그것을 지키라고 돈을 준다. 거기에 무슨 효용성이 있단 말인가. 화성인이 이걸 보면 대관절 왜 그러고 있는지 의아해할 것이다."

나를 제공한다. 그러나 금은 소득을 창출하지도 않고 필수적인 자원도 아니다. 역사적으로 금의 투자 성과는 주식과 부동산, 채권보다 낮았으며 인플레이션을 따라가지도 못했다. 가치가 급상승했을 때조차 결국에는 무너졌다. 마지막으로 금은 주식과 채권에 비해 수익이 저조하면서도 장기적으로는 변동성이 큰 자산군 중 하나다. 포트폴리오에 금을 포함시키는 사람은 두려움에 떠는 사람과 투기꾼뿐이다. 포트폴리오에 금을 포함시키면 수익은 기대할 수 없고, 세금은 더 많이 내야 하며, 변동성은 주식시장보다 더 심하고, 장기 수익률은 채권보다도 낮다. 나라면 패스하겠다.

/ 　　　　　　　대안 투자　　　　　　　 /

100명에게 '대안 투자'가 뭔지 묻는다면 100개의 대답을 얻을 수 있을 것이다. 여기서는 주류 시장의 시각을 제공하는 2가지 렌즈를 통해 들여다보자. '대안 투자'는 일반적으로 '공개 시장에 투자하는 대안적 방법' 또는 '공개 시장에 투자하지 않고 수익을 창출할 수 있는 투자'를 의미한다. 헤지펀드는 첫 번째 범주에서 가장 흔한 투자 방법이다(스포일러 경고, 나는 헤지펀드의 팬이 아니다).

공개 시장 거래에 대한 가장 흔한 대안은 비공개 주식과 채권, 부동산을 보유하는 것이다. 비상장 기업들이 거래되는 사적 자본 시장 private market 도 있다. 비상장 회사들은 대부분 개인 사업가의 소유지만, 다른 회사들은 미래 가치의 상승을 노리고 지원과 자본을 투자하는 수천 개 사모펀드들의 소유이다. 그리고 사모 부동산펀드도 있다. 혹시 주변에서 지역개발이나 상가, 아파트 단지를 공동으로 구매하자는 제안을 받은 적이 있는가? 그게 사모 부동산이다.

충분한 교육을 받고 자격을 갖춘 투자자는 대개 투자를 통해 큰 수익을 올릴 수 있지만, 대안 투자는 상당수가 성공 가능성이 낮은 편이다. 대안 투자에 참여하려면 특정한 최소 요건을 충족해야 한다. 일부 상품은 100만 달러 이상의 순자산을 가진 '공인 투자자accredited investor'나 500만 달러 이상의 순자산을 보유한 '적격 투자자qualified purchaser'만이 투자가 가능하다.[84]

헤지펀드, 최악의 주식 투자 방법

나는 더 높은 수수료를 내고, 더 많은 세금을 납부하고, 투자에 대한 접근권을 포기하고, 내 돈이 어디에 어떻게 투자되는지 정확히 알고 싶지도 않고, 평균 이하의 수익을 얻고 싶습니다.

– 그 누구도 절대로 하지 않을 말

세상에는 온갖 종류의 헤지펀드가 존재한다. 그중에서 가장 일반

---

84 규칙을 일부러 단순화하긴 했는데, 이 이야기의 교훈은 이런 유형의 투자가 대부분의 평범한 사람들에게는 불가능하다는 데 있다.

적인 것은 주식에 투자하는 헤지펀드다. 2008년에 워런 버핏은 헤지 펀드 회사인 프로테제 파트너스_{Protégé Partners}의 파트너인 테드 사이데 스_{Ted Seides}와 10년짜리 내기를 했다. 내기에 진 사람이 상대방이 선택한 자선단체에 100만 달러를 기부하기로 했는데,[85] 워런은 헤지펀드가 일반적인 시장 수익률을 능가하지 못하고 지금과 같은 수수료를 정당화할 수 없다고 주장했고, 테드는 그들이 수수료를 받을 자격이 충분하며 동시에 위험 부담 역시 덜하다고 주장했다. 워런은 단순히 주식시장 전체의 성과와 전반적인 헤드펀드 시장을 비교하는 게 아니라 아예 테드에게 헤지펀드를 직접 선택해도 좋다고 말할 정도로 자신만만했다. 다시 말해 아무 거래도 없이 그저 S&P 500을 보유하고 있는 것과 테드가 직접 선발한 최고의 헤지펀드 5개 사이의 대결이었다. 그 결과는 잠시 후에 밝혀질 것이다.

나는 주식과 채권, 부동산, 대안 투자까지 다양한 자산군을 활용해야 한다고 믿는 사람이다. 그럼에도 내 포트폴리오에 주식시장에 투자하는 헤지펀드가 있을 자리는 없다. 여기에는 많은 이유가 있는데, 가장 큰 이유는 '헤지펀드에 투자하는 것은 저성과를 거두는 최상의 방법'이기 때문이다. 당신이 이제까지 헤지펀드에 대해 들은 이야기와는 너무 달라서 의아할지도 모르겠다. 그러니 이제부터 사실과 증거들을 살펴보자.

---

85   나는 블랙잭 테이블에서 25달러를 걸 때도 긴장되는데, 정말 대단한 사람들이다.

헤지펀드는 광범위한 활동을 하는 적격 투자자가 이용할 수 있는 사설 투자펀드다. '사건 중심event-driven'으로 분류되는 일부 헤지펀드는 전쟁이나 원유 공급 부족, 경제 사건 등 사회경제적으로 중요한 사건들을 활용해 우위를 확보하고 수익을 얻으려 한다. 롱숏펀드long/short fund는 주가가 오르거나 내릴 것으로 예상되는 주식을 미리 거래해 차익을 남긴다.

어떤 헤지펀드는 파생상품과 옵션을 활용하고, 대부분이 '레버리지leverage'를 사용하는데, 이는 돈을 빌려 투자하는 방식을 의미한다. 이런 펀드들의 주요 목적은 낮은 변동성으로 주식시장 수익률과 대등하거나 그보다 나은 수익을 제공하는 것이다. 지난 10년처럼 투자성과가 저조할 때, 헤지펀드 매니저들은 수익은 낮아도 변동성을 줄이는 편이 자신의 임무라고 주장할 것이다. 내 경험에 따르면 특히 '낮은 수익'은 그들에게 투자한 (대부분의) 비영리 기관 및 자선단체에게는 아주 평범한 뉴스[86]일 것이다.

헤지펀드는 세금, 수수료, 위험 관리, 투명성, 유동성 등 '모든 주요 범주'에서 커다란 약점을 안고 있다.

먼저 많은 순자산을 보유한 개인의 경우, 자산 배분 후 수익을 견인하는 가장 중요한 지표는 바로 세금이다. 당신은 항상 세금을 줄이기 위해 최선을 다해야 한다. 그러나 헤지펀드는 정확히 그 반대로

---

86   나중에 돌이켜보면 말이다.

작용한다.[87] 세금에 있어 거의 모든 헤지펀드 매니저들은 적극적인 거래를 통해 시장 지수를 따르는 단순한 인덱스펀드에 투자할 때보다 훨씬 큰 타격을 입힌다. 여기서 원아웃.

둘째, 대부분의 헤지펀드는 터무니없이 높은 수수료를 부과한다. 대부분 포트폴리오의 성과와 관계없이 매년 1.5~2%의 관리수수료를 부과하며 수익을 올릴 때마다(만약에 수익이 난다면 말이지만)[88] 20%를 떼어 간다. 투자 성과에서 수수료가 핵심적인 역할을 한다는 점을 감안하면 여기서 투아웃을 외치지 않을 수 없다.[89]

셋째, 헤지펀드 매니저가 어떻게 돈을 버는지 안다면, 이들이 당신의 돈으로 위험한 도박을 할 강력한 동기를 갖고 있다는 사실을 명심하라. 운용 실적에 상관없이 무조건 2% 수수료를 받고 거기에 투자 수익이 발생할 경우 막대한 비율의 추가금까지 받을 수 있다면 뭐가 됐든 크게 한 방 시도해볼 마음이 들지 않을까? 헤지펀드로 30% 이상 수익을 올려 억만장자가 됐던 펀드 매니저가 고작 1년 만에 처참하게 추락하는 것은 그리 드문 일이 아니다. 하지만 그래봤자 펀드 매니저는 망신을 좀 당할 뿐 시간이 지나면 극복할 테고 실질적으로 부

---

87 대부분의 기관이 세금을 내지 않는다는 건 나도 안다. 하지만 아마 당신은 그런 기관이 아닐 것이다.

88 이건 아주 커다란 '만약에'다. 헤지펀드는 실패율이 매우 높다.

89 만일 당신이 기관투자자라면 잘 듣고 메모해두기 바란다. 이 두 번째 아웃과 다른 아웃은 실제로 당신 조직에 적용되는 이야기다. 투자위원회 회의에 참석한 당신의 컨설턴트가 보통 이하의 수익률이란 사실 좋은 것이라고 설득하려고 애쓰는 것도 바로 이런 이유에서다.

정적 영향은 거의 받지 않는다.[90] 자, 이렇게 삼진 아웃이다.

넷째, 헤지펀드는 보유 자산이나 투자 전략을 정기적으로 공개하지 않는다. 따라서 투자자는 자신이 어떤 주식을 보유하고 있고 어떤 위험에 노출되어 있는지 알 도리가 없다.* 헤지펀드에 투자한 대부분의 투자자들은 무슨 일이 있었는지 매니저의 발표를 기다리는 것 외에는 할 수 있는 일이 없다. 나는 투명성을 중요하게 여기는 사람이다. 어떤 경우든 항상 자신이 어떤 자산을 보유하고 있고 어떤 실적을 거두고 있는지 알 수 있어야 한다.[91]

마지막으로 헤지펀드는 유동성이 부족하다. 일반적으로 헤지펀드 투자자는 연중 특정 시점에 상환 '창문'이 열릴 때만 자금을 인출할 수 있다. 이는 인덱스펀드와 극명한 대조를 이루는데, 인덱스펀드는 유동성이 높고 언제든 필요할 때 투자금을 회수할 수 있다. 사모 부동산처럼 본질적으로 유동성이 부족한 투자 유형도 있긴 하지만, 상장주식처럼 원래 유동적인 투자를 선택해놓고도 유동성이 부족해 발목 잡힐 이유는 없다.

그렇다면 세금도 더 많이 내야 하고, 수수료는 100%에서 500%나 높으며, 위험 관리도 부족하고 투명성도 부족하고 출구 전략도 없는

---

90 1억 달러짜리 요트를 몰고 이탈리아 해안을 항해하다 보면 그럴 수 있다.

• 지난 2018년 이후 국내에서도 라임 펀드, 옵티머스 펀드 등 한국형 헤지펀드의 불법 행위로 수조 원대의 투자자 피해가 발생했다. 투자자들은 마지막까지 자신의 돈이 어떻게 운용되고 있는지 확인할 수 없었다.

91 이미 삼진 아웃을 당했으니 더는 카운트할 필요가 없다.

데 도대체 왜 헤지펀드에 투자를 하는 것일까?

대답은 간단하다. 헤지펀드가 일반 투자보다 높은 수익을 창출할 것이라고 믿기 때문이다.[92]

다만 문제가 있다. 헤지펀드는 투자자가 생각하는 것만큼 높은 성과를 내지 못한다!

헤지펀드는 드물지도 않고 특별하지도 않다. 미국 전역에 1만 개가 넘는 헤지펀드가 운용 중이라는 걸 알면 다들 깜짝 놀랄 것이다. 미국 상장기업 수의 두 배를 넘는 숫자다! 크레딧 스위스 헤지펀드 지수Credit Suisse Hedge Fund Index는 헤지펀드의 운용실적을 추적 조사하는데, 비교 자료에 따르면 1994년에 이 지수가 시작된 이래 주요 약세장과 강세장을 골고루 포함한 기간 동안 S&P 500의 수익은 주요 헤지펀드를 약 연 2.5% 앞섰다. 뿐만 아니라 대부분의 헤지펀드는 실적이 너무 나빠 아예 살아남지도 못했다. 1995년부터 2009년까지 6,169개의 헤지펀드(미국 통화 외 및 재간접 헤지펀드funds of funds[93] 제외)를 대상으로 한 최근의 연구에 따르면 1995년에 존재했던 6,169개 헤지펀드 중에서 2009년 말까지 유지되고 있는 것은 37%(2,252개)에 불과했다.

어쩌면 당신은 이렇게 생각할지도 모르겠다. '하지만 유명한 헤지

---

92   그리고 칵테일 파티에서 잘난 척할 권리도 추가된다. 많은 펀드들이 나이트클럽에 설치된 벨벳 로프처럼 폐쇄성을 띤다.

93   재간접 헤지펀드는 수수료를 이중으로 내야 한다. 이들은 다른 헤지펀드에 투자하는 헤지펀드다.

펀드도 있잖아? 오랫동안 끝내주게 잘 나가고 있는 유니콘도 있지 않나?' 그렇다. 그러나 수천 명의 헤지펀드 매니저들 가운데 그중 뛰어난 성과를 올린 사람은 통계적으로 한두 명에 불과하다. 여기에 더욱 무시무시한 사실을 하나 보태자면 최고의 헤지펀드는 종종 가장 화려하게 몰락한다. 노벨상 수상자들이 운영하고 당대 최고의 헤지펀드로 여겨졌던 롱텀 캐피탈 매니지먼트 Long Term Capital Management 는 1998년 하룻밤 새 무너졌고 그 과정에서 시장도 함께 추락시켰다. 헤지펀드가 어리석은 투자라고 반복해서 언급했던 워런 버핏은 롱텀 캐피탈 사건에 대해 이렇게 말했다. "그들은 이 나라에서 한 분야에서 일하는 어떤 16명보다도 더 높은 평균 IQ를 지니고 있었을 것이며 엄청난 지성을 갖추고 있었다. 더불어 이 16명이 그들의 전문 분야에서 광범위한 경험을 보유하고 있다는 사실을 감안하면 아마도 전부 합쳐 350~400년의 경험을 갖추고 있었을 것이다. 그리고 그들 대부분이 실제로 보유하고 있던 거의 모든 순자산을 사업에 투자했다. 간단히 말해 이들은 파산했고 나는 이 사실이 정말 놀랍다."[94]

최근에 떠오른 헤지펀드계의 스타 존 폴슨 John Paulson 은 서브프라임 위기를 예측하고 올바른 쪽에 걸어 도박에 성공했다. 그가 운영하는 헤지펀드에 투자한 투자자들은 엄청난 수익을 올렸고 그 자신도 단 1년 만에 수십 억 달러를 벌었다. 그러나 투자자들에게는 안타깝

---

94 워런은 "놀랍다"고 말했지만, 그 펀드에 투자한 사람이었다면 차마 입에 담을 수 없는 표현을 사용했으리라고 확신한다.

게도, 그는 증시가 회복하기 시작한 2011년에 52%의 손실을 입었고 2011년 이후로는 총 290억 달러의 자본금을 잃었다. 하지만 폴슨은 혼자가 아니다. 2015년 이래 매년 개설되는 헤지펀드보다 폐쇄되는 헤지펀드가 더 많기 때문이다.

헤지펀드 옹호론자들[95]은 헤지펀드의 목적이 시장 수익률을 능가하는 것이긴 하지만 지금은 단순히 포트폴리오의 변동성을 줄이고 안정성을 유지하는 데 있다고 말할 것이다. 그러나 2002년부터 2013년까지 변동성을 줄이기 위한 헤지펀드와 주식 60%·채권40%로 구성된 단순한 포트폴리오의 실적을 비교해보면 단순한 인덱스 포트폴리오의 수익이 헤지펀드를 능가할 뿐만 아니라 '변동성마저 더 낮았음'을 알 수 있다.

이제 워런 버핏과 테드 사이데스의 내기로 다시 돌아가 보자. 10년 후 S&P 500은 99% 상승하여 연평균 7.1%의 수익률을 기록했다. 헤지펀드는 상승률이 24%에 그쳤으며 수익률은 연평균 2.2%에 불과했다.

그렇다. 헤지펀드는 누군가를 엄청난 부자로 만들어줄 수 있다. 다만 그 사람이 당신이 아닐 따름이다.[96]

---

95 대개 헤지펀드를 운영하는 사람이나 판매하는 사람이다.

96 헤지펀드 매니저들은 계속해서 손쉽게 돈을 긁어모으며 요트를 몰 것이다. 우리를 얼마나 멍청하다고 생각하고 있을까. 실제로도 우리는 그들이 그렇게 생각할 만한 수많은 이유를 제공해주고 있다

사모펀드

'사모펀드private equity funds'는 수년간 비공개회사에 자본을 투자하는 대신 공개 시장에서 거래할 수 없는 지분권을 소유한다.[97] 크게 세 가지 범주로 구분된다. 많은 사람들이 그 자체로 별도의 자산군으로 여기는 벤처캐피탈 펀드venture capital funds와 성장주 펀드growth equity, 그리고 기업인수 펀드buyout fund다. '벤처캐피탈 펀드'는 기업의 초기 단계에 투자한다. 이윤도 없고, 때로는 수익도 없고, 심지어 가끔은 상품이 존재하지도 않는 단계에서 말이다. 벤처캐피탈 펀드가 제품이 아닌 아이디어에 투자하는 것은 그리 드문 일이 아니다. 대부분의 투자자에게는 적합하지 않은 위험한 게임이지만 이를 조금 더 자세히 들여다보자.

흔히 많은 사람들이 사모펀드라고 생각하는 것은 대개 '성장주'라고 불리는 자산군의 부분교집합이다. 성장주 펀드는 이미 수익뿐 아니라 이윤을 창출하는 상품의 형태로 미래가 입증된 유망 기업에 투자한다. 마지막으로 바이아웃 펀드라고도 불리는 '기업인수 펀드'는 사업체의 주요 지분을 매입하며, 거의 항상 레버리지[98]를 사용한다.

이제 하나씩 차례대로 살펴보자.

---

97   사모펀드는 상장기업에 투자할 수도 있으나, 그런 경우에도 펀드의 지분은 공개 시장에서 거래할 수 없다.

98   부자들이 "빚"이라고 부르는 것

벤처캐피탈

우리는 이미 적을 만났어. 바로 우리야.
- 포고[99]

 2017년 나는 샌프란시스코 시내에 있는 한 카페에서 유명한 억만
장자를 기다리고 있었다. 그는 IT 업계의 거물로 약속시간보다 한 시
간 늦게 도착했다. 후드티를 뒤집어쓰고 면도도 하지 않은 채였다. 그
시점에서 나는 이게 현실인지 아니면 〈실리콘밸리Silicon Valley(IT 회사의
일상을 그린 미국 시트콤―옮긴이)〉의 한 에피소드인지 헷갈릴 지경이
었다. 그는 내 상상보다 더 멋지고 똑똑했으며, 눈 깜짝할 사이에 다
양한 주제를 넘나들며 엄청난 통찰력을 보여주었다. 그는 웨이터에
게 주문을 하고, 얼마 전 휴가 때 가족들과 즐긴 요트 여행에 대해
짧게 이야기한 다음 곧장 본론에 돌입했다.
 그는 수십억 달러가 넘는 본인 회사 주식을 갖고 있는데 스타트업
기업에 투자하기를 즐긴다고 말했다. 그는 이미 100개가 넘는 신생기
업에 투자를 하고 있었다. 하지만 그의 개인가족회사 CFO가 자산을

99　포고는 저명한 철학자나 자산관리사가 아니다. 1940년대부터 80년대까지 인기를 끌었
　　던 컷만화comic strip의 주인공이다. 30세 이하의 독자들에게. 여기서 말하는 컷만화란
　　유머를 표현하기 위해 일련의 그림 상자를 배열한 것으로, 보통 신문에 연재되었다. 그
　　리고 스무 살 이하의 독자들에게. 신문이란 접힌 종이의 형태로 발간되는 인쇄 매체인
　　데 대부분 뉴스 기사와 사설, 광고로 구성되며 때때로 컷만화도 싣는다.

다각화해야 한다면서 나와 약속을 잡아주었다고 했다. 나는 다각화된 포트폴리오의 장점과 그가 일부 자산을 다각화해야 하는 이유에 대해 설명해주었다. 하지만 그는 자신이 손대고 있는 벤처캐피탈 투자의 대부분이 실패할 것이라고 '충분히 예상'하고 있으며, 대신에 그중 몇 개만 성공하더라도 손실분을 메울 수 있다고 말했다(그가 투자한 우버는 분명 훌륭한 성공 사례 중 하나였다). 그리고 설령 모든 투자에 실패한다고 해도 수십억 달러가 있기 때문에 신경 쓰지 않는다고 했다.

물론 '그가 옳다.' 만일 당신이 필요한 것보다 훨씬 많은 돈을 갖고 있다면 하고 싶은 대로 뭐든 해도 된다. 남에게 줘버려도 되고 미래를 위해 투자해도 되고 스타트업에 투자하거나 아니면 풀장을 만들어 돈으로 가득 채운 다음 욕심쟁이 오리 아저씨 Scrooge McDuck 처럼 뛰어들어 수영을 즐겨도 그만이다. 하지만 이런 경우가 아니라면 벤처캐피탈은 당신에게 적합하지 않다.

벤처캐피탈 투자는 엄청 근사하고 섹시하게 들린다. 미국의 수많은 대기업들이 벤처캐피탈 펀드에서 탄생했다. 구글, 페이스북, 트위터, 드랍박스, 우버, 당신이 알고 있는 거의 모든 유니콘 투자들이 그렇다. 그러나 많은 투자자들, 심지어 기관들마저도 벤처캐피탈이 창출하는 거대한 수익을 잘못 해석하고 있다.

20억 달러의 기금을 보유한 카우프만 재단 Kauffman Foundation 은 미국에서 최대 규모의 자산을 운영하는 비영리 재단 중 하나다. 2012년에 재단은 지난 20년간 그들이 투자한 100개의 벤처캐피탈 펀드에 대해 충격적인 보고서를 발간했는데, 그 제목이 바로 '우리는 적을 만났고 그것은 바로 우리였다'였다. 나는 '카우프만 재단이 20년에 걸친 벤처캐피탈 펀드 투자에서 배운 교훈, 그리고 경험을 능가하는 희망의 승리'라는 부제도 좋아한다.

논문에 따르면 벤처캐피탈 펀드의 대다수는 중소기업 인덱스보다 수익률이 낮고(벤처캐피탈 펀드 30개 중 인덱스펀드를 능가한 것은 4개에 불과) 평균적으로 '수수료 지불 후 투자한 자본을 회수하는 데 실패'했다. 이게 특히 문제가 되는 이유는 벤처캐피탈 펀드가 투자하는 회사들은 소규모이고 인덱스펀드를 구성하는 상장회사들에 비해 그 규모가 훨씬, 훨씬 더 작기 때문이다. 이는 벤처캐피탈 펀드가 얼마나 위험한지를 가늠케 한다. 이런 펀드들은 성과가 낮은 것은 물론, 훨씬 더 위험하고 수수료는 높으며(2% 고정 수수료에 더해 수익에 대한 성과급 20%), 유동성(길게는 10년 동안 자금을 묵혀둬야 한다)과 투명성(비공개 스타트업 회사 내부에서 실제로 무슨 일이 벌어지고 있는지 아는 사람이 얼마나 되는가?)이 낮다.

해당 보고서의 결론은 매우 간단하다. 벤처캐피탈보다는 소기업 인덱스펀드에 투자하는 편이 훨씬 낫다. 연구진은 "우리와 같은 투자자들은 시간에 굴복하고, 행동재무학적 편향인 내러티브 오류에 또다시 굴복한다."고 썼다. 즉 벤처캐피탈 펀드 투자는 대부분 고수익이라는 매력적인 이야기에 혹해 넘어가는 것뿐이라는 얘기다.

혹시 아직도 벤처캐피탈에 관심이 있고 카우프만 재단처럼 실패하지 않을 자신이 있다면, 당신은 비영리재단과 달리 소득이 생길 때마다 세금을 납부해야 한다는 사실을 잊지 말기 바란다. 즉 설령 낮은 투자 수익률이라는 함정에 빠지지 않고 이겨낸다고 해도 세금의 신이 당신의 발목을 잡아끌 것이라는 얘기다. 10년 이상 대형주를 능가할 확률이 높은 자산군에 투자하고 싶다면 정답은 벤처캐피탈이 아니라 소기업 인덱스 투자다.

성장주와 기업인수 펀드

사모펀드는 뒤늦게 투자하는 것이고 벤처캐피탈은 선견지명으로 투자하는 것이다.

— 조지스 반 호가든Georges Van Hoegaerden

'성장주 펀드'*란 이름 그대로를 의미한다. 이들은 투자자로부터 자금을 조달해 수익성 높은 소규모 사업체를 인수해 펀드 매니저의 전문지식을 활용해 더 크고 더 수익성 높은 사업체로 성장시킨다. 이 펀드의 투자자들이 기대하는 것은 향후 사업체가 더 높은 가격으로 매각되거나 또는 회사가 상장될 때 이익을 실현하는 것이다. 성장주 펀드는 투자자들의 자본 외에도 종종 레버리지를 활용하는데, 특히 기업인수 펀드일 때에는 더욱 그렇다. 자본을 빌려 사업체를 인수함

---

* '비상장 주식 투자 펀드'로 이해하면 될 것 같다. '상장'이라는 관점에서 보면 최근 개념이나 운용 방법은 다르지만 단지 상장만을 위해 비상장 기업을 인수·합병하는 '스팩SPAC'이 크게 인기를 끌었다.

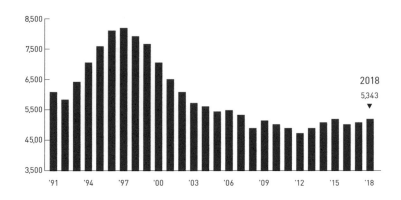

[10-2] 미국 상장기업의 수(1991~2018)

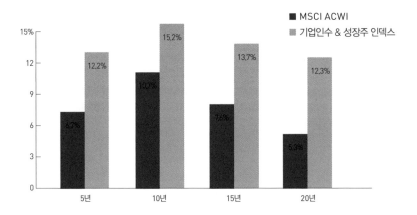

[10-3] 공모펀드 대비 사모펀드 수익률

MCSI AC 세계 총수익률
글로벌 기업인수 & 성장주 인덱스

■ MSCI ACWI
■ 기업인수 & 성장주 인덱스

으로써 펀드 매니저는 자본 활용을 극대화할 수 있고 사업체의 자산이 확대된다면 더 나은 수익을 돌려받을 수 있다. 이 자산군은 빠른 속도로 확산 중이며 현재에는 시장에서 거래되는 상장기업보다도 더 많은 사모펀드(약 8,000개)가 운영되고 있다.

사모펀드에 자금이 쏟아져 들어오기 시작한 것은 1980년대다. 지난 20년간 사모펀드가 얼마나 성장했는지를 감안하면 결국 결과가 모든 것을 말해주는 법이다. 성장주 펀드는 꾸준히 공개 시장 수익률을 능가하고 있다.

같은 기간 동안 대학 및 자선단체와 같은 기관들은 헤지펀드 및 사모펀드를 중심으로 대안 투자의 성과를 검토하기 시작했다. 그 결과 헤지펀드는 시장지수에 비해 수익률이 낮은 반면 사모펀드들은 상당한 성과를 거뒀다. 이 같은 데이터에 입각해 이후 기관들은 헤지펀드에 대한 투자를 줄이거나 없애고 사모펀드에 자금을 붓기 시작했다.

사모펀드 회사들은 그들의 자본과 전문지식으로 이윤을 창출할 수 있을 사기업을 찾는다. 단순히 자금을 투자하고 투자 내역을 모니터하는 일부 사모펀드 회사들이 있는 반면, 많은 회사들이 회사의 성장을 위해 적극적으로 개입하고 조언을 아끼지 않는다. 사모펀드 회사들은 일반적으로 투자 회사의 핵심 경영진과 긴밀하게 협력하며 때로는 그들을 선택하는 데 관여하기도 한다. 이러한 경제적 환경은 모두의 이해관계와 일치한다. 사모펀드 회사는 일정 수익률 이상의 이윤을 배분하고, 경영진은 성장을 촉구할 인센티브를 갖게 되며, 투자자들은 회사가 성장하길 고대하며 7~12년에 달하는 장기간 동안 자금을 투입한다.

많은 성공적인 사업가들이 뛰어난 아이디어를 가지고 직원들을 고용하고 회사를 일구지만 대부분 사업을 확장할 자본이나 운영 기술을 갖추고 있지는 못하다. 여기서 '확장scale'이란 극도로 높은 수익을 창출해 (궁극적으로) 회사가 이윤을 낼 수 있도록 발전시키는 것을 의미한다. 사모펀드 회사들은 이런 확장에 있어 뛰어난 역량을 갖추고 있으며, 스타트업 기업들에게 귀중한 자원을 제공해줄 수 있다. 사모펀드 회사들은 또한 회사의 매각 가격을 극대화하는 데 능수능란하다. 이들은 온갖 부류의 구매자와 거래한 경험이 있고, 그중에는 전략적 제휴(사업체를 즉시 확장할 수 있는 다른 회사들. 인스타그램을 인수한 페이스북을 생각해보라)와 스폰서(다른 사모펀드), 또는 초기 공모 완료(구글이나 리프트) 등이 있다.

최고의 사모펀드 회사들은 비즈니스 확장, 성장 자금 조달, 숙련된 인재 투자 및 제도 정비 등에 관한 유용한 전문 지식을 지니고 있다. 그럼에도 투자 자산군으로서 한 가지 단점이 있다. 주식이 공개적으로 거래되지 않기 때문에 수년 동안 자금이 묶여 있을 수밖에 없다는 것이다. 그러므로 짧은 시일 내 자금이 필요해질 사람은 사모펀드에 투자해서는 안 된다. 스케줄 K-1 Schedule K-1 (세금 양식)을 받을 수 있을 때까지 기다려야 하기 때문에 세금 환급도 지연된다. 물론 기대한 만큼의 수익이 달성되거나 계속 유지되리라는 보장도, 채권 수익을 능가하리라는 보장도 없다. 이 모든 것을 종합하면 결국 사모펀드로 최고의 성과를 거둘 수 있는 사람은 고액의 순자산을 지닌 인내심 강한 장기 투자자라는 의미가 된다.

사모 대출

은행가는 반소매 셔츠를 빌려주고 긴소매 셔츠를 갚으라고 요구하는 사람이다.
― 자로드 킨츠Jarod Kintz

당신이 은행을 운영하지 않는 이상, 사모 대출private lending 부문에 투자해 돈을 벌 수도 있다. 사모 대출펀드에는 소비자 대출, 부동산 담보 대출, 기업 대출 등 여러 가지 종류가 있다.

여기서 우리가 초점을 맞추는 것은 중견시장middle market을 위한 대출 펀드다. 사모펀드가 주식시장의 민간 버전이라면 중견시장 대출은 채권시장의 민간 버전에 비유할 수 있다. 매출액이 2,500달러에서 수억 달러 사이인 중견기업은 중소기업 및 소상공인 대출을 받기에는 규모가 너무 크고, 대기업 대출을 받기엔 너무 작다. 게다가 비공개 회사이기 때문에 자금 조달을 위해 공모채권시장에 접근할 수도 없다. 따라서 성장 자본을 조달하기 위해 필연적으로 두 가지 선택지에 봉착한다. 회사 일부를 사모펀드에 매각하거나 중견시장 대출펀드에서 돈을 빌리는 것이다.

중견시장 대출펀드는 전문 투자자가 자금을 조달하고 사업체를 평가한다는 점에서 사모펀드와 상당히 유사한 방식으로 운영되지만, 회사 지분을 확보하는 대신 단순히 자금만 빌려준다. 이때 '담보'는 있을 수도 있고 없을 수도 있는데, 건물이나 장비 같은 일종의 자산을 담보로 삼거나 대출금을 지분으로 변환하는 옵션을 제시할 수도 있다. 이 시장에서는 은행이 활동하지 않기 때문에 펀드는 사업체에 은행보다 더 높은 이율을 요구할 수 있다. 사모펀드와 마찬가지로 투자자는 특정 조건을 충족해야 하며, 해당 자금은 일정 기간 동안 유통할 수 없고 추가 세금 양식 및 세금 보고서 제출 기한을 연장 처리해야 한다. 사모 대출펀드가 공개채권시장의 수익을 능가하리라는 보장은 없지만 (특히 역사가 짧다는 점에서) 대출의 위험도를 감안할 때 중견시장 대출의 위험 조정 수익률은 시간이 지날수록 상향될 가능성이 크다. 이들 펀드는 운영 경험과 위험 특성에 따라 차이가 크기 때문에 아무리 능숙한 투자자라도 매우 신중하게 접근해야 한다.

/   사적 부동산   /

> 땅이 한 뙈기도 없는 사람은 진정한 사내가 아니다.
> – 유대 잠언

사적 부동산은 그 범위가 굉장히 넓다. 공개 거래되는 리츠 외에 투자용 부동산을 보유하고 있다면 당신은 사적 부동산을 소유하고 있는 것이다. 가령 소유하고 있는 농경지를 누군가에게 빌려준다면 대안 투자 수단을 소유하고 있는 셈이다. 남에게 임대할 수 있는 별장이나 공유 가능한 아파트를 소유하고 있는 경우도 마찬가지다. 세상에는 수많은 종류의 사적 부동산이 존재한다. 개인 주거지(나쁜 소식 하나, 당신이 집을 소유하고 있다는 건 무척 다행한 일이지만 그건 투자 대상이 아니다. 거기에 대해서는 나중에 설명하도록 하겠다)나 잉여 주택이나 휴가용 별장(미안하지만 이것 역시 투자 목적으로 구입했다고 해도 여전히 투자 대상이 아니다)을 소유할 수도 있다. 소득을 창출하거나 그럴 잠재력을 지닌 다른 부동산을 갖고 있을 수도 있다(이건 투자라고 불러도 된다). 아니면 사모 부동산 펀드에 투자할 수도 있는데, 이는 전문가에게 돈을 맡겨 다른 부동산에 투자하는 것이다. 하나씩 차례대로 살펴보자.

거주 주택

나와 아내는 2000년 여름에 처음으로 우리 집을 마련했다. 더할 나위 없이 흥분되는 일이었다! 그것은 우리가 이제껏 '투자'한 것 중 가장 큰 자산이었다. 재정적 자유를 위한 재무설계를 업데이트하는 과정에서 우리는 다른 모든 사람들처럼 집을 순자산 명세서에 자산으로 기입했다. 주택융자는 부채로 표시했다. 그러나 사실 집과 주택융자는 모두 '부채' 현금 흐름이다. 융자금이 있는 이상 매달 이자를 갚아야 하기 때문이다. 또한 집 자체에 대해 매년 재산세를 내고 유지보수 비용 및 보험료를 지출해야 한다. 융자금을 전부 상환한 후에도 이 모든 지출 비용은 사라지지 않을 것이며 시간이 지날수록 오히려 증가할 것이다.

대부분의 사람들은 집을 가장 큰 자산으로 인식한다. 그리고 많은 사람들에게 매달 상환하는 융자금이라는 강제 '저축'은 시간이 지나면서 자기자본을 형성하며, 향후 특정 시점에서 이 부담에서 해방되면 남은 돈은 은퇴 자금에 보탤 수 있다. 이런 점에서 집을 소유한다는 것은 말하자면 억지로 돈을 저축하도록 강요하기 때문에 매우 유익하다. 그러나 오해는 하지 말도록. 집은 좋은 투자처가 아니다. 똑같은 시간과 금액을 평범하고 다각화된 포트폴리오에 투자하면 융자금을 상환할 때보다 100% 더 나은 수익을 얻을 수 있다. 하지만 살 곳이, 특히 여러 명이 살 공간이 필요하다면 적어도 꼬박꼬박 월세를 내며 돈을 허공으로 날리는 것보다는 내 집을 마련하는 편이 낫다.

궁극적으로 집을 선택할 때는 감정적인 결정을 내려야 한다. 집이 단순히 돈과 관련된 문제라면 누구나 벽과 지붕만으로 만족하며 차액을 투자에 활용할 것이다. 하지만 집은 돈이 다가 아니다. 인생의 대부분을 보내고 추억을 쌓는 곳이다. 무엇보다 먼저 안전하고 금전적으로 감당할 수 있는 집을 고른 다음, 남는 돈을 투자에 배분하라.

잉여 주택

고객들이 자주 묻는 질문 중 하나는 "투자용으로 집을 한 채 더 마련해도 좋을까요?"이다. 나는 개인적으로 이 질문과 관련된 대화를 꽤 즐기는 편이다. 자산관리의 핵심을 관통하는 질문이기 때문이다. 대부분의 자산관리는 부를 극대화하는 방법과 같은 재정적 사안을 다루지만, 이 질문은 부를 쌓는 목적처럼 정서적인 사안과도 연관되어 있다. 재정적 측면에서 "잉여 주택에 돈을 투자해야 할까요?"라는 질문에 대한 내 대답은 거의 항상 "아니오."이다. 잉여 주택(이 점에 있어서는 첫 번째 주택도 마찬가지)이 좋은 투자 대상이 되는 경우는 매우 드물다. 현금 흐름뿐만 아니라 자산 가치 때문이다.

먼저 잉여 주택의 자산가치 상승 또는 손실에 대해 알아보자. 만일 당신이 플로리다에 있는 콘도나 콜로라도에 작은 오두막집을 하나 구입했다면 10년이나 20년 뒤에 운 좋게 그것을 다시 팔 수 있을지도 모른다. 하지만 마이너스 현금 흐름을 고려하면 상황은 당신이 생각하는 것보다 훨씬 나빠진다.

좋은 투자는 긍정적 현금 흐름을 생성한다. 예를 들어 주식을 소유하고 있다면 배당금을 챙길 수 있다. 채권의 경우 이표를 지급받을 수 있다. 공개 거래되는 부동산 펀드나 임대 부동산 같은 투자 부동산을 소유하면 배당금이나 임대료를 받을 수 있다. 이런 자산들은 자산 가치가 변동하더라도 '돈이 흘러들어오기' 때문에 이익이 된다. 그러나 잉여 주택을 소유하면 '돈이 빠져나가게' 된다. 간단히 말해 집을 한 채 더 사느니 차라리 여행을 가거나 리츠 칼튼에서 휴가를 보내는 편이 훨씬 낫다.

그러나 이건 금전적인 측면에 국한된 이야기일 뿐이다. 대부분의 사람들에게 돈이란 그 자체로 좋은 게 아니라 삶의 다른 목적을 이루기 위해 저축하고 투자하는 것이다. 돈의 유일한 가치는 '그것으로 무엇을 할 수 있느냐'에 있다. 돈은 가족의 반석이 되고, 주변 사람들을 돌볼 수 있게 돕는다. 필요한 사람들에게 자선 기부를 하고, 지역사회에 영향을 주고, 성공을 넘어 의미에 초점을 맞출 수 있게 해준다. 근사한 디자인의 자동차를 사거나 가족들과 추억을 쌓을 잉여 주택을 구입할 수도 있다. 잉여 주택은 재정적 투자로서는 그리 훌륭하지 않을지 몰라도 감정적 투자로서는 좋은 결과를 가져올 수 있다.

사적 부동산

포트폴리오의 다각화를 위해 부동산을 구입하면 확실히 가치를 더할 수는 있으나 내 생각에 부동산은 과대평가된 자산이다. 주식 투자보다 부동산이 훨씬 더 안전하고 나은 투자라는 믿음은 널리 퍼져 있다. 하지만 당신 친구가 라스베이거스에서 한탕 크게 했다는 무용담처럼 부동산 투자로 수백만 달러를 벌어들인 '승자'의 이야기는 자주 접해도 파산한 사람의 이야기는 들을 수가 없다. 모든 투자에는 위험이 따르며, 부동산을 소유함으로써 수반되는 위험이 주식 투자와 다르다는 이유만으로 위험에서 자유로워지는 것은 아니다.

부동산 투자 서사를 부추기는 것 중 하나는 바로 레버리지의 이용이다. 기억할지 모르겠지만, 투자에서 레버리지란 부채를 이용해 투자 자본을 마련하는 것을 의미한다. 부동산 투자에서는 100% 현금을 사용하는 경우가 드물다. 투자자는 원하는 부동산의 가치를 바탕으로 돈을 빌린다. 가령 10만 달러짜리 듀플렉스*를 구입하고 싶다면, 당신은 자기자본 2만 달러를 투자하고 나머지 8만 달러는 은행에서 대출을 받을 것이다. 1년 뒤, 부동산의 가치가 12만 달러로 상승하면 당신은 집을 팔기로 결심한다. 8만 달러 대출금을 갚고 나면 당신 주머니에는 4만 달러가 남게 된다. 즉 부동산 가치는 20% 상승했는데 당신은 100% 수익을 올린 셈이다. 이게 바로 레버리지의 힘이다. 레버리지는 투자 수익을 증폭시킨다.

문제는 그 힘이 반대쪽으로도 작용할 수 있다는 점이다. 예를 들어 부동산 가격이 8만 달러로 떨어져서 어쩔 수 없이 팔아야 한다고 치자. 대출금을 갚고 나면 당신에게는 남는 것이 없다. 단순히 부동산 가치의 20%를 잃은 것이 아니라 투자금 전체를 상실한 것이다. 부동산 투자에 손을 댔다가 파산에 이른 사람이 그토록 많은 것도 바로 이런 이유 때문이다. 레버리지에 지나치게 의존하면 부동산 가치가 크게 하락할 경우 자산 가치보다 더 큰 손실을 입을 수 있다. 그리고 상황이 악화되면 정말 눈 깜짝할 사이에 바닥으로 추락할 수 있다. 2008년 금융 위기 때 주택융자금 때문에 집을 잃은 수많은 가정들이 어떻게 됐는지 생각해보라. 전국적으로 부동산 가격이 폭락한 탓에 사람들은 집을 팔아도 부채를 갚을 수가 없었다.

레버리지는 거의 모든 투자에 활용할 수 있다. 가령 10만 달러짜리 투자 계좌를 갖고 있다면 5만 달러를 추가로 빌려 더 많은 주식을 살 수 있다. 많은 사람들이 '극도로 위험한 짓'이라고 생각할 테지만, 신기하게도 부동산을 구입하기 위해 똑같은 방법을 활용할 때는 별로

•   2개층을 통합해 한 가구가 거주하는 형태. 여기서는 '듀플렉스 팬션'을 의미한다.

거리낌을 느끼지 않는다. 어떤 이들은 인플레이션의 힘 덕분에 부동산은 다른 자산군에 적용되는 법칙의 영향을 받지 않는다고 여긴다. 특히 시간이 지날수록 집값이 올라가는 지역에 살고 있다면 말이다. 그러나 이런 근시안적 관점은 한때 각광받던 지역이 나중에 인프라 붕괴와 경제 중심구의 변화, 또는 소비자의 취향 변화 때문에 가치가 하락할지도 모른다는 가정을 간과하고 있다.

포트폴리오에 사적 부동산을 포함하는 선택이 타당할 경우에는 몇 가지 이점을 누릴 수 있다. 우선 투자하고자 하는 부동산 종류(사무용 건물이나 임대용 단독 주택)를 직접 선택할 수 있다. 이른바 '기회 구역'이라고 불리는 경제적으로 침체된 특정 지역의 개발 계획에 투자한다면 세금 혜택을 받을 수 있다.

많은 경우 이런 투자는 사모 부동산 펀드를 통해 가능하며, 다양한 투자자로부터 자금을 조달해 상가, 병원, 아파트 건물 등 특정 프로젝트에 자금을 지원한다. 이런 펀드 매니저의 목적은 부동산을 개발해 임차인에게 임대한 다음 약 7년 후에 다른 사람에게 매각하는 것이다. 이 같은 투자는 다른 민간 투자와 마찬가지로 여러 제약을 받게 된다. 세금 환급을 신청하는 데 비용이 추가되거나, 투자 자금에 몇 년 동안이나 접근하지 못할 수도 있다. 일반적으로 이런 펀드는 자금 회수를 요청할 수 있는 특별한 창구를 보유하고 있으나 대부분 부동산이 판매될 때까지는 투자금이 동결된다.

부동산 사업

이미 부동산 사업에 종사하고 있고 소제목을 보자마자 눈동자를 굴리는 독자 여러분께 먼저 한마디. 이제까지 앞에서 부동산에 관해 다룬 내용과 부동산 사업 그 자체를 혼동해서는 안 된다. 주택 건설업자를 예로 들어보자. 이들은 소득을 창출하는 부동산을 구매하지도 않고 다각화된 투자 목록의 일부로 보유하지도 않는다. 부동산은 그저 그들의 직업일 따름이다.

이들은 자본을 투입해 가치 있는 것을 생산하고 그것을 판매한다. 부동산 사업이라는 직종에 종사함으로써 이들이 거둘 수 있는 수익은 30% 혹은 그 이상이다. 그래야만 한다. 그렇지 않으면 아무도 부동산 개발자가 직면해야 할 커다란 위험들을 감수하지 않을 테니 말이다. 상장회사 주식을 보유하는 것과 작은 사업체를 소유하는 것이 다른 것처럼 부동산 투자와 부동산 사업은 다르다. 부동산 사업은 소규모 사업체 운영과 똑같은 방식의 투자이며(즉 위험하다) 전통적인 자산군과 혼동하면 안 된다.

내게 사적 부동산에 대한 개념이란 이렇다. 세상에서 가장 훌륭한 회사의 주식을 소유하는 것과 저 모든 건물들 중에서 하나만 가질 수 있다면 무엇을 선택할 것인가? 숙련된 투자자라면 언제나 주식을 선택할 것이다.

암호화폐

나는 암호화폐의 끝이 좋지 않을 것이라고 거의 확신을 갖고 말할 수 있다.
– 워런 버핏

암호화폐는 거래를 안전하게 보호하고, 승인되지 않은 무단 복제
나 생성을 방지하고, 화폐가 정확하게 전송되도록 인증하는 전자화
폐다. 요즘에는 암호화폐에 투자하는 것이 대유행이다. 세상에는 문
자 그대로 수천 종류가 넘는 암호화폐가 존재하는데, 최근 인터넷과
언론에서 가장 유명한 것은 비트코인이니 여기서는 비트코인에 초점
을 맞춰보겠다. 먼저 기본적인 배경 정보부터 알아보자.

달러와 엔, 유로화가 전통적인 통화의 일종인 것처럼 비트코인은
대표적인 암호화폐로, 사토시 나카모토 Satoshi Nakamoto 라는 사람이 개
발했다. 여기서 알아야 할 점은 아무도 이 사토시 나카모토가 누구
인지 모른다는 것이다. 한 사람인지 아니면 집단의 이름인지도 모른
다. 사토시는 정부를 신뢰하지 않았고, 정부의 개입을 차단하고 정부
가 쉽게 공격할 수 없는 탈중앙화 통화제도를 만드는 것이 자신의 사
명이라고 말했다. 비트코인은 최초의 탈중앙화 디지털 화폐였다. 사
토시는 또한 블록체인(일종의 '분산형 장부'로 작용하는 필수 시스템)을
발명해 각각의 비트코인이 유효하고 복제가 불가능하다는 사실을 확
인할 수 있도록 만들었다.

블록체인은 본질적으로 인터넷을 통해 다른 사람과 안심하고 거

래할 수 있게 해준다. 블록체인이 발명되기 전에는 그런 거래를 하려면 중개인이 필요했다. 익숙한 예로는 부동산 거래를 들 수 있을 것이다. 자, 당신이 집을 팔고 싶다고 하자. 대부분의 경우 그 집을 사러 온 사람은 낯선 사람일 것이다. 그는 당신이 그 집의 진짜 소유주임을 확인하기 위해 지방정부가 제공하는 소유권이나 권리증서가 기록된 중앙화된 장부나 데이터베이스에 의존한다. 구매자와 대출기관(있을 경우)은 그런 인증 데이터 덕분에 안심하고 주택을 구매할 수 있다. 이때 중앙화된 데이터베이스는 거래를 활성화하는 데 필수적인 요소다.

블록체인의 목적은 이런 중앙집중식 데이터베이스의 필요를 제거하는 것이다. 블록체인 기술을 사용하면 각자가 장부를 소유하고 거래 내역을 추적할 수 있다. 가령 앞에서 예로 든 부동산 거래에서 블록체인을 사용한다면, 당신이 메리 수에게 집을 팔 때 양자 모두 거래가 발생했음을 인정하고 각자가 지닌 장부를 업데이트한다. 메리 수가 그 집을 판매하게 되었을 때도 다음 구입자는 블록체인 기록을 통해 그가 집의 소유권을 갖고 있는지 즉시 확인할 수 있다. 이런 시스템은 두 가지를 가능케 한다. 첫째, 중개인(이 경우에는 지방정부)의 필요성이 사라진다. 둘째, 거래가 즉각적으로 발생한다. 변호사를 끌어들일 필요도 없고, 정보를 요청하거나 진위 여부를 따로 확인할 필요도 없다. 블록체인은 이미 여러 산업 분야를 변화시키고 주요 기업들이 운영되는 방식을 변화시키고 있는 실용적인 기술이다.

IBM은 블록체인에 많은 투자를 했다. IBM의 전 CEO인 버지니아 로메티 Virginia Rometty 는 주주들에게 이런 서한을 보냈다. "블록체인은 공유원장과 스마트 계약을 결합하여 선적 컨테이너와 같은 물리적 자산, 채권과 같은 금융 자산, 혹은 음악과 같은 디지털 자산까지 모든 형태의 자산을 어떤 비즈니스 네트워크 안에서도 안전하게 거래할 수 있게 해줍니다. 블록체인은 인터넷이 정보에 변화를 가져온 것처럼 신뢰 거래의 혁신을 가져올 것입니다." IBM은 월마트와 협력하여 블록체인을 이용해 재고관리를 하고 있다. 월마트는 블록체인이 과일의 이동을 추적하는 데 필요한 시간을 7일에서 2초로 줄여주었다고 말한다. 블록체인은 아직 걸음마 단계긴 하지만 이미 우리 곁에 와 있다.

현재 1,000개가 넘는 암호화폐가 블록체인 기술을 사용하고 있다. 암호화폐를 출시하는 데 비용이 들지 않는다는 점을 감안하면 지금 당신이 눈을 깜박이는 사이에 1,000개가 더 생겼을지도 모른다. 비트코인 외에도 이더리움 Ethereum, 라이트코인 Litecoin, 이오스 EOS, 트론 Tron[100] 등 많은 인기 암호화폐가 있다. 블록체인 기술은 엄청난 발상이며, 앞으로 많은 기록과 계약, 거래 양상을 급진적으로 변화시킬 것이다. 암호화폐는 앞으로 영원히 우리 곁에 있을 것이다. 다만 그중 99%는 순식간에 무용지물이 될 가능성이 높다.

다시 비트코인으로 돌아와보자. 비트코인의 가치는 2009년에는 0달

---

100 1982년 디즈니 영화 〈트론 Tron〉이랑 헷갈리지 말 것. 아무도 암호화폐 옹호자들이 독창적이라고는 하지 않았다.

러였지만 2017년 2만 달러로 치솟았고, 이 글을 쓰고 있는 2020년에는 다시 5,000달러로 하락했다.* 어떤 사람들은 비트코인이 내재 가치를 지니고 있지 않기 때문에 아무 가치도 없다고 말한다. 소득을 창출하는 부동산과 이자가 붙는 채권, 배당금을 주는 주식과 달리 비트코인은 아무것도 창출하지 않는다. 그러나 비트코인 말고도 수익을 창출하지 않는 투자는 많다. 많은 사람들이 미술품을 수집하고, 이 역시 소득을 창출하지는 않지만 단지 누군가 더 높은 가격을 내고 구입할 의향이 있다는 이유만으로 가치가 상승할 수 있다.

하지만 내게 비트코인은 2008년 라스베이거스의 콘도나 1999년의 IT 주식을 떠올리게 한다. 사람들은 과거에 그런 일이 여러 번 발생했다는 이유만으로 누군가 더 많은 돈을 지불할 것이라는 기대감에 그 두 가지를 비현실적으로 높은 가격에 구입했다. 비트코인이 장기적인 통화 솔루션으로 떠오를 가능성은 매우 낮다. 그러나 10~20년 뒤 금융 관련 서적에 투자 거품이 어떻게 형성되고 붕괴하여 많은 사람이 경제적 파탄에 이르게 되는지에 관한 흥미로운 일화로 소개될 확률은 높아 보인다.

더불어 몇 가지 문제점에 대해서도 추가로 이야기해보자. 어떤 이들은 비트코인은 블록체인 때문에 해킹이 불가능하다고 말한다. 첫째, 사실 블록체인은 해킹이 가능하다. 이미 10억 달러가 넘는 암호

---

* 이후 비트코인은 2021년 4월 6만 4,000달러까지 폭등했다.

화폐가 도난당했다. 둘째, 비트코인 사용자의 돈을 빼앗기 위해 굳이 해킹을 할 필요는 없다. 시장의 상승과 하락이 알아서 대신해줄 테니까. 셋째, 혹자는 정부가 암호화폐에 손을 대지 않을 것이라고 주장하지만 무척 순진한 생각이다. 모든 정부는 규제와 통제, 세금을 좋아하기 때문이다.[101]

그러나 비트코인이 지속될 가능성이 낮다고 해서 불가능하다는 의미는 아니며, 투기꾼들을 고무시킬 한 줄기 희망이 있다. 비트코인이 많은 이들에게 매력적으로 비치는 이유는 제3자의 개입이 없고(이를테면 지폐처럼 정부가 더 많은 코인을 찍어내 가치를 조정할 수 없다) 익명성이 보장되기 때문이다. 다른 수천 개의 암호화폐도 마찬가지다. 다만 실제로 암호화폐를 구입하는 대부분의 사람들은 이를 사용할 계획이 없다. 순전히 투기적인 목적으로 암호화폐를 구매하고 있다.

결국 비트코인에 대한 관심을 견인하는 것은 투기다. '투기speculation'는 '알려지지 않은 것에 대한 추측, 큰 이익에 대한 기대로 큰 손실을 입을 위험이 있는 무언가를 사고파는 활동'으로 정의된다. 90%가 분양된 아파트 단지를 매입하는 것은 투자다. 언젠가 인류가 달에 진출할 것이라는 생각에 달의 토지를 사는 것은 투기다. 비트코인의 가치는 이미 세 차례에 걸쳐 80%나 급락했지만 매번 새로운 최고치를 기록했다. 작년에는 '신용카드로 비트코인 구매'가 구글의 인기 검색어

---

101   무엇보다 궁극적인 통제 수단인 화폐를 포기하지도 않을 것이다.

였다. 사람들이 약속의 땅으로 가는 배에 다시 모여들고 있다.

다른 모든 거품처럼 배가 침몰하기 전까지는 가능한 많은 사람들이 배에 올라탈 것이다. IT 거품 때에도 비슷한 일이 일어났다. 라이코스 Lycos 와 익사이트 Excite , AOL이 기억나는가? 애스크닷컴 Ask Jeeves 은 어떤가? 이들은 결국 업계의 제왕인 구글에게 경쟁에게 뒤처져 합병되고 말았다. 암호화폐 분야에서도 비슷한 일이 벌어질지 모르며, 그곳에 속하는 모든 화폐는 투기성이 높다고 간주해야 한다.

그리고 투자는 계속된다

실은 대안 투자에 관한 이야기만으로도 책 한 권을 전부 채울 수 있다. 가장 중요한 대안 자산군들을 다루긴 했지만 그외에도 무수히 많다. 이 분야가 얼마나 다채로운지 보여주기 위해 몇 가지 사례들을 소개한다.

- 재보험reinsurance: 주택보험 등의 보험에 가입할 때, 당신에게 상품을 판매한 보험회사는 위험 부담을 다른 보험회사에 이전할 수 있다. 이는 위험을 감소시키고 더 복잡한 혜택을 활용할 수 있게 해준다. 보험회사를 위한 보험이라고 생각하면 간단하다. 이런 재보험에 투자하는 펀드도 있다.
- 로열티 펀드royalty funds: 1990년대 데이비드 보위David Bowie 와 그의

재무관리 팀은 음원 수익에 대한 권리의 일부를 판매했다. 일명 '보위 본드Bowie Bonds'라고 불리는 이 채권은 아티스트가 음원이 창출하는 소득 흐름을 미리 이용할 수 있게 해준다. 이후 음악(및 기타 형태의 엔터테인먼트) 로열티 펀드가 급격히 성장하면서 메리 제이 블라이즈Mary J. Blige부터 에미넴Eminem, 아이언메이든 Iron Maiden에서 엘튼 존Elton John에 이르기까지 다양한 아티스트들의 저작권*을 사들이고 있다.

- 생명보험전매life settlement: 종신보험에 가입하는 대다수 사람들은 결국 중간에 포기하고 사망보험금의 일부만을 수령하게 된다. 생명보험전매펀드는 보험가입자들에게 해지환급금보다 더 많은 돈을 주고 보험증권을 구입한다. 그런 다음 마침내 보험조건이 충족되면 수령된 보험금은 펀드 투자자들에게 배분된다.

이외에도 보상의 일부를 받는 대신 소송 자금을 조달하는 펀드, 미술품과 자동차, 바이올린 등에 투자하는 펀드, 스포츠 시합의 승패에 도박하는 펀드 등등 끝없이 나열할 수 있다.

대안 투자는 아무나 할 수 있는 게 아니다. 개중 상당수에 투자할 수 있는 법적 순자산 요건을 충족한다고 해도, 대안 투자에 알맞은 투자자는 흔치 않다. 확고한 장기 계획을 갖추고 각각의 투자를 철저

---

* 국내에서도 이미 음원 저작권 투자가 활성화됐다.

하게 검토할 수 있는 유능한 팀, 합리적 가격으로 투자에 접근할 수 있는 접근성, 복잡한 재무관리를 처리하고자 하는 의지를 갖춘 투자자라면 일부의 대안 투자로 다각화된 포트폴리오의 장기 수익률을 개선할 수 있다.

그러나 거의 모든 사람들의 경우 재정적 목표를 달성하는 데는 공개 거래되는 주식과 채권, 부동산으로 이뤄진 단순한 포트폴리오면 족하다.

4부

동반하기

제11장

현명한 포트폴리오 만들기

_피터 멀록

다이아몬드란 할 일을 하고 있는 석탄 덩어리일 뿐이다.

― B. C. 포브스 Forbes

　건전한 포트폴리오를 구축하는 일은 예술이자 과학이며, 절대 완
벽할 수는 없다. 하지만 자신만의 특별한 상황에 맞춰야 한다. 언제
무엇에 투자할지 결정하는 일이 부담스럽게 느껴질 수 있지만 몇 가
지 유용한 전략의 도움을 받는다면 훨씬 쉬워진다.

　먼저 '자산 배분'이란 주식, 채권, 부동산과 같은 각각의 자산군을
포트폴리오에 어떤 비율로 할당할지를 가리키는 조금 멋들어진 단어
다. 대체 어떤 자산군에 얼마나 투자해야 할까? 과거의 수익률을 살
펴보면 주식시장에 올인하고 싶은 유혹을 느낄지도 모른다. [11-1]에

서 볼 수 있듯이 역사적으로 가장 높은 수익을 안겨준 것은 100% 주식시장 투자였기 때문이다. 하지만 주식에 올인하면 포트폴리오의 변동성이 증가하고 과도한 스트레스에 시달릴 수 있다. 100% 주식으로 구성된 포트폴리오는 연 수익률이 최고일 때는 54.2%부터 최저 −43.1%에 이르기까지 엄청나게 변덕스럽다. 그러나 주식 60%와 채권 40%로 균형을 맞추면 보다 완만하고 굴곡 없는 여정을 누릴 수 있고, 연 수익률 역시 최고 36.7%에서 최악의 경우 −26.6%까지 좁힐 수 있을 것이다.

[11-1] 미국 주식 및 채권의 구성 비율에 따른 포트폴리오 성과(1926~2018)

자산 배분	연평균 수익률
100% 채권	5.3%
10% 주식, 90% 채권	5.9%
20% 주식, 80% 채권	6.6%
30% 주식, 70% 채권	7.1%
40% 주식, 60% 채권	7.7%
50% 주식, 50% 채권	8.2%
60% 주식, 40% 채권	8.6%
70% 주식, 30% 채권	9.1%
80% 주식, 20% 채권	9.4%
90% 주식, 10% 채권	9.8%
100% 주식	10.1%

대부분의 재무자문가와 재테크 서적들은 투자자의 나이를 기준으로 자산 배분을 결정하라고 조언한다. 예를 들어 당신이 60세라면 포트폴리오를 채권 60%와 주식 40%로 구성하고, 70세라면 채권에 70% 주식에 30%를 할당하는 식이다. 하지만 이런 일반화는 변수가 너무 많다.

그들이 주장하는 또 다른 방법은 투자자의 투자 성향에 맞추는 것이다. 포트폴리오의 가치가 10%만 하락해도 불안해지는 사람이라면 주식을 보유하지 않거나 매우 작은 비중만 할당해야 바람직하다는 뜻이다. 그러나 이런 조언은 옳지 않으며, 목표 달성에 방해가 될 수 있다. 가령 위험 감수 수준은 낮지만 아직 은퇴 자금을 많이 모아두지 못한 투자자라면 약간은 공격적인 포트폴리오를 구성해야 할 것이다. 그렇지 않다면 은퇴할 때가 되어도 자금이 부족할 테니까 말이다.

'모든 투자자의 자산 배분은 니즈에 따라 결정돼야 한다.' 즉 당신이 달성하려는 목표에 부합하는 맞춤형 투자설계가 필요하다. 특정 목표를 달성하기 위해 향후 15년 동안 일정한 수익률이 필요하다면 가능성이 가장 높은 자산군의 조합에 투자해야 한다. 게다가 당신은 이미 무엇이 필요한지 잘 알고 있을 것이다. 재무계획을 세워두었기 때문이다! 재무계획을 로드맵으로 활용해라. 재무계획은 지금 당신이 어디에 있고 어떤 목표를 달성해야 하는지, 얼마나 저축할 수 있는지와 어떤 소득원을 지니고 있는지를 보여준다. 이 모든 것을 종합하면 목표를 이루는 데 필요한 수익률을 알 수 있다. 향후 15년 동안

[11-2] 자산 조합이 수익률 범위를 결정한다

다양한 주식·채권 구성 비율에 대한 최고, 최악, 평균 수익률(1926~2018)

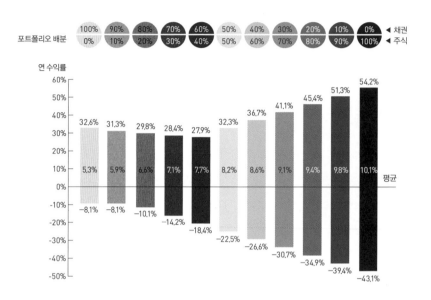

연평균 수익률 6~7%를 원하는 투자자는 포트폴리오를 대략 주식 70%와 채권 30%로(그리고 앞 장에서 다뤘던 대안 투자) 구성해야 할 것이다. 투자자의 나이가 지금 50세인지 60세인지는 중요하지 않다. 자산 배분에 중요한 것은 나이가 아니라 니즈라는 점을 명심하라.

연구에 따르면 포트폴리오 변동성의 88%에서 91%가 자산 배분으로 결정된다. 적절한 자산 배분 비율을 결정했다면 잠재적인 변동 범위(얼마나 위아래로 움직일지)를 파악한 후 당신이 변동성을 얼마나 감수할 수 있을지 판단해야 한다. 변동성에 취약하다면 보수적인 배분으로도 성공할 수 있도록 목표(소비지출 축소)나 계획(저축 증가)을 조정해야 한다. 어쨌든 요점은 '항상' 목표 달성을 위해 투자 자산을 배분해야 한다는 것이다. 위험 감수도는 하나의 고려할 점이며, 나이는 아무 상관도 없다.

큰 그림을 보라

금융업계는 어떤 자산군이 '좋고 나쁜지' 논의하는 데 엄청난 시간을 쏟아붓는다. 그러나 특정 자산군에 대한 노출[102]을 결정하는 일은 시장이 아니라 투자자의 목표를 반영해야 한다. 여러 목표를 달성하기 위해 다양한 자산군에 걸쳐 투자를 다각화하는 것이 가장 합리적이다. 옛말에도 달걀을 전부 한 바구니에 담지 말라고 하지 않았는가.

종종 특정 해에 최고의 자산관리사들은 동일한 자산군에 투자하는 한편, 최악의 자산관리사들 역시 서로 같은 자산군(그러나 상위 자산관리사들과는 다른 자산군)에 투자하곤 한다. 이들이 모두 천재거나 바보이기 때문이라고 생각할지도 모르지만, 가령 신흥시장을 예로 들어보자. 2017년 신흥시장은 수익률이 가장 높은 뮤추얼펀드였고, 이듬해에는 최악의 뮤추얼펀드였다. 수익을 거두는 것은 펀드 매니저

---

[102] 투자업계에서 '금액'을 세련되고 멋들어지게 부르는 말

가 아니다. 대부분은 자산군 그 자체의 힘이다. 실은 펀드 수익의 약 9~12%만이 매니저의 능력이라고 할 수 있다. 따라서 어느 해에 8% 수익률을 올린 펀드가 있다면 평균적으로 그중 0.72%에서 0.96%만이 펀드 매니저의 천재성 덕분이라고 할 수 있다. 이것이 바로 포트폴리오 구성에서 자산 배분 결정이 가장 중요한 이유다.

앞에서 말한 것처럼 현금은 형편없는 투자다. 포트폴리오에 현금을 포함시키는 것은 아무 의미도 없다. 100만 달러를 갖고 있는데 그중 10%를 현금에 투자한 사람이 있다고 치자. 그 10만 달러는 문자 그대로 어떤 수익도 창출하지 못할 것이며 인플레이션을 감안하면 오히려 돈을 잃게 될 것이다. 반대로 채권은 5년 만기 동안 절대로 마이너스 수익률을 기록하지 않는다. '절대로' 말이다. 만약 이 투자자가 현금 대신 매년 평균 몇 % 이상의 수익을 올리는 채권을 선택했다면 평생 수만 달러는 더 벌 수 있을 것이다. 채권시장이 하락할 위험은 현금과 같다. 채권시장 전체가 0이 된다면 현금도 종이쪼가리로 전락하기는 마찬가지일 것이다. 이런 터무니없는 시나리오는 마치 리얼리티 TV 쇼처럼 말도 안 되는 것들을 주류로 보이게 만든다. 현금은 살림을 꾸리고 식당에서 밥을 먹고 차를 마시거나 자동차를 사고, 또는 실직할 위험이 있거나 예상치 못한 단기 지출에 대비해 비상금으로 남겨놓는 것만이 합리적이다. 투자 포트폴리오에는 현금이 있을 자리가 없다.

그렇다면 채권 투자는 손해를 입지 않는가? 물론 발생한다. 채권도 약 5년마다 한 번씩 마이너스 수익률을 기록한다. 그러나 당신이 돈을 빌려준 독립체가 건재하는 한, 언젠가는 원금과 이자를 돌려받을 수 있을 것이다. 한편 주식은 언제든 추락할 수 있기 때문에 무슨 일이 일어날지 알 수가 없다.

채권이 주식에 비해 수익률이 낮다면 어째서 채권을 구매하는 것일까? 간단히 말해 채권은 보험이다. '당신의 니즈가 장기 및 단기적으로 실현될 확률을 크게 높이는 대가로 기대수익을 포기하는 것'이다. 주식은 10년 이상의 장기간 동안 좋은 성과를 거둘 가능성이 있지만 또한 장기간의 처참한 시기가 찾아올 확률 또한 높다(9·11 테러, 2008~2009년의 금융 위기, 그리고 요즘의 코로나 바이러스 팬데믹까지). 당신은 이런 주식시장의 빈번한 추락에 휘둘리거나 주가가 하락했을 때 하는 수 없이 주식을 처분하고 싶지는 않을 것이다. 그러므로 장기간의 하락장을 견디는 데 필요한 자금을 계산해 포트폴리오에 더하고, 예상 수익에서 제외한 다음, 적절한 채권 비율을 결정하라.

수정구슬을 들여다보면

사람들은 끊임없이 주가를 예측하려 들지만 사실 주식은 예측하기가 가장 어렵고 또 쉬운(양쪽 모두 해당된다) 자산군이다. 누구도 절대로 주가의 단기 변동을 예측할 수는 없으며, 할 수 있다고 말하는 사람은 바보거나 거짓말쟁이다. 그래, 내가 너무 단언하고 있다는 건 안다. 그러나 이러한 관점이 당신의 재정적 미래와 중요한 자산군에 할

당하는 자산 비율을 결정하는 데 어떤 영향을 끼치는지 이해해야 한다. 장기적으로 주식은 공개 거래되는 다른 어떤 주요 자산군보다도 높은 수익률을 예상할 수 있다. 핵심 열쇠는 끊임없이 발생하는 조정장과 약세장, 그리고 담이 작은 사람들을 최악의 시점에 배에서 뛰어내리게 만드는 일상적인 변동 속에서도 끈질기게 버티는 것이다. 그보다 더 좋은 전략은 아예 정반대의 접근법을 선택해 시장의 혼란을 오히려 투자 기회로 활용하는 것이다!

주가가 변동하는 와중에서도 버티는 핵심은 시장의 기복에도 걱정할 필요가 없도록 향후 5년간의 소득 니즈를 충분히 충족시키는 것이다. 앞으로 몇 년 동안 시장의 영향을 받지 않는다면 (더구나 우리는 시장이 장기적으로는 항상 상승하리라는 것을 알고 있다) 롤러코스터를 타기는 훨씬 쉬워진다. 10~20년 정도 또는 그보다 더 오래 포트폴리오의 수입이 필요하지 않다면 변동성은 높지만 인내심을 가진 투자자에게 보상을 돌려주는 하위 투자 자산군에 장기 투자를 할 수도 있다. 중형주, 소형주, 초소형주[103], 신흥시장 주식처럼 말이다. 주식은 변동성이 높을수록 높은 수익을 안겨준다.

대안 투자는 장기적 전망과 높은 순자산을 지닌 사람들에게 장기적으로 높은 수익을 가져다줄 수 있다. 500만 달러부터 1,000만 달

---

103 '캡cap'이라고도 줄여 부르는 시가총액market capitalization은 주가와 발행주식수를 곱한 것이다. 대형주는 일반적으로 시가총액이 100억 달러 이상, 중형주는 20~100억 달러이며, 소형주는 20억 달러 이하이다. 그렇다, 심지어 소형주조차 이렇게 엄청난 액수다!

러, 혹은 그 이상의 포트폴리오를 보유한 경우 사모펀드와 사모대출, 부동산 같은 하위 자산군을 비롯한 대안 투자에 10%에서 30% 또는 그 이상의 자산을 배분하는 것은 흔한 일이다.

이런 전략은 서류상으로, 그리고 시간이 지날수록 더욱 유용하지만 소심한 사람들에게는 어울리지 않는다. 하위 자산군은 순식간에 위아래로 요동칠 수 있고 장기간에 걸쳐 기대에 못 미치는 성과를 낼 수 있다. 이런 하위 자산군이 내게 적합할지 알아보는 가장 좋은 방법은 시장이 하락했을 때 자신이 어떤 반응을 보일지 상상해보는 것이다. 만일 당신이 가격이 폭락했을 때 채권 일부를 매각해 더 많은 소형주와 신흥시장주를 살 수 있다는 데 신이 난다면 이런 하위 자산군이 잘 맞을 것이다. 그러나 주가가 하락했다는 생각에 놀라 가슴이 두근거리고 불안해진다면 당신은 이 전략이 유용해질 만큼 오래 버티지 못할 것이며 결국 포트폴리오에 손해를 끼치고 말 것이다. 혼란스러운 시기에는 자기 자신을 잘 아는 게 득이 된다.

국제적으로 다각화하라

미래가 어떻게 될지 모른다고 가정하고 자산 배분을 전략적으로 실행해야 한다.
— 레이 달리오Ray Dalio

주식과 채권에 대한 배분을 결정하고 변동성이 큰 다른 투자를 포함해 안심할 수 있는 포트폴리오를 구축했다면 이제 목표 배분율을 꼼꼼하게 따져봐야 할 때다. 목표 배분율은 재정계획과 시장 기복을 감당할 수 있는 감정적 능력을 고려한 이상적인 조합이다.

국제적으로 접근하라

스웨덴 경제는 세계 경제의 약 1%에 지나지 않는다. 미국 또는 일본의 합리적인 투자자라면 평균 1%의 자산을 스웨덴에 투자해야 할 것이다. 그런데 스웨덴 투자자가 48% 이상을 자국 주식에 투자하는 게 합리적인 일일까? 전혀! 이것은 투자자가 자국 시장에 편중적으로 투자하는 경향으로, 경제학자들은 자국편향이라고 부른다.

— 리처드 H. 세일러 Richard H. Thaler 와 캐스 R. 선스타인 Cass R. Sunstein

우리는 안전지대 바깥에 존재하는 걸 찾느니 익숙한 곳에 가까이 머무르는 것을 선호하는 경향이 있다. 이를 '자국편향 home bias'라고 한다. 우리는 이를 날마다 일상생활에서 경험하고 있다. 집이나 직장에서 가장 가까운 편의점이나 주유소, 카페에 가는 것처럼 말이다. 주말에도 조금 먼 곳에 있는 좋아하는 식당에 가기보다 집 근처에서 저녁을 해결할 가능성이 크다. 투자자의 대다수도 단순히 이름이 익숙하다는 이유로 주식을 선택할 때 자국 대기업 주식에 치중한다.

어떤 산업 부문에서건 전 세계에는 미국 회사들을 능가할 정도는 아니더라도 거의 동등한 수익을 거둘 잠재력을 지닌 회사들이 존재한다. 실제로 스탠다드 차타드 Standard Chartered 는 2030년이 되면 중국과 인도가 독보적인 차이로 세계 최대의 경제 대국이 될 것이라 전망한다. 그러므로 당신의 포트폴리오에는 반드시 해외 주식이 포함되어야 한다. 아무리 국내 주식이 편안하게 느껴져도 자산을 일부 지역에만 편중하는 것은 위험을 가중하는 길이다.

우리는 글로벌 경제 시대에 살고 있으며 기업은 어디서든 돈을 벌수 있다. 그러나 해외 주식은 미국 주식과는 다른 방향으로 움직이기 일쑤다. 미국과 해외 시장은 종종 '번갈아' 고수익을 올리며 때로는 장기간 동안 패턴을 유지하기도 한다. S&P 500이 배당금을 고려해도 0% 이하의 수익률을 보였던 2000~2009년의 '잃어버린 10년' 동안 미국 시장이 어땠는지 생각해보라. 미국의 대형주에만 집중한 투자자들은 어려움을 겪은 반면 전 세계 시장으로 다각화한 투자자들은 해외 및 신흥시장에서 높은 수익을 올렸다. 글로벌 분산투자는 포트폴리오의 위험을 낮추는 동시에 장기적인 수익을 상승시킨다. 많은 해외 경제, 특히 신흥시장 경제국들의 예상 성장률이 미국을 크게 능가하기 때문이다.

[11-3]에서 알 수 있듯이, 자국편향은 세계적인 현상이다. 편향에서 완벽하게 자유로운 투자자, 이른바 세계 시민은 세계 시가총액과 동일한 비율로 증권을 보유할 것이다. 예를 들어 2010년에 미국 시장은 전 세계 시장의 43%를 차지하기 때문에 편향 없는 투자자라면 포트폴리오의 43%를 미국 주식에 할당할 것이다. 그러나 미국의 일반 투자자는 미국 주식에 큰 비중을 두고 있다. 이는 다른 국가의 경우도 마찬가지다. 가령 영국의 일반 투자자는 영국 주식에 42%를 투

[11-3] 자국편향의 상대적 규모

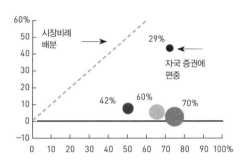

a. 국제주식시장의 자국편향

● 미국 주식
● 영국 주식
● 호주 주식
● 캐나다 주식

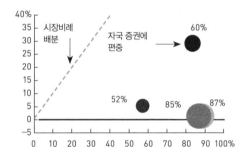

b. 채권시장의 자국편향

자하며, 스웨덴의 경우 거의 절반의 자산을 스웨덴 주식에 투자한다! 이런 투자 계획은 평생 번 돈을 이성과 논리가 아니라 살고 있는 장소에 근거해 투자하는 것이나 마찬가지다.

포트폴리오를 국제적으로 다각화하는 데 있어 글로벌 시가총액이 유일한 기준은 아니다. 당신의 투자 목적과 위험 감수도라는 투자 성향과도 관계가 있기 때문이다. 그러나 회사 이름이 낯설다는 이유만으로 글로벌 투자의 가치를 깎아내리는 함정에 빠지지는 마라. 글로벌 포트폴리오를 구축하기 위해 해외 여행을 가거나 해외 계좌를 개설할 필요도 없다. 인덱스펀드를 구입하는 것만으로도 글로벌 분산 투자를 추가할 수 있기 때문이다. 예를 들어 주식에 포트폴리오의 60%를 할당하기로 계획했다면 해외 ETF를 구입하여 그중 30%를 해외 주식으로 채울 수 있다.

다각화는 중요하다

인생에서 유일하게 불변하는 것은 변화 그 자체다.

— 헤라클레이토스

그리스 철학자 헤라클레이토스는 훌륭한 투자자문가가 될 수 있었을 것이다. 그는 삶을 끊임없이 움직이는 상태라고 인식했고, 주식시장만큼 그 말이 완벽하게 적용되는 곳도 없으니 말이다.

[11-4] 다우존스 산업평균지수 구성 기업

1979년		
3M	이스트먼 코닥 Eastman Kodak	존스맨빌 Johns-Manville
얼라이드 케미컬 Allied Chemical	에스마크 Esmark	오웬스일리노이 Owens-Illinois
알루미늄 컴퍼니 오브 아메리카 Aluminum Company of America, Aloca	엑슨 Exxon	프록터 앤드 갬블 Proctor & Gamble

아메리칸 캔 컴퍼니 American Can Company	제너럴 일렉트릭 General Electric	시어스 Sears
AT&T	제너럴 푸드 General Foods	텍사코 Texaco
아메리칸 토바코 컴퍼니 American Tobacco Company	제너럴 모터스 General Motors	유니언 카바이드 Union Carbide
베슬리헴 스틸 Bethlehem Steel Corporation	굿이어 Goodyear	US 스틸 US Steel
셰브론 Chevron	인코 Inco Ltd.	유나이티드 테크놀로지스 United Technologies
크라이슬러 Chrysler	인터내셔널 하베스터 컴퍼니 International Harvester Company	웨스팅하우스 Westinghouse
듀폰 Dupont	인터내셔널 페이퍼 International Paper	울워스 Woolworth's

2019년		
3M	엑슨모바일 Exxon Mobile	나이키 Nike
아메리칸 익스프레스 American Express	골드만 삭스 Goldman Sachs	화이자 Pfizer
애플 Apple	홈디포 The Home Depot	프록터 앤드 갬블 Proctor & Gamble
보잉 Boeing	아이비엠 IBM	트래블러스 Travelers
캐터필러 Caterpilar	인텔 Intel	유나이티드 헬스 United Health
셰브론 Chevron	존슨 앤드 존슨 Johnson & Johnson	유나이티드 테크놀로지스 United Technologies
시스코 Cisco	JP모간 체이스 JP Morgan Chase	버라이즌 Verizon
코카콜라 Coca-Cola	맥도날드 McDonald's	비자 Visa
디즈니 Disney	머크 Merck	월마트 Walmart
다우듀폰 Dow-DuPont	마이크로소프트 Microsoft	월그린 Walgreens

회사에 투자하면 어떤 일이든 일어날 수 있다. 탁월한 수익을 거둘 수도 있고, 부정적인 사건 때문에 타격을 받을 수도 있으며, 가끔은 엔론Enron과 시어스Sears, 토이저러스Toys 'R' Us처럼 파산할 수도 있다. 이러한 위험은 자주 과소평가되는 경향이 있는데, 모든 기업에는 생명주기가 있어 자본주의에 의해 망가져 더 나은 기업으로 대체되기 때문이다. 아마존Amazon의 설립자인 제프 베조스Jeff Bezos는 어떤 기업도 영원히 지속되지 않는다는 것을 잘 알고 있다. 그는 직원들에게 "아마존도 언젠가 망할 겁니다. 대기업의 수명은 100년이 아니라 30년이 조금 넘는 정도니까요."라고 말했다.

40년 전 다우 30 기업과 지금의 기업들을 비교해 보기만 해도 알 수 있다! [11-4]에서 알 수 있듯, 지금까지 살아남은 기업들은 한줌이 고작이고 한때 잘나갔던 수많은 회사들이 1979년 이래 문을 닫거나, 다른 기업에 합병되거나, 사양길을 걸었다. 2018년에는 1896년부터 다우지수와 함께 했던 회사들 중 마지막까지 버티고 있었던 제너럴 일렉트릭마저 월그린에게 자리를 빼앗겼다. 애플과 마이크로소프트, 인텔 등 2019년 목록에 있던 많은 회사들이 1979년에는 아직 걸음마 단계였고, 시스코와 버라이존 같은 회사들은 40년 전에는 존재하지도 않았던 첨단기술 분야에서 독보적인 존재가 되었다.

외식 산업을 한번 생각해보라. 어떤 식당은 몇 달 밖에 살아남지 못하고 어떤 식당은 수십 년은 지속되겠지만 수 세대가 넘도록 살아남을 식당은 거의 없을 것이다. 그러나 개별적인 식당에 무슨 일이 일어나든 식당 그 자체는 항상 존재할 것이다. 주식도 마찬가지다. 다수의 주식을 보유한다는 것은 회사 하나에 베팅하는 게 아니라 여러 회사에 걸쳐 투자를 다각화하는 것이다. S&P 500 인덱스펀드를 보유한다면 매년 구성 기업들 중 몇 개는 도산하거나 하락하더라도 다른 수많은 회사들이 당신이 파산하거나 재정적 목표에서 멀어지지 않게 해준다. 장기적으로 볼 때 고공행진하는 기업들은 손실을 상쇄하고도 남을 이익을 가져다줄 것이다.

주식 투자에 수반되는 또 다른 위험은 '산업 위험 industry risk'이다. 한 종류의 식당에만 투자하면 안 되는 것처럼, 이는 하나의 산업 전체가 큰 타격을 입거나 사라지는 데 따르는 위험을 의미한다. 많은 금융 위기가 이런 산업 전체의 붕괴로부터 시작된다. IT 거품과 부동산 위기, 금융 위기, 최근에 발생했던 에너지 위기를 생각해보라. 동일한 업종에 100개의 주식을 보유하고 있는데 그 산업이 쇠퇴한다면 당신은 왜 다각화가 도움이 되지 않았는지 의아해할지도 모른다. 개별적인 회사뿐만 '아니라' 여러 산업 분야에 걸쳐 다양한 종목을 보유함으로써 기업 및 산업 위험에 대비해야 한다.

파괴하든가 사라지든가

오늘날 첨단기술의 변화 속도를 감안하면 (LP에서 mp3로, 비디오 대여점에서 온라인 스트리밍으로 얼마나 빨리 전환했는지 생각해보라) 우리는 전보다 훨씬 빠른 속도로 기업의 흥망성쇠를 보게 될 것이다. 모든 산업 분야에서 파괴 disruption가 가속화되고 있다. 코닥과 케이마트

K-Mart, 블록버스터Blockbuster, 옐로우캡Yellow Cab과 블랙베리Blackberry에게 한번 물어보라. S&P 500 기업들의 평균 수명을 나타낸 [11-5]는 변화 속도가 얼마나 가속화되었는지를 보여준다. '지난 50년 사이 S&P 500 구성 회사들의 평균 수명은 거의 4배나 감소했다.' 이러한 변화는 적절한 투자 다각화를 통해 신기술의 성장으로 이익을 얻거나 아니면 기존 시장에 머무르다 어려움을 겪을 수 있음을 의미한다. 인덱스펀드를 보유함으로써 얻을 수 있는 또 다른 이점은 어떤 회사가 사라질지 걱정할 필요가 없다는 것이다. 왜냐하면 인덱스펀드에는 새로운 회사들이 나타나 그 자리를 차지할 것이고 당신은 자동적으로 그 회사의 일부를 소유하게 될 것이기 때문이다.

투자자가 감수해야 할 마지막 위험은 '시장 위험market risk' 또는 '시스템적 위험systemic risk'이다. 이는 시장 전체가 상승하거나 하락할 수 있

[11-5] S&P 지수 기업들의 평균 수명

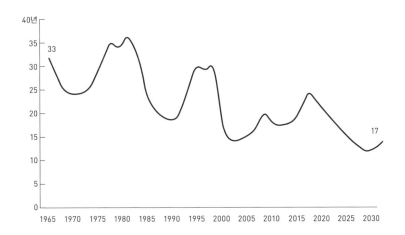

음을 의미한다. 이런 시장 위험을 제거할 수 있는 방법은 없다. 그래서 다각화가 필수적이다. 예를 들어 가진 돈을 전부 듀플렉스 아파트에 투자하여 임대료로 10% 수익을 기대한다고 치자. 단순히 건물 하나를 소유하는 데는 상당한 위험이 따른다. 뭔가 잘못된다면 순식간에 상황이 악화될 수 있기 때문이다. 대신에 똑같이 10% 수익을 기대할 수 있는 네 채의 아파트 건물을 발견했는데 이 자산을 모두 구매할 여유가 없다고 하자. 그렇다면 다른 세 사람과 손을 잡고 회사를 설립해 자금을 출자한 다음, 아파트 네 채를 모두 구입하는 방법이 있다. 이제 당신은 똑같은 자금을 여러 채의 건물에 배분하고 있으며, 예상 수익은 동일하지만 감수해야 할 위험은 감소했다. 한 건물에서 문제가 발생하더라도 세상이 끝나지는 않을 것이다. 하지만 여러 채의 아파트를 소유함으로써 아파트 한 채를 보유하는 위험은 줄었지만 그럼에도 부동산을 소유하는 데 따른 일반적인 위험은 줄지 않았다. 만일 모든 임차인이 똑같은 회사에서 일하고 있는데 그 회사가 폐업해 그들이 이사를 가게 된다면?

당신은 다양한 시장(이 경우에는 지리적 위치)에 투자함으로써 시장 위험을 줄일 수 있다. 올바른 다각화란 투자 포지션에 따른 상관관계가 높지 않은 자산들을 혼합해 보유하는 것이다. 가령 이 경우에는 투자하는 아파트를 여러 도시에 배치함으로써 위험을 줄일 수 있다.

간단히 말해 다양한 경제 상황에 서로 다르게 반응하는 여러 자산을 보유해야 한다. 특정 시기에 일부 자산이 다른 자산보다 더 많이 상승하거나 더 적게 하락하는 독립적인 변동은 포트폴리오의 위험성을 줄인다. 이를테면 주가가 하락하더라도 우량채권의 가격은 오르는 경향이 있다. 대부분의 주식은 상호 연관되어 있음에도 정확히 똑같은 방향으로 움직이지는 않으며, 그렇기 때문에 숙련된 투자자는 포트폴리오에 해외 자산을 혼합하고 자국과 해외의 다양한 규모의 기업들(대형주, 중형주, 소형주)을 모두 포함시킨다.

경제적 요인이 변하면 자산군의 가치가 서로 연관되어 움직일 수 있으므로, 포트폴리오의 위험을 줄이고 목표 달성 가능성을 장기적으로 높이고 싶다면 절대로 한 바구니에 달걀을 전부 담지 마라. 부동산처럼 다른 자산군을 이용해 투자를 다각화하면 시장 위험을 더욱 줄일 수 있다.

/   투자 대상과 사랑에 빠지지 마라   /

다각화는 정말 현명한 선택처럼 보인다. 그렇지 않은가? 하지만 나는 이 분야에서 일하면서 고객들이 산업 위험과 기업 위험을 피하기 위한 다각화를 거부한 까닭에 순자산을 잃는 모습을 얼마나 많이 봤는지 모른다. 많은 고객들은 회사가 상장되면서 받은 스톡옵션으로 부유해졌고, 이후 주가도 급등했다. 이런 고객들은 종종 다각화를 꺼리는데, 그 단일 회사의 주식 덕분에 부유해졌기 때문이다. 게다가 이들은 그 회사에서 일하고, 회사에 대해 잘 알고, 좋은 기억을 갖고 있고, 브랜드에 대한 충성심을 지니고 있다. 그러나 제프 베조스의 말을 명심해야 한다. 모든 회사는 결국 소멸한다. 단지 시간문제일 뿐이다.

자국편향과 마찬가지로 많은 투자자가 주식을 선택할 때 친숙한 회사를 고르는 경향이 있으며 따라서 산업 위험에 취약하다. 많은 캐나다 대기업이 상품 및 금융을 다루기 때문에 많은 캐나다 투자자가 해당 부문에 편중된 포트폴리오를 보유하고 있으며 그 결과 해당 산업이 휘청거릴 때면 위험에 노출된다. 북동부 출신은 금융, 북캘리포니아 출신은 IT, 텍사스인들은 에너지, 그리고 중서부인들은 제조업

[11-6] 지역별 투자 배분

전국 평균 대비 특정 산업 주식을 보유할 확률

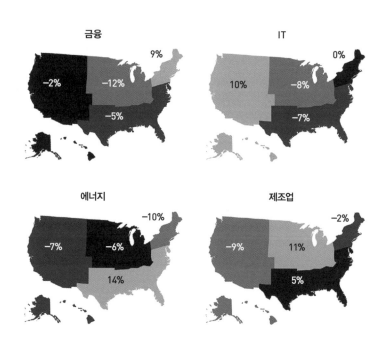

을 좋아한다. [11-6]은 우리가 친숙한 산업에 얼마나 과잉 노출되기 쉬운지를 보여준다.

당신이 이런 기업에서 일하고 해당 업계를 잘 알고 있다고 해도, 이는 오히려 해당 분야에 이미 과다 노출되어 있을지도 모른다는 사실을 의미한다. 당신의 은퇴 계획과 주택의 가치가 해당 산업 주기의 영향을 받을 수 있는 포지션에 있는지 포트폴리오를 면밀히 분석하고, 문제가 생기더라도 큰 손실이 생기지 않도록 재구성하라.

세금은 항상 중요하다

지금 가진 재산을 함부로 처분하지 마라.
뭘 갖고 있는지, 왜 갖고 있는지 유념하라.

— 피터 린치

포트폴리오의 자산 배분율을 결정하고, 해외 주식과 기업 및 산업 위험을 피하기 위한 다각화를 꾀한 다음에는 기존의 보유 자산 구성을 변경할 시 세금을 얼마나 내야 하는지를 반드시 고려해야 한다.

401(k), 403(b), IRA처럼 세금이연이 가능한 투자 계좌는 세금을 낼 필요가 없기 때문에 즉시 매각하고 조정할 수 있다. 포트폴리오에 추가되는 모든 신규 자금 역시 새로운 투자에 투입할 수 있다.

그러나 과세 계좌에 보유한 자산을 매각하고 싶은 유혹이 든다면 거세게 저항해야 한다. 기존의 보유 자산을 유동화하여 상당한 과세 대상 이익이 발생할 경우, 자산에 커다란 구멍이 뚫려 향후 수년간 높은 수익을 올리더라도 결국 제자리걸음에 지나지 않을 수 있기 때문이다. 마찬가지로 과세 영향이 어떻게 되든 가진 것을 전부 팔라고 말하는 재무자문가를 경계해야 한다. 그들은 단순히 포트폴리오 관리를 용이하게 만들기 위해 당신의 재무 포지션에 심각한 해를 초래할 것이다. 이는 또한 그들이 당신이 내야 할 세금은 전혀 고려하지 않고 당신의 자산을 정형화된 포트폴리오에 끼워 맞추고 있다는 명백한 신호이기도 하다. 그것만으로도 다른 재무자문가를 알아보려는 충분한 이유가 된다. 결국 중요한 것은 얼마나 버느냐가 아니라 세금과 수수료를 제하고 얼마나 남느냐가 관건이기 때문이다.

연금과 호텔 캘리포니아

체크아웃은 언제든 할 수 있지만 절대로 건물을 떠날 수는 없다. '호텔 캘리포니아' 이야기가 아니다. 바로 연금 세계를 말하는 것이다. 많은 연금 제도가 높은 비용과 제한된 투자 옵션을 지니고 있으며, 일정 기간이 지나기 전에 계약을 해지하기로 결정하면 '해약금(더는 인질이 되고 싶지 않을 때 내야 할 몸값)'을 내야 한다.

이러한 비용이 상당하다면 차라리 해약금 기간이 만료되거나 새로운 투자 기회로 인한 이익이 비용을 상쇄할 수 있을 때까지 기다리는 편이 낫다. 한 가지 예외가 있다면 당신이 심각하게 아플 경우다. 이런 경우, '사망보험금' 옵션이 있는 연금은 생명보험과 비슷한 수준의 보험금을 지급하기 때문에 해약하지 않는 게 좋다. 요컨대 다른 투자가 더 유리하다고 해도 이미 연금 상품을 구입했다면 해지하기 전에 여러 가지 요인을 고려하기 바란다.

자산 배치도 중요하다

지금쯤이면 세금이 얼마나 중요한지 충분히 이해했으리라 믿는다. 재무자문가들이 이런 이야기를 해주지 않는 것은 주식 거래 때문에 얼마나 많은 세금 청구서가 날아오는지 알게 된다면 당신이 그들을 해고할 것이기 때문이다(뮤추얼펀드와 헤지펀드 등등도 마찬가지다). 대부분의 투자자는 세금을 내고 있다는 사실조차 잘 알아차리지 못한다. 돈을 계좌에서 직접 지불하고 있지 않기 때문이다.

가령 당신의 100만 달러짜리 계좌를 적극적으로 운용하는 투자관리사가 있다고 하자. 연말이 되면 당신은 7% 수익률 또는 7만 달러의 수익을 거뒀다는 보고서를 받는다. 굉장히 기분 좋은 소식이다. 몇 달 뒤에는 세금 신고를 위해 1099 세금양식을 받는다. 당신은 다른 평범한 사람들처럼 이 양식을 다른 서류들과 함께 폴더에 넣은 다음 쳐다보지도 않고 공인회계사에게 건네줄 것이다. 자, 이 1099 양식에는 당신이 3만 달러의 세금을 납부해야 한다고 적혀 있다. 이 금액은 당신이 내야 할 다른 세금과 합산되고, 회계사가 국세청에 납부할 수표를 발급해달라고 요청하면 당신은 두말없이 원하는 금액을 보내줄 것이다. 이 3만 달러는 당신의 투자 계좌에서 지급되지 않으며, 설사

[11-7] 세금이 투자 이익에 미치는 영향

햇수	비과세	소득세 33%
0	$1.00	$1.00
1	$2.00	$1.67
2	$4.00	$2.79
3	$8.00	$4.66
4	$16.00	$7.78
5	$32.00	$12.99
6	$64.00	$21.69
7	$128.00	$36.23
8	$256.00	$60.50
9	$512.00	$101.03
10	$1,024.00	$168.72
11	$2,048.00	$281.76
12	$4,096.00	$470.54
13	$8,192.00	$785.80
14	$16,384.00	$1,312.29
15	$32,768.00	$2,191.53
16	$65,536.00	$3,659.85
17	$131,072.00	$6,111.95
18	$262,144.00	$10,206.96
19	$524,288.00	$17,045.63
20	$1,048,576.00	$28,466.20

그렇다 할지라도 투자관리사의 운용보고서에는 7% 수익률이 적혀 있을 것이다. 실제로는 세금을 제하고 나면 겨우 4%에 불과한데 말이다. [11-7]은 세금이 실제 수익률에 얼마나 큰 영향을 끼치며, 20배로 불어난 복리의 힘이 얼마나 강력한지를 보여준다. 또한 자본소득에 매번 33%의 세금이 부과되면 과세가 얼마나 큰 영향력을 발휘하는지도 알 수 있다.

세금이연 계좌와 과세 계좌를 모두 갖고 있다면 자산 배치로 잠재적 손실을 상당 부분 경감할 수 있다. '자산 배치asset location'란 무엇인가? 바로 특정한 투자금을 어떤 계좌에 보유할지를 결정하는 일이다.

포트폴리오를 구축할 때 모든 계좌를 똑같은 유형으로 만들고 싶은 유혹에 저항하라. 과세율이 높은 투자는 세금이연 계좌를 활용하고(채권이나 부동산을 IRA나 401(k)에 넣는 것처럼) 대기업 주식처럼 세금이 많이 붙지 않는 투자 종목은 과세 계좌에 배치하라. 세금효율적인 위치에 자산을 배치하는 것만으로도 세금을 크게 낮추고 세후 수익을 늘릴 수 있다.

포트폴리오 재조정과 지속적인 모니터링

많은 재무자문가가 포트폴리오 조정에 대해 이야기하지만 그들이 해주지 않은 이야기가 하나 있다면 '재조정'이 장기적으로 수익에 타격을 줄 수도 있다는 것이다. '재조정rebalancing'이란 정확히 무엇일까? 당신의 포트폴리오가 주식 60%와 채권 40%로 구성되어 있다고 하

자. 만일 주식 가치가 채권보다 증가한다면 포트폴리오의 주식 비중이 높아질 것이다. 잠재 수익의 관점에서 볼 때는 이익일지 몰라도 이제 당신은 당초 의도했던 것보다 더 큰 위험을 감수하게 되었다. 따라서 주식의 일부를 팔고 채권을 매수해 처음 의도했던 60 대 40의 비율로 돌아가야 한다. 꾸준히 재조정을 해주지 않으면 20년 뒤에 당신의 포트폴리오는 주식 85%와 채권 15%로 이뤄져 있을지도 모른다. 물론 20년 뒤에 공격적인 자산 배분을 보유하는 것이 더 타당한 시나리오가 있을 수도 있지만 그럴 가능성은 거의 없다. 자산 비율을 재조정하면 포트폴리오가 항상 정확하게 목표를 겨냥하게 함으로써 목표 달성 가능성을 높일 수 있다.

어떤 투자자는 매 분기별 또는 매년 정기적으로 자산 비율을 재조정하는데, 개인적으로 과민대응이 아닌가 생각한다. 불필요한 비용이 발생해 포트폴리오의 전략에 영향을 끼칠 수 있기 때문이다. 재조정을 위한 증권 거래로 인해 세금이나 여러 비용이 수반된다면 재조정이 반드시 필요한 수준이 될 때까지 기다리는 것도 고려해보라. 하지만 만일 시장이 하락한다면 절대로 기다리지 마라! 이때를 이용해 자산 비율을 재조정하고 가격이 떨어졌을 때 평소 미흡했던 자산군(대개는 주식이다)에 대한 노출을 늘려라! 만일 가격이 계속 떨어진다면 계속해서 조정하라. 이를 '기회주의적 재조정opportunistic rebalancing'이라고 하는데, 정기적인 재조정보다 수익률을 더 높일 수 있다. 이러한 대응을 하기에 감정적으로 벅차다면 목표가 바뀌지 않았는지 확인하고 1년에 1~4번 정도 정기적으로 재조정을 하며 마음 편하게 살도록 하자.

S&P 500 인덱스펀드 같은 과세 계좌에 투자를 하고 있는데 2018년 말처럼 시장이 급락한다면 당신이 선택할 수 있는 옵션에는 여러 가지가 있다. 첫째, 당황해서 전부 팔아치우고 컴퓨터를 내동댕이치고 길길이 날뛰며 엉엉 운다. 하지만 우리는 여기까지 왔고, 그런 짓을 하기엔 너무 똑똑하다. 둘째는 아무 일도 하지 않는 것이다. 좋은 소식은 당신이 보유하고 있는 인덱스펀드가 항상 그렇듯 언젠가는 회복되어 새로운 고점을 찍을 가능성이 높다. 손해를 보지는 않겠지만, 좋은 기회를 놓치게 될 것이다. 셋째는 펀드가 하락했을 때 팔아서 비슷하지만 동일하지는 않은 투자로 대체하는 것이다. 가령 S&P 100 인덱스펀드처럼 말이다. 증시가 회복되면 이 새로운 펀드는 기존의 펀드와 비슷한 방식으로 회복되겠지만 당신에게는 훨씬 이득이다. 기존 펀드를 매각하면서 입은 손해를 세금 환급으로 돌려받을 수 있고, 이것으로 미래의 소득세를 상쇄할 수 있기 때문이다. 당신의 포트폴리오는 더욱 효과적이 될 것이다! 자, 이것이 바로 자산을 능숙하게 관리하는 방법이다.

마지막으로 항상 당신의 포지션을 모니터링하라. 어떤 투자들은 아무리 철저한 계획을 세워도 원하는 대로 굴러가지 않는다. 때로는 보다 적은 비용으로 투자할 수 있는 기회가 생길 수도 있고, 새로운 투자 수단이 당신의 목표에 더욱 효과적으로 기여할 수도 있다. 가장 중요한 사실은 당신의 목표와 니즈가 시간이 지남에 따라 변화한다는 것이다. 따라서 재무계획을 검토하고 목표를 달성하려면 필요에 따라 포트폴리오를 조정해야 한다. 아니면 부담을 줄여줄 재무자문가를 고용해 최소 1년에 한 번 함께 재무계획을 검토하라. 시대는 변하고, 당신도 변하고, 목표도 변할 테지만, 포트폴리오만큼은 항상 당신의 비전을 성취하는 데 맞춰져 있어야 한다.

/ 이제 출발하자! /

재정적 자유로 가는 길을 다시 한번 단계별로 정리해보자.

1. 목표에 맞는 재무계획을 설계한다.
2. 목표 달성에 필요한 수익을 얻기 위한 자산 배분을 결정한다.
3. 포트폴리오에 국제적으로 접근한다.
4. 기업 및 산업 위험을 피해 다각화한다.
5. 과세소득이 높은 보유 자산을 어떻게 운용할지 고려한다.
6. 과세 및 비과세 계좌로 운용할 투자를 각각 결정한다.
7. 포트폴리오를 재조정하고, 세금 손실을 체크하고, 지속적으로 포트폴리오를 모니터링한다.
8. 매년 재무계획을 검토하고 필요에 따라 포트폴리오를 조정한다.

이 모든 일을 올바르게 해냈다면 당신은 어떤 자산군에도 과도하게 휘둘리지 않을 것이다. 또한 각 자산군은 원래 해야 할 일을 할 수 있도록 충분한 공간을 확보해야 한다. 더불어 세금 손실을 수확할 수 있는 적절한 위치에 자산을 배치하고, 시장이 하락하면 자산 비율을 재조정하고, 무엇보다 목표를 달성할 가능성을 최대한 높여야 한다. 결국 당신이 축적한 부는 목표를 위한 수단에 불과하다. 당신이 원하는 것은 재정적 자유와 마음의 평화다. 포트폴리오의 이런 재료들은 목표와 항상 밀접하게 연결되어 있어야 하는 자산군과 하위 자산군을 통합하여 당신의 비전이 달성될 가능성을 최대한 향상시킬 것이다.

5부

정상 정복

제12장

인생에서 가장
중요한 결정

_토니 로빈스

대부분의 사람들은 본능적으로 돈으로 행복을 살 수 없다는 사실을 알지만, 그 교훈을 직접 체득하길 원한다.

중국에서 가장 성공한 IT 창업가 중 한 명인 보 샤오 Bo Shao의 인생은 무척 파란만장하다. 나는 2019년 캐나다 휘슬러에서 열린 플래티넘 파트너스 Platinum Partners 행사에 보를 초청해 이제껏 지나온 삶의 여정에 관해 들려달라고 부탁했다. 우리는 수많은 성공담을 듣게 될 것이라고 기대했지만, 놀랍게도 그가 들려준 것은 용감하고도 진실된 메시지였다. 보는 성공의 '이면'에 있는 이야기를 들려주었고, 나는 그의 정직함과 솔직함에 깊은 감명을 받았다.

보는 중국 상하이에서 매우 가난하게 자랐다. 전형적인 중국의 가부장적인 아버지 밑에서 자란 보는 성공을 거두려면 능력과 성과가

(감정은 존재하지 않는 요소였다) 가장 중요하다고 배웠다. 아버지는 카드를 이용해 보에게 숫자를 빠르게 암산하는 법을 가르쳤다. 고등학교를 마칠 무렵 보는 소위 수학적 재능을 가진 아이들의 요람인 수학경시대회에서 12번 이상 우승했다. 1990년에는 하버드 대학으로부터 전액 장학금 제안을 받았다. 1949년 이래 중국 본토 학생에게 주어진 최초의 전액 장학금이었다. 그는 하버드를 졸업했고, 보스턴 컨설팅 그룹_{Boston Consulting Group}에서 근무하며 하버드 경영대학원에서 MBA를 취득했다. 그 당시 IT 붐은 아직 걸음마 단계에 있었다. 보는 중국으로 돌아가 그의 첫 번째 회사인 이치넷_{EachNet}을 설립했다. 자칭 이베이_{eBay}의 중국 '짝퉁' 버전이었다. 그의 투자는 성과를 거두었다. 2003년 보는 2억 2,500만 달러에 회사를 이베이에 매각했다. 당시 그의 나이는 29세였다.

보는 잠시 동안 '은퇴'했지만, 곧 지루함을 느꼈고 다시 전속력으로 달려보기로 결심했다. 그는 중국에서 가장 성공적인 벤처캐피탈 회사를 공동설립했고, 혁혁한 성과를 올렸다. 그는 가족들과 세계를 여행하고, 프랑스 남부에 살았고, 캘리포니아에서 가장 비싼 우편번호 지역에 아름다운 저택을 샀고, '페라리를 현금으로 구입'했다. 어느 모로 보나 그는 분명한 거물이었다. 보는 돈과 성공과 성취가 사람의 안팎을 모두 충족시켜줄 것이라는 환상의 희생양이었다. 그는 소속감을 느끼는 공동체도, 믿고 신뢰할 수 있는 친구도 없었다. 그저 어린 자식들과 단절된 관계와 9자리 수의 은행 잔고뿐이었다. 그의 삶에는 의미가 없었다. 보는 자신이 이룩한 것을 즐기는 대신 가진 것을 잃을지도 모른다는 지독한 강박에 시달렸다. "막 대학에서 나와 연봉 5만 달러를 받을 때가 더 마음이 편한 것 같았지요!" 그는 이렇게 말했다.

나는 우리 모두가 스스로에게 조금만 더 솔직해진다면 보의 심정에 공감할 수 있으리라 믿는다. 물론 사업체를 억대로 매각한 경험은 없을지 몰라도 살면서 높은 목표를 성취하는 데만 집착하던 시절을 떠올릴 수는 있다. 목표는 회사 매출을 증가시키는 것일 수도 있고, 승진을 하는 것일 수도 있고, 아니면 반짝이는 신형 BMW를 구입하는 것일 수도 있다. 그것을 손에 넣은 순간, 한동안은 하늘을 나는 것 같은 기분을 느꼈을 것이다. 그러나 익숙함이 찾아오면 기쁨은 잦아들고, 성취감은 희미해진다. 그러면 당신은 골대를 더 먼 곳으로 옮겨 새로 추구할 목표를 찾아 나설 것이다. 나는 이런 내용의 영화를 수천 번도 더 봤다고 100% 확신한다. 이것은 인간의 본성이자 뇌에 설치된 운영 체제의 특성이다. 원하는 것을 얻을 때마다 붉은색으로 '오류!'가 깜박거리면서 마치 손가락 사이로 모래알이 흘러나가듯 성취감이 빠져나가는 것이다.

나는 재계의 거물들과 유명 배우, 운동선수, 정치인들과 함께 일하는 특권을 누렸다. 그들은 한평생 거침없이 전진한 끝에 결국 정상에 도달했지만, 그곳에서 발견한 것이라곤 숨쉬기 힘든 옅고 희박한 대기뿐이었다. 많은 사람들이 똑같은 질문을 던진다. "이게 다야?" 이런 소식을 알리게 되어 유감이지만, 재정적 자유도 마찬가지다. 이 책에서 소개한 모든 도구와 전략을 활용해 갈망하던 것을 얻은 뒤에도 어쩌면 당신은 여전히 공허감을 느낄지 모른다. 적어도 내가 '충만함의 기술'이라고 부르는 것에 통달하지 않는다면 말이다.

/ 충만함이 없는 삶은 실패한 삶 /

재정적 자유를 원한다고 말할 때, 우리가 원하는 것은 죽은 대통령의 얼굴이 인쇄된 돈뭉치가 아니다. 우리가 진정으로 원하는 것은 돈과 연계되어 있는 감정이다. 자유, 안정감, 편안함, 즐거움, 만족감, 그리고 평온함. 뭐든 원하는 일을 내키는 때 할 수 있고, 사랑하는 사람들과 함께 나누는 것, 해야 하기 때문이 아니라 그저 내가 하고 싶은 일을 하고 주변에 중요한 영향을 미치는 것. 이것이 바로 재정적 자유다.

그러나 진정한 부, 지속될 수 있는 부는 단순한 돈이 아니라 그 이상이다. 우리는 정서적으로, 물리적으로, 영적으로 부유해야 한다. 당신이 무한한 기쁨을 느꼈던 때, 진정으로 충만함을 누렸던 때를 떠올려 보라. 아이가 태어난 순간, 아니면 배우자가 결혼식장 통로를 걸어 들어와 "네!"라고 대답한 순간이었을지도 모른다. 친한 친구들과 함께했던 여행이었을 수도 있다. 유난히 아름다운 노을을 바라보며 창조주와 깊은 연결감을 느낀 순간일 수도 있다. 이것이 진정한 자유의 순간이다. 우리는 깊은 충만의 순간들이 대개 돈과 아무런 관련도 없고, 자주 경험하기도 힘들다는 사실을 본능적으로 알고 있다.

하지만 그렇지 않다! 생애를 통틀어 몇 번 되지 않는 그런 순간들에 만족할 필요가 없다! 연결감을 느끼기 위해 주변 환경이 변화하기를 기다릴 필요도 없다! 이 책에서 배운 것처럼 재정적 자유를 얻을 수 있는 도구들은 그다지 복잡하지 않다. 게임의 규칙을 배우고, 시장의 작동 원리를 이해하고, 잘못된 감정적 실수를 피하고, 복리의 힘을 활용하고, 진심으로 당신을 위해 일하고 가르치는 재무자문가와 함께 일하기만 하면 된다.

결과를 성취하는(예를 들어 몸매를 가꾸거나 재정적 삶을 통제하는) 불변의 법칙이 있다면, 나는 그것을 '성취의 과학'이라고 부른다. 보는 성취의 과학에 있어 진정한 대가였다. 그는 성공을 달성하려면 어떤 재료들이 필요한지 알고 있었고, 전문 요리사처럼 그것들을 어떻게 다뤄야 하는지도 알고 있었다. 그러나 보는 사업적인 면에서는 놀라운 성공을 거뒀을지 몰라도 탁월한 삶의 질을 달성하는 데는 처참하게 실패하고 말았다. '탁월한 삶의 질을 누리기 위해서는 충만함의 기술을 익혀야만' 하기 때문이다. 다시 한번 말한다. 당신은 충만함의 기술을 익혀야 한다. 왜냐하면 '충만함이 없는 삶은 궁극적으로 실패'한 것이기 때문이다!

하지만 좋은 소식이 있다. 성공과 충만함 중 하나를 선택할 필요는 없다. 두 가지 모두를 동시에 성취하는 것은 가능하다. 다만 그러기 위해서는 마음과 정신의 지극한 노력이 필요하다. 부디 이 장을 읽은 뒤 재정적 자유와 마음의 평화를 누리는 한편 충만함과 사랑, 그리고 고통으로부터의 자유로움을 느낄 수 있기를 진정으로 바란다.

고통은 피할 수 없으나 괴로움은 선택 사항

무릇 마음의 생각이 어떠하면 그의 사람됨도 그러하다.

— 잠언 23:7

나는 몇 년 전에 골프를 배우기로 결심했다. 키는 2미터가 넘고 몸무게는 100킬로그램이 넘는 사람이라, 내가 골프를 치는 모습은 마치 고릴라가 이쑤시개를 휘두르는 것과 비슷하다. 내 삶의 거의 모든 것이 그렇듯이, 나는 빠르고 강한 게 좋다고 생각했다. 처음으로 골프클럽을 부러뜨렸을 때, 나는 강사를 돌아보며 말했다. "아무래도 골프채를 서너 개는 더 예비로 마련해야 할 것 같은데요!" 그는 나무로 된 야구방망이와는 달리 골프클럽을 일상적으로 부러뜨리는 일은 전혀 흔한 일이 아니라고 정중하게 설명했다.

혹시 골프를 쳐본 적이 없다면, 이건 정말 극도의 좌절감을 줄 수 있는 스포츠다. 빠르고 강한 게 항상 더 좋은 것은 '아니다.' 골프는 미묘한 뉘앙스의 게임이다. 고작 1도 차이로 좋은 샷이 되든가 아웃오브바운드가 되든가 아니면 공이 호수에 빠질 수도 있다. 골프는 절대로 완벽하게 통달할 수 없는 게임이고 엄청난 인내심이 필요하다. 나는 몇 번의 레슨을 받은 끝에 이 스포츠가 내게 어울리지 않는다는 사실을 깨달았다. 나는 실력을 키울 만큼 시간을 투자할 수도 없었고, 그렇다고 잠깐 건드려 보는 것만으로는 적성에 안 맞았다. 차라리 그 시간에 다른 일을 하는 게 훨씬 나을 것 같았다!

그러다 멕시코로 여행을 떠났을 때 친한 친구인 버트가 골프를 치지 않겠느냐고 물었다. 진즉부터 골프가 내게 어떤 존재인지(느리고 짜증나고 등등) 말해두었기에 막 입을 여는데 버트가 재빨리 내 말을 가로막았다. "토니, 자네가 시간이 없다는 건 알고 있으니까 한 네다섯 홀만 치는 게 어때?" 나는 골프 홀을 줄일 수도 있다는 걸 처음 알았다. 하지만 안 그래도 짧은 휴가라 빨리 해변에서 느긋한 시간을 보내고 싶었다. "그럼 바닷가에서 간단하게 치는 건 어때? 경치가 정말 끝내준다고!" 그건 상당히 유혹적인 이야기였지만 나는 내 골프 솜씨가 얼마나 형편없는지 기억해냈다. "토니, 점수도 매기지 말자." 점수 계산을 하지 말자니, 그럼 뭣 때문에 치는 건데?

하지만 나는 마지못해 그러자고 했고, 버트와 함께 골프 카트에 올라탔다. 첫 번째 홀에 도착했을 때는 숨이 멎는 줄 알았다. 그린에서 몇 발짝도 떨어지지 않은 곳에서 파도가 바위에 부딪치며 하얀 포말을 날리고 있었다. 나는 원하는 만큼 몇 번이고 스윙을 날렸고, 실제로 꽤 괜찮은 샷도 건졌다. 긴 퍼트를 성공시켜서 공이 구멍에 들어갔을 때에는 날아갈 것만 같았다. 내 안에서 뭔가 바뀌고 있었다. 한시간 뒤, 우리는 해변에 늘어서 있는 4개의 홀을 모두 마치고는 완전히 신이 나 있었다. 큰 소리로 웃고 떠들고, 즐거운 시간을 보냈으며, 아름다운 자연 풍광을 경험하고 소금기 가득한 공기를 가슴 깊이 들이마셨다.

그날 이후 나는 결심했다. 다시는 괴로워하지 않으리라. 골프를 칠 때면 어떤 홀이든 마음껏 즐길 것이다. 내 옆에 함께 있는 사람들, 주변의 모든 자연과 아름다움, 그리고 간간히 발생하는 좋은 샷들을 모두 만끽할 것이다. 전설적인 골프 선수인 벤 호건Ben Hogan은 "골프는 귀와 귀 사이의 5인치 코스에서 플레이하는 게임이다."라고 말했다. 이제 골프는 내가 가장 즐겨 하는 운동 중 하나이고, 나는 점수를 매기지 않는다.

이 이야기를 하는 이유는 내가 '아름다운 상태'로 살기로 결심한 여정에서 골프가 뜻밖의 계기가 되어주었기 때문이다. 골프는 바뀌지 않았다. 바뀐 것은 바로 나다. 나는 그날 나를 참된 삶으로 이끌어줄 마음 상태로 살기로 결심했다. 그렇다면 날마다 그런 마음가짐으로 살 수도 있지 않겠는가?

/ ## 아름다운 상태로 살아가기 /

나는 거의 매년 인도를 방문한다. 가장 최근에 인도에 갔을 때, 나는 일평생을 자기 자신과 타인의 영적 성장에 바친 친구와 매우 인상적인 대화를 나눴다. 그는 사람들이 오로지 두 가지 상태에 있을 수밖에 없다고 말했다. 하나는 부정적이고 활력이 낮은 '괴로움의 상태suffering state(슬픔, 분노, 우울, 좌절, 두려움)'였고, 다른 하나는 활기차고 긍정적인 '아름다운 상태beautiful state(기쁨, 사랑, 감사함, 창의적, 관대함, 연민)'였다.

그 대화는 내 삶에 심오한 변화를 일으켰다. 나는 늘 삶을 진정으로 통제할 수 있는 유일한 방법은 내면에 있다고 믿었다. 그렇게 지난 수십 년간 사람들에게 가르쳤다. 우리는 주식시장과 날씨, 또는 배우자를 원하는 대로 통제할 수 없다. 우리가 통제할 수 '있는' 것은 그러한 사건에 부여하는 의미뿐이다. 사건들에 부여하는 의미는 곧 우리가 느끼는 감정이다. 감정적 경험은 실제 우리가 겪는 현실이다. 우리는 매일 느끼는 감정을 100% 완전히 통제할 수 있다. 인도를 떠날 때, 나는 과연 그런 상태에 있는지 곰곰이 생각해보았다. 나는 '항상' 아름다운 상태로 살기로 선택했던가? 그런 일이 실제로 가능하기는 한가?

내가 스스로를 성취지향적인 사람이라고 생각한다는 말에 놀랄 사람은 아무도 없을 것이다. 나는 전 세계 50개가 넘는 기업에 투자하며 해마다 100개 이상의 도시를 방문한다. 내 삶과 일정은 보잉 747기처럼 쉴 새 없이 움직이는 수많은 부품들로 구성되어 있다. 다양한 산업 분야에 걸쳐 수백 명의 직원들이 일하고 있고, 미국 대통령보다도 더 빽빽한 일정으로 출장을 다니는데 모든 일이 항상 계획대로 진행될 가능성이 얼마나 될까? 제로다.

솔직히 말해 일이 잘못됐을 때 내가 화를 내거나 당혹하거나 침울해하거나 좌절하는 것은 그리 드문 일이 아니다. 만일 내게 괴로우냐고 묻는다면 나는 웃어넘길 것이다. "괴롭지 않아요! 항상 해결책을 찾아내니까요!" 실제로 이런 감정들을 정기적으로 느낀다면, 나는 괴로움의 상태로 살기로 선택한 것이다. 나는 (대부분의 성취지향적 사람들이 그렇듯이) 이런 강렬한 감정들이 열정을 부채질한다고 정당화했지만, 실제로는 기쁨을 빼앗고 삶의 충족감을 크게 제한하고 있었다.

내가 괴로움을 느낀 것은 정처 없이 어수선한 마음이 내 감정을 장악했기 때문이다. 그 상태에 지배된 나는 바다 위에 떠 있는 코르크처럼 거친 파도에 몸을 맡긴 채 정처 없이 떠돌았다. 200만 년 동안 진화해온 우리의 뇌는 항상 잘못된 것만을 찾아다닌다. 뇌는 단 한 가지 목적만을 지니고 있다. 바로 살아남는 것이다. 이 게임의 이름은 바로 생존이다.

인간의 뇌에 탑재된 소프트웨어는 우리를 행복하게 만들기 위해 설계되지 않았다. 행복을 성취하는 것은 결국 우리 자신의 몫이다. 마음의 방향을 이끄는 것은 '당신'이 할 일이다. 옳고, 아름답고, 사랑스럽고, 재미있고, 당신의 삶에 의미 있는 것을 찾아 나서는 것도 '당신'이 할 일이다. 매일, 매 순간. 우리 몸에 있는 다른 모든 근육들처럼 그렇게 하려면 훈련이 필요하다.

괴로움의 상태에서 살고 있다는 사실을 인정하고 나자, 나는 내 삶에서 가장 중요한 결정을 내리게 되었다. 다시는 괴로움의 상태로 살지 않을 것이며, 내가 느끼고 싶은 대로 살 것이다. 남은 여생 동안 온 힘을 다해 아름다운 상태로 살도록 노력할 것이다. 언제나 사랑과 행복, 창의성, 열정, 즐거움, 명랑함, 배려, 성장, 관대함, 호기심이 넘치는 상태로 말이다. 이것은 생사가 달린 결정이다. 왜냐하면 진정한 삶을 살고 싶다면, 내적으로 충만한 삶을 원한다면, 고통과 괴로움으로 가득한 삶을 살기엔 인생이 너무 짧다는 사실을 알아차려야 하기 때문이다!

부정적 감정에서 자유롭게

원숭이에게 사과 하나를 주면 무척 기뻐할 것이다. 그러나 사과를 두 개를 줬다가 한 개를 빼앗으면 화를 낼 것이다. 인간도 다르지 않다. 우리의 마음은 문제를 찾는 데 혈안이 되어 있다. 갖고 있지 않거나 잃을 수 있는 것들을 필사적으로 찾는다. 내 신조는 '잘못된 것은 언제나 발견할 수 있지만 올바른 것을 찾기 위해서는 정돈된 마음가짐이 필요하다'이다. 그러니 우리에게 괴로움을 유발하는 원인을 파악해 인간의 소프트웨어가 어떻게 작동하는지 이해하고, 운영 체제를 덮어쓰는 방법을 배우고, 통제력을 되찾아보자.

원인 1: 상실. 귀중한 것을 잃었다고 믿을 때 당신은 괴로움을 느낀다. 우리의 뇌는 무언가를 잃을지도 모른다고 생각하는 것만으로도 경종을 울려댈 것이다. 물리적인 것만을 가리키는 게 아니다(물론 돈이 가장 일반적이지만). 시간과 사랑, 존경심, 우정, 또는 기회의 상실일 수도 있다.

원인 2: 부족함. 부족함은 완전한 상실만큼 강렬한 감정은 아니다. 사과를 가졌다가 빼앗긴 원숭이처럼 뭔가가 부족하다는 생각이 들면 괴로움을 느끼게 된다. 당신 또는 다른 사람이 한 일 때문일 수도 있으며, 당신이 귀하게 여기는 것이 부족하다고 느끼면 정신적으로나 감정적으로 고통스러울 수 있다.

원인 3: 절대로 안 될 것이라는 절망감. 이것은 우리의 뇌에 있어

'데프콘 1' 상황과도 같다. 절망감을 느끼는 뇌는 당신이 중요하게 여기는 것을 '절대로' 가질 수 없다고 속삭인다. x가 일어나거나 y 가 발생한다면 당신이 결코 행복해지거나 사랑받거나 날씬해지거나 부유해지거나 매력적이 되거나 중요한 사람이 될 수 없다고 생각하게 만든다. 이런 자포자기는 자신은 물론 타인과의 관계에 피해를 줄 수 있는 파괴적 행동을 유발할 수 있다. 근시안적 관점으로 자기 자신에게만 집중하기 때문이다.

심지어 우리의 마음은 종종 '진짜도 아닌' 것들에 집착하거나 괴로움을 느낀다. '실제로' 일어난 일과는 상관없이 우리가 '집중하는 것'만을 느낀다. 친구가 일부러 당신에게 나쁜 짓을 하고 있다고 오해한 적이 있는가? 당신은 화가 잔뜩 나서 머릿속으로 수없이 가상의 말다툼을 벌인다(그리고 당연히 당신이 이길 것이다). "자기가 얼마나 지독한 짓을 했는지 알지도 못하겠지! 나를 존중하지 않는 거야. 과연 우리 사이가 옛날처럼 되돌아갈 수 있을지 모르겠어!" 하지만 전부 오해였다는 사실을 알게 된다. 순전히 혼자만의 착각이었고, 비난받을 사람은 아무도 없었다. 그런데도 당신은 괴로움을 느꼈다. 이 모든 부정적 감정이 당신의 삶을 지배하고 그날 하루, 어쩌면 일주일을 망칠지도 모른다.

당신의 감정은 곧 경험이 된다. 이 경험은 상실과 부족함, 절망감의 혼합으로 구성된다.

감정의 31가지 맛

질문 하나. 당신이 가장 좋아하는 괴로움의 맛은 무엇인가? 자주 화가 나는가? 후회가 많은가? 냉소적이 되는가? 두려운가? 좌절감이 드는가? 당신은 퇴근 뒤에 배우자나 자녀들에게 어떤 괴로움을 가져다주는가? 아침마다 얼마나 무거운 마음으로 회사를 향해 억지로 발걸음을 떼는가? 어떤 두려움에 끌려 다니는가?

우리는 모두 다양한 감정을 경험하지만, 대부분의 사람들은 감정적으로 폭발하기 쉬운 특정한 지점을 갖고 있다. 가장 자주 부딪치고 고통받는 곳 말이다. 그렇다면 우리는 어떻게 나 자신에 대한 통제권을 되찾고 마음을 다잡을 수 있을까? 모든 것이 의식적인 선택의 문제라는 사실을 깨닫는 데서 시작된다. 당신이 마음을 다스리지 않으면 마음이 당신을 지배할 것이다. 탁월한 삶의 질을 누리고 싶다면 마음을 다스릴 수 있어야 한다. 상황이 원하는 대로 풀릴 때도, 그렇지 않을 때도 삶을 즐길 수 있어야 한다. 누군가 당신에게 상처를 줄 때도, 투자로 돈을 잃었을 때도, 배우자가 당신을 화나게 하거나 상사나 직원이 당신에게 고마워하지 않을 때도, 감정적 패턴에서 벗어나 아름다운 상태를 유지하겠다는 목표에 초점을 맞춰야 한다. 괴로움 속에서 살기에는 인생은 너무나도 짧다.

무엇이든 긍정적으로 생각해야 한다는 판에 박힌 소리가 아니다. 누군가 고통스러운 주변 환경에도 불구하고 괴로운 삶을 살지 않기로 선택할 때, 우리는 영감을 받는다! 우리는 그들에 관한 책을 쓰고, 영화를 만들고, 평생공로상을 바친다. 상상조차 하기 힘든 비극이나 부당함을 겪고도 마음을 통제하고 역경을 이겨낸 사람들을 존경하고 우러러본다. 누군가 우리가 겪는 것보다 훨씬 크고 힘든 도전을 헤치고 나아가면서도 놀라운 마음가짐을 유지할 때, 보다 심오한 기준을 목격하고 있음을 깨닫는다. 우리는 삶을 돌아보고, 관점을 바꾸고, 자신의 삶 속에서 아름다움을 발견하고 깊은 감사를 느낀다. 보고자 하는 마음만 있다면 모든 것은 항상 당신의 눈앞에 펼쳐져 있다.

/ ## 삶의 90초 법칙 /

삶의 고난과 괴로움에 초연할 수 있는 사람은 없다. 부정적인 감정은 아무것도 느끼지 말고 언제나 즐겁고 무난하게 살라는 얘기가 아니다. 그것은 삶이 아니라 회피다. 내 말은 감정에 끌려 다니지 말라는 뜻이다. 내가 자주 사용하는 유용한 전략을 하나 알려주겠다. 분노나 두려움, 좌절감처럼 괴로운 감정이 들 때마다 나는 90초의 여유를 갖고 감정의 방향을 되돌려 다시 아름다운 상태로 돌아간다. 그게 어떻게 가능하냐고?

예를 들어 내가 우리 회사 직원과 격렬한 대화를 나눈 끝에 그가 여러 가지 문제를 야기할 수 있는 심각한 실수를 저질렀음을 알게 되었다고 하자. 내 뇌는 자동적으로 행동에 돌입해 뭔가 잘못된 부분에만 집중하게 된다. 머릿속에 불길한 불빛이 번쩍거리고 시끄러운 사이렌이 울려댄다. 뇌가 문자 그대로 빨리 화를 내고, 좌절하고, 괴로워하라고 애원하고 있다. 이제는 행동에 돌입해야 할 차례다. 나는 천천히 숨을 들이마시고 내뱉으며 마음을 안정시킨다. 감정적 패턴을 바꾸는 가장 좋은 방법은 신체적인 변화를 일으키는 것이다. 심호흡을 하거나 산책을 하거나 팔벌려뛰기를 하거나, 뭐가 됐든 흥분한 감정으로부터 관심을 돌릴 수 있는 것을 찾는다.

그런 다음에는 해독제를 주입한다. 바로 감사의 마음이다. 나는 두려움과 감사의 마음을 동시에 품을 수 없다는 사실을 알게 되었다. 상황 그 자체에 감사하라는 게 아니다. 현실을 부정하는 것이니까. 나는 바로 그 순간에 감사할 수 있는 대상을 찾는다. 방 저편에 앉아 있는 아내를 보며 그녀의 존재에 감사할 수도 있고, 책상 위에 놓인 가족사진을 힐끔거리며 자식들에 대한 애틋함을 떠올릴 수도 있다. 아니면 사무실 창문 밖으로 보이는 탁 트인 바다 풍경도 좋다. 그 순간 뭐든 감사할 수 있는 게 있다면 그렇게 한다. 이번에는 내가 다른 사람의 삶을 개선하는 훌륭한 회사를 운영하고 있음에 감사하기로 선택한다. 이 직원이 평소에는 아주 유능하다는 사실에 감사한다.

괴로워하기를 멈추고 감사하기로 선택하면 신경계를 재구성하고 다시 마음을 다스릴 수 있게 된다. 실제로 이제 우리는 감사하는 마음이 어떤 이점을 가져다주는지 과학 및 의학적으로 이해할 수 있다. 뇌를 재구성한다는 표현은 전혀 과장이 아니다. 뉴런은 함께 발화되고, 서로 연결되어 있다. 신경전달로는 처음에는 작은 끈처럼 가늘지만 반복이 지속되면 굵은 밧줄이 된다. 감사를 경험하는 능력은 감사하는 마음을 얼마나 자주 연습하는지에 달려 있다.

그렇게 감사하는 마음이 주도권을 쥐었다고 느껴지면, 나는 다시 문제로 돌아온다. 그런 다음 창의성처럼 또 다른 아름다운 상태를 추구한다. 창의성은 눈앞의 문제를 신속하게 해결하는 데 도움을 주고, 나는 평온한 마음가짐을 통해 직원들도 감사와 사랑을 느끼게 도울 수 있으며, 이는 이해와 신뢰의 분위기를 조성한다.

요는 스스로 노력하기만 한다면 모든 상황에는 장점이 있다는 뜻이다. 물론 잘못된 일은 항상 일어날 수 있다. 그러나 올바른 일, 아름다운 일, 중요한 일 또한 언제나 일어날 수 있다. 가끔은 뚜렷하게 느껴지지 않을지 몰라도 삶이 '우리에게' 우연히 일어나는 게 아니라 '우리를 위해' 일어난다고 믿어야 한다. 나는 사랑과 학대가 오가는 집안에서 자랐다. 어머니가 처방약을 남용하고 술을 마시는 동안 어린 동생들을 돌봐야 했다. 나는 어머니를 깊이 사랑하지만 만일 그녀가 내가 꿈꾸던 이상적인 어머니였다면 지금의 나는 없었을 것이다. 삶은 내게 일어난 게 아니라 나를 위해 일어났다. 자유를 원한다면, 그것이 내가 삶에 선택하고 부여해야 하는 의미다.

그렇다. 이 책은 재정적 자유에 관한 책이며, 분명 그것은 가치 있는 목표다. 그러나 나는 당신이 재정적 자유를 성취하는 것뿐만 아니라 탁월한 삶의 질을 누리길 바란다. 언젠가가 아니라 '바로 지금' 말이다. '마침내' 성공했다고 느끼는 가상의 결승점에 닿을 때까지 기다릴 필요가 없다. 당신에게는 그럴 자격이 있다. 당신이 사랑하는 사람들도 그럴 자격이 있다. 인생은 고통스럽게 보내기엔 너무나도 짧으니까!

감사의 마음은 최고의 영약

인류 역사의 수천 년 동안 위대한 영적 스승들은 감사하는 마음이야말로 고통과 괴로움에 대한 가장 뛰어난 해독제라는 사실을 알고 있었다. 최근의 과학적 연구들은 그러한 태도가 신체와 정신 모두에 놀라운 영향력을 끼친다는 사실을 입증했다. 이 엄청난 사실들을 살펴보라!

- 제프리 허프만Jeffery Huffman 박사의 매사추세츠 종합병원Massachusetts General Hospital 연구에 따르면 낙관주의 및 감사와 같은 긍정적인 심리 상태는 심혈관 건강에 긍정적 영향을 미칠 수 있는 독립 요인이다.
- 2015년 미국심리학회American Psychological Association의 연구에 따르면 8주 동안 감사 일기를 적은 환자들의 경우 일부 염증 지표 수치가 감소한 것으로 나타났다.
- 감사 및 기타 긍정적 감정 배양에 관한 연구 결과, 스트레스 호르몬 수치가 하락했다. 감사하는 마음을 쌓은 사람들을 대상으로 한 연구에서 코르티솔은 23% 감소하고, 테스토스테론과 에스트로겐과 같은 주요 호르몬의 생성을 돕는 노화방지 호르몬인 DHEA/DHEAS 수치는 100% 향상되었다.
- 〈행동연구 및 치료Behavior Research and Therapy〉에 게재된 2006년 연구 논문에 따르면 감사 성향이 높은 베트남전 참전 병사들은 외상후스트레스 장애 비율이 낮다.
- 하버드 의대 및 펜실베이니아 대학 와튼 스쿨 연구진에 의하면 감사를 자주 표현하는 리더들은 직원들에게 동기를 부여하여 생산성을 더욱 향상시킨다.

제13장

오로지 행복을
추구하라

_조너선 클레먼츠

THE
PATH

토니가 말한 것처럼 돈은 많은 것을 살 수 있지만 돈 그 자체로 행복을 살 수는 없다. 대신에 가진 돈을 사려 깊게 사용한다면 우리를 행복하게 만들어주는 것들을 추구하고 원하는 삶을 즐기는 데 도움이 된다. 〈월스트리트저널〉의 전 칼럼니스트이자 크리에이티브 플래닝에서 금융 교육 부문을 맡고 있는 조너선 클레먼츠에게 행복과, 행복을 추구하는 데 있어 돈이 어떤 역할을 하는지에 대해 써줄 것을 요청했다.

친구들에게 돈이 더 많았다면 지금보다 더 행복했을까 물으면 가장 흔히 들을 수 있는 대답은 "당연하지!"일 것이다. 하지만 신기하게도 그게 사실이 아니라는 증거는 차고 넘친다.

미국 종합사회조사기관General Social Survey은 거의 50년 동안 꾸준히 설문조사를 실시해왔다. 1972년 첫 조사에서 미국인의 30%가 스스로를 '매우 행복하다'고 평가했다. 이후 미국의 1인당 가처분소득은 131%나 치솟았고(인플레이션 반영) 이제 우리는 1972년에 비해 거의 두 배나 많은 가처분소득을 벌고 있다. 그러나 이 모든 돈도 행복을 증진시키는 데는 별로 도움이 되지 못했다. 2018년에 '매우 행복하다'고 대답한 미국인은 31%에 불과했다. 46년 전에 비해 겨우 1퍼센트 상승한 것이다.

그럼에도 나는 돈으로 행복을 살 수 있다고 믿는다. 그 돈을 신중하게만 사용한다면 말이다. 돈에는 세 가지 잠재적인 이점이 있으며, 이 세 가지는 모두 우리의 삶을 더욱 훌륭하게 바꿀 수 있다.

돈은 불안감을 덜어준다

돈의 가장 큰 이점은 재정적 걱정을 덜어주고 삶에 대한 통제력을 느낄 수 있게 해준다는 것이다. 내 생각에 돈은 건강과 비슷하다. 우리는 몸이 아플 때에야 비로소 건강이 얼마나 중요한지 실감한다. 산더미처럼 많은 돈을 갖고 있다고 해서 특별히 더 행복해지는 것은 아니지만 돈이 없다면 극도로 불행해질 수 있다. 돈이 없다면 우리는 매달 지출 비용에 강박을 느끼고, 일자리에 매달리고, 한 번만 더 아팠다가는 파산할지도 모른다는 불안감에 시달릴 수 있다.

안타깝게도 이는 많은 미국인들이 처해 있는 현실이다. 연방준비제도에 따르면 실제로 10명 중 4명의 미국인이 비상시에 400달러의 여윳돈도 마련할 수 없다. 또 다른 놀라운 통계도 있다. 커리어빌더Career Builder의 조사에 따르면, 미국 노동자의 78%가 매달 근근이 살아가고 있다. 세계에서 가장 역동적이고 가장 부유한 국가에서 대다수 국민들이 재정적으로 아슬아슬하게 살아가고 있는 것이다. 생활수준이 상승했다고 행복감이 증진되지 않았다는 사실이 별로 놀랍지 않다.

그렇다. 우리는 노후생활을 위해 저축을 해야 하고 주택융자금을 내야 하고 자식들의 대학교 등록금을 위해 저축해야 한다. 그러나 이러한 구체적인 목표들은 보다 포괄적이고 우선적인 재정적 목표 안에 있다. 중요한 것은 돈 걱정에서 벗어나기 위해서 사실 그렇게 많은 것이 필요하지는 않다는 점이다. 그저 카드빚을 지불하고 제때 청구서를 내고 매달 약간의 돈을 예금통장에 집어넣는 것만으로도 행복감을 크게 증진시킬 수 있다. 소비자금융보호국Consumer Financial Protection Bureau의 연구에 의하면 250달러 이하의 은행 예금을 가진 미국인은 경제적 행복감에 있어 100점 만점에 41점을 기록한 반면, 5,000~19,999달러의 예금을 가진 사람들의 경우에는 59점으로 미국 평균 점수인 54점을 웃돌고 있다.

재무 상태를 통제한다는 것은 단순히 청구서와 예상치 못한 지출에 잘 대처한다는 뜻이 아니다. 우리는 삶을 더욱 잘 통제할 수 있게 될 것이다. 이런 엄청난 보상을 얻기 위해서는 약간의 희생이 필요하다. 케이블 TV 채널을 줄이고, 옷가지에 드는 예산을 줄여라. 새 차가 아니라 중고차를 사라. 몇 가지 물질적인 부분을 포기하면 상대적으로 마음의 평화를 살 수 있다. 어쩌면 인생에서 최고의 거래 중 하나가 될 것이다. 아끼고 절약하면 빚을 갚고 저축할 여분의 자금을 마련할 수 있어, 많은 이들의 삶을 갉아먹고 있는 재정적 걱정에서 느리지만 확실하게 벗어날 수 있다.

몰입의 순간을 누려라

돈의 두 번째 이점은 무엇일까? 돈은 우리가 사랑하고 잘한다고 느끼는 활동을 할 수 있게 해준다.

돈은 가장 중요한 자원처럼 보인다. 특히 어릴 때에는 더욱 그렇다. 하지만 사실 우리에게 가장 한정된 자원은 나이가 들수록 잔인하리만큼 명백하게 깨닫게 되는, 시간이다. 더욱 만족스러운 삶을 누리려면 시간을 최대한 활용할 수 있는 방법으로 돈을 사용해야 한다. 가령 잔디를 깎거나 집을 청소하기 위해 사람을 고용하고 그런 활동에서 자유로워짐으로써 열정을 가진 다른 여가에 돈을 쓰는 것처럼 말이다. 하지만 다른 장기적인 목표도 있다. 우리는 날마다 원하는 일을 마음껏 선택할 수 있는 삶을 원한다. 이 목표는 마침내 은퇴 준비가 되었을 때를 위한 머나먼 환상이 아니라, 일하는 내내 꾸준히 노력해야 하는 것이다.

그래서 나는 사람들에게 파격적인 조언을 한다. 나는 고등학생이나 대학생들에게 열정을 추구하라고 말하지 않는다. 그보다는 우선 몇 십 년 동안 직장생활을 하며 돈을 벌라고 말한다. 재빨리 재정적 자유를 달성하면 일상생활에 대한 통제력을 얻을 수 있다.

그래, 나도 안다. 20대 젊은이라면 가정에 대한 의무심과 매달 갚아야 할 주택융자금에 짓눌리기 전에 열정을 추구하는 경험을 해봐야 한다. 사회가 젊은이들에게 끊임없이 주입하는 통념이다. 하지만 이런 사고방식은 모두가 당연시하는 가정에 의존하고 있다. '50대보다 20대 때 열정을 추구하는 일이 더 중요하다'는 것이다.

나는 그 반대라고 주장하고 싶다. 처음 사회생활을 시작하면 모든 게 새롭고 흥미진진해 보인다. 규칙을 파악하고, 내가 있을 자리를 찾고, 가치를 증명하기를 원한다. 20~30대 젊은이들에게 영감을 주지 않는 직장에서 일하는 것은 생각만큼 힘든 일이 아닐 수 있다. 매달 상당한 저축을 할 수 있는 충분한 급여를 받을 수만 있다면 반대로 재정적으로는 현명한 행동일지도 모른다.

그러나 10~20년을 일하고 나면 우리는 새로움을 지향하게 된다. 이제 우리는 업계의 규칙을 안다. 기대했던 것만큼은 아니지만 약간의 성공도 거뒀다. 승진과 급여 인상, 그리고 번 돈으로 살 수 있는 물건들이 잠깐 동안의 덧없는 행복을 줄 뿐이라는 것도 알게 되었다. 사무실 안에서 벌어지는 정치와 빈번한 정리해고를 겪다보면 직장에 대해 점점 더 냉소적으로 변한다. 우리는 물질적 보상에 대해 점점 흥미를 잃고 개인적인 보람을 느끼는 일에 관심을 갖게 된다.

그렇다면 여기서 중요한 질문이 생긴다. 재정적 자유가 다른 사람에게 얽매이지 않고 하고 싶은 일을 하면서 지낼 수 있는 능력이라면 우리는 무엇을 해야 할까? '느긋하게 보내기'와 '재밌게 살기'가 가장 먼저 떠오를 것이다. 하지만 나라면 진정으로 즐길 수 있는 일에 초점을 맞추겠다.

이 세상의 정원들이 텅 빈 벤치로 가득한 이유가 있다. 끊임없이 생존에 집중하는 수렵 채집 조상을 가진 우리들은 여가를 즐기거나 휴식을 취하도록 설계되지 않았다. 우리는 항상 노력하고 분투하도록 만들어져 있다. 중요하다고 여기고, 좋아하고, 도전적이고, 잘한다고 생각하는 일을 할 때 가장 행복하다. 이는 클레어몬트 대학원의 심리학 교수인 미하이 칙센트미하이 Mihaly Csikszentmihalyi가 말한 몰입의 개념에 잘 나타나 있다.

수술실의 의사, 작업에 몰두한 화가나 작가, 시합에 집중하는 스포츠 선수를 생각해보라. 저녁 식사를 요리하고 회사에 출근을 하고 세금을 내는 일상적인 활동도 몰입의 순간을 제공하지만 텔레비전 시청 같은 수동적 활동보다는 적극적으로 참여할 때 이를 경험할 확률이 훨씬 높다.

높은 수준의 기술을 요하는 도전적인 활동을 할 때 우리는 너무나도 몰두한 나머지 시간감각을 잃곤 한다. 이러한 몰입의 순간은 전통적인 의미의 행복과는 다르지만, 친구들과 웃고 떠들지 않으면서도 개인적으로 가장 흡족한 시간이 될 수 있다.

근사한 추억을 만들자

돈은 우리가 사랑하는 일을 하면서 시간을 보낼 수 있게 해준다. 사랑하는 사람들과 특별한 시간을 함께할 수도 있다. 그것이 돈으로 행복을 살 수 있는 세 번째 방법이다. 연구조사에 따르면 친구와 가족들로 구성된 밀접한 네트워크는 행복의 주요 원천이다. 심지어 스쳐지나가는 사람들(슈퍼마켓 점원, 주차장 직원, 스타벅스의 바리스타 등)과 나누는 대화만으로도 지역사회에 대한 소속감을 높일 수 있다.

한 학술 연구가가 텍사스에서 직장생활을 하는 여성 909명의 일상을 조사했다. 실험 참가자들은 자신의 일상 활동을 나열하고 평가했는데, 통근은 매일의 행복도에서 최하위를 기록했다. 일 또한 좋은 평가를 받지 못했다. 그렇다면 그들은 어떤 활동에서 행복감을 느꼈을까? 응답자 중 11%만이 연구진이 조심스럽게 '친밀한 관계'라고 부르는 활동에 관여한다고 언급했다. 이런 친밀한 관계는 평균 약 13분밖에 지속되지 않았지만 행복감이라는 측면에서는 1위를 차지했다.

두 번째로 높은 항목은 적어도 행복에 미치는 광범위한 영향이라는 측면에서 더 중요했다. 여성들은 '퇴근 후 사교'라는 항목에 높은 점수를 매겼으며 하루 중 평균 69분을 소요했다. 친구나 가족들과 함께 시간을 보내는 것은 행복의 핵심 요소다. 이를 이해하기 위해 학문적 연구가 필요하지는 않을 것이다. 다른 사람과 함께 식사를 할 수 있는데 식당에 홀로 앉아 먹는 쪽을 선택할 사람은 그리 많지 않을 테니까. 영화 감상, 쇼핑, 정원 청소 및 다른 활동도 마찬가지다.

친구와 가족은 행복감에만 도움이 되는 게 아니다. 그들은 우리의 건강을 유지하는 데도 큰 도움이 된다. 2010년의 한 연구는 사망률과 타인과의 상호작용 빈도 사이의 연관성에 관한 정보를 포함해 148개의 기존 연구 데이터를 수집했다. 연구자들은 친구와 가족들의 친밀한 네트워크가 담배를 끊는 것과 동일한 수명 연장 효과를 가져온다는 사실을 발견했다.[104]

사람들이 소유보다 경험을 통해 더 큰 행복을 얻는다는 수많은 연구 결과가 있다. 경험을 통해 더 큰 행복을 느끼고 싶다면 친구와 가족들을 끌어들여라. 등산을 갈 때면 다른 사람을 불러라. 당신과 동료의 콘서트 티켓을 사라. 아이들을 데리고 유람선을 타라. 가족 모임을 준비하라. 친구들과 저녁을 먹으러 가고 다른 도시에 살고 있는 손자를 만나러 가라.

가족들과 식사를 하고 콘서트에 참가하는 것은 겨우 몇 시간이면 되지만 이메일 답장을 쓰고 전자책을 읽고 영화를 보고 음악을 듣고 웹서핑을 할 수 있는 태블릿 PC보다 더 많은 비용이 들 것이다. 물건은 종종 싸게 얻을 수 있지만 경험은 더 많은 돈이 드는 경향이 있다. 더구나 식당에서 식사를 하고 가족 휴가 비용을 부담한다면 자식들에게 물려들 재산이 줄어들 것이다.

그럼에도 가족들과 근사한 추억을 만드는 것은 돈을 쓰는 가장 훌

륭한 방법 중 하나다. 미국에는 44명의 대통령이 있었고,[105] 그들 모두 자신이 불멸의 업적을 성취했다고 자신할 것이다. 하지만 우리 중에 대통령 44명 모두의 이름을 댈 수 있거나 나아가 그들 각자의 성취에 대해 자세히 설명할 수 있는 사람이 얼마나 될까? 미국 대통령들에게 불멸의 성취를 남긴다는 일이 이토록 어렵다면 평범한 사람들에게는 희망이 없다. 세상을 뜬 뒤 5년이나 10년만 지나면 대부분의 사람은 세상에서 잊힐 것이고, 우리를 기억하는 이는 가족이나 가까운 친구들 밖에 없을 것이다. 우리는 그들의 기억 속에서 살아간다. 그것이 우리가 불멸에 근접할 수 있는 유일한 방법이다. 내 조언은 이렇다. 그들에게 좋은 추억을 남기는 데 돈을 사용하라.

---

105 만물박사들을 위한 참고자료. 그로버 클리블랜드Grover Cleveland 대통령은 대통령직을 두 번 역임하긴 했지만 한 번만 계산했다. 현재까지 미국은 45번의 대통령 임기를 거쳤지만 대통령은 44명뿐이다.

제14장

정상에서
만끽하는 뿌듯함

_피터 멀록

나는 고객들 중 많은 이들이 은퇴 후 첫 몇 달 동안 돈에 대한 걱정에 시달린다는 사실을 알게 되었다. 블랙록_{Blackrock}이 사람들에게 삶에서 가장 큰 스트레스를 유발하는 것이 무엇인지 물었을 때, 응답자의 56%가 돈이라고 대답했다! 건강은 38%, 가족은 37%, 그리고 일은 34%였다[106] ([14-1]). 돈이 없는 사람들은 먹고살 걱정이나 노후를 우려했고, 충분한 돈을 가진 사람들은 돈을 잃지 않거나 오히려 돈이 다 떨어지지 않는다는 데 스트레스를 받았다!

---

106 내 생각에 이 수치는 당신의 가족이 어떤 사람들이냐에 큰 영향을 받는 것 같다.

[14-1] 가장 높은 스트레스

건강	가족	일
38%	37%	34%

비교는 기쁨의 도둑이다

우리는 항상 뭔가가 부족하다고 느낀다. 그것은 우리가 인간이라면 누구나 하는 일, 즉 남과 비교하는 일을 끊임없이 하고 있기 때문이다. 우리가 남들보다 더 똑똑하거나 재미있다고 속이기는 쉽지만, 돈은 많은 사람들에게 감정적으로 민감한 버튼을 누른다. 빠르게 진실을 밝힐 수 있는 비교 대상이기 때문이다. 소셜 네트워크 상에서 여러 가지 방법으로 우리가 눈에 띄는 존재라고 스스로를 속일 수 있지만, 돈에 있어서만큼은 속일 수 없다. 그래서 많은 사람들이 돈을 측정 기준으로 사용한다. 심지어 돈은 우리 개개인을 구성하는 요소와는 아무 관련이 없는데도 대차대조표가 마치 '개인적인 순자산'인양 그것을 우리의 순자산이라고 부르기도 한다. 돈에 대한 끊임없는 강조와 비교는 은퇴 후에도 게임에서 한 발짝 물러서기 어렵게 만든다. 여기서 정답은 무엇일까? 우선순위를 명확하게 세운 다음, 나머지는 개의치 마라. 묘지에서 가장 부자라는 이유로 상을 받을 일은 없다.

은퇴 후 첫 달에는 은퇴자금을 넉넉하게 갖고 있는 사람들조차도 다음과 같은 5가지 이유로 스트레스를 받을 수 있다.

1. '당신은 평생 동안 일했다.' 이건 즉 뭔가 잘못되더라도 다시 일을 함으로써 어떤 고난도 극복할 수 있다는 의미이기도 하다. '다시 돈을 벌 수 없다'는 생각은 시장이 하락하면 더욱 스트레스를 받게 된다.

2. '시장이 어느 때보다도 빠른 속도로 움직이고 있다.' 증시가 상승하고 하락하는 속도가 그 어느 때보다도 빠르다. 이건 단순히 당신의 상상이 아니다. 실제로 시장은 과거보다 훨씬 불안정하다. 시장 효율성이 높아 향후 전망에 따라 주가가 지속적으로 재조정되기 때문이다. 이런 빠른 변화는 많은 사람들에게 불안하게 느껴질 수 있다.

3. '이 모든 것을 알아차릴 시간이 생겼다!' 직장에 다닐 때는 매주, 매일 또는 매 시간마다 주가를 확인할 수가 없었다. 너무 바빴으니까. 하지만 이제 당신은 시간이 남아돌고, 틈만 나면 주가를 확인하고 단기적 변동에 신경 쓰다 실수를 저지르기 쉬워졌다.[107]

4. '사람들은 나이가 들수록 비관적이 된다.' 연구에 따르면 일반적

---

[107] 가끔 나는 코로나 팬데믹 기간 동안 하루 종일 TV에서 유행병과 금융 뉴스만 보던 사람들이 시장에서 빠져나가는 바람에 얼마나 많은 돈을 잃었을지 궁금하다.

으로 사람들은 자신의 삶이 점차 쇠퇴하고 있다고 믿으며, 나이가 들수록 미래에 대해 덜 낙관적이 된다.[108]

5. 마지막으로 가장 중요한 사실은, 당신이 처음으로 돈을 인출하게 된다는 것이다! 드디어 법적으로 은퇴 계좌에서 의무적으로 돈을 인출해야 하는 나이가 된 고객들로부터 가장 먼저 듣는 질문은 돈을 인출하지 않을 방법이 있냐는 것이다. 그들은 돈을 모으는 데 너무 익숙해져서 돈을 찾지를 못한다!

이런 생각들은 가장 잘 단련된 투자자마저 뒤흔들고, 편안한 마음으로 원하는 일에만 집중할 수 있게 되었는데도 불안감을 느끼게 한다. 뭐 이리 걱정할 게 많은지!

하지만 그럴 필요는 없다. 잊지 마라. 당신은 이미 재무계획을 세워두었다. 그 계획은 단순히 은퇴라는 결승점을 위한 것이 아니라 은퇴 후에도 계속 이어진다. 계획을 제대로 세웠다면 당신의 포트폴리오는 계속 유지되도록 구축되어 있을 것이다. 당신은 시장의 일거수일투족에 좌지우지되는 게 아니라 은퇴를 한 첫 날부터 한 차원 높은 세상으로 떠날 때까지 모든 니즈를 충족시킬 수 있다. 마음의 평화는 계획에서 오는 것이니 그 부분은 맡겨두고, 이제 당신이 진정으로 집중해야 하는 것에 대해 이야기해보자. 바로 '당신 자신'이다!

---

108   부디 이 장과 1장 덕분에 가능성으로 가득한 미래를 상상할 수 있기를!

삶은 결코 복잡하지 않다

당신이 가장 중요하다.
삶이란 당신이 다른 계획을 바쁘게 짜는 동안 일어나는 일이다.

— 존 레논John Lennon

나는 많은 고객들이 온갖 종류의 '거래'에 투자하여 다양한 자산, 사업체, 주택에 관한 자잘한 이해관계를 쌓는 것을 보았다. 많은 사람들이 성인이 된 삶의 절반을 뭔가를 축적하는 데 보내고 나머지 절반은 그것들을 놓아주는 데 보낸다. 대개는 친척이나 친구의 죽음을 계기로 이 모든 복잡성이 살아남은 배우자나 자녀, 또는 다른 상속인에게 엄청난 스트레스를 초래했음을 깨닫는다. 돈이 우리를 섬기는 것이지, 그 반대가 아니다.

1970년 의사였던 내 아버지는 저명한 정치가였던 한 환자로부터 공짜 조언을 들었다. "알렉스, 난 돈은 있지만 그걸 즐기지 못했지요. 당신은 꼭 시간을 내 인생을 즐기십시오." 아버지는 그 충고를 마음에 새겼고, 휴가 일정을 늘렸다.

성공한 사람들 중 상당수가 많은 재산을 축적하고 그 과정에서 삶을 심각하게 망치지 않는 일을 훌륭하게 해냈다. 이 두 가지는 생각보다 성취하기 매우 어렵다. 나는 이들이 어떤 즐거움도 누리지 않는 것은 아니지만 가진 것을 완전히 누리지 못하는 모습을 자주 보았다. 많은 사람들이 부지런히 일하고 절약한 끝에 여기까지 도달한 탓에,

갑자기 생활 패턴을 바꿔 돈 걱정을 하는 일을 멈출 수가 없었다.

하지만 당신의 돈에 대해 한마디만 하겠다.

당신의 상속인이 30만 달러가 아니라 25만 달러밖에 물려받지 못하더라도, 80만 달러가 아니라 60만 달러, 140만 달러 대신 120만 달러, 또는 1,100만 달러 대신 1,000만 달러만 물려받더라도 별 차이는 없다. 그러니 평생 모은 부를 너무 아끼지 말고 당신의 인생을 즐겨라.

한 고객이 순자산 명세서를 작성한 후 내게 이렇게 말한 적이 있다. "지금 죽어서 내 자식이 됐으면 좋겠네요." 죽을 때 당신이 남기는 재산은 단순히 투자 계좌뿐만이 아니라 집과 보험, 자동차도 있다. 이모든 것들은 유동화되어 하나로 합쳐진 다음 다시 쪼개질 것이다. 이것은 엄연한 현실이다. 내가 수백 번은 더 본 광경이다.

그러니 비밀을 말해주겠다. 그 누구도 여기서 살아서 빠져나갈 수는 없다!

재정적으로 독립했다면 당신이 재무자문가로부터 들은 말과 전혀 반대되는 조언을 들려주겠다. 비싼 커피를 업그레이드하고, 10년 묵은 자동차[109]를 바꾸고, 다음 휴가를 더 호화롭게 보내라. 당신의 자식들이라면 그럴 것이다! 나는 검소한 부모로부터 재산을 물려받은

---

109 진심으로 하는 말이다. 제발 새 차를 사라! 최첨단 기술과 다양한 기능을 갖춘 제품들이 널려 있지 않은가! 10년이나 된 차는 당신의 안전을 보장해주지도 못한다. 지금 우리는 당신의 삶과 안전에 대해 이야기하고 있단 말이다! 당신이라면 10년 된 컴퓨터를 쓰겠는가? 하느님 맙소사, 혹시 진짜로 그러고 있다면 새 컴퓨터도 사라! 제발 좀!

자식들이 며칠도 안 돼 새 차와 집을 구입하는 모습을 수없이 봤다.

자선 기부 활동에 관심이 있고 재정적으로 독립했다면 지금 즉시 베푸는 즐거움을 경험하라. '마음껏 즐겨라!' 왜 죽을 때까지 기다린 단 말인가? 차가운 손으로 죽는 것보다 따뜻한 손으로 베푸는 게 훨씬 재밌다. 자녀와 손주들에게 부를 불려주고 싶다면 지금 즉시 양도를 시작하라. 당신이 세상에 없을 때 더 많은 돈을 받기보다 지금 가족들이 유익한 영향을 받는 모습을 보며 기뻐하라.

결론은 이렇다. '이건 당신의 돈이다.' 당신이 뼈 빠지게 일하고 아끼고 아껴 저축하고 지금까지 간직한 재산이다. 재정적 안전에 위협이 되지 않는 한 '최대한 즐겨라.' 원하는 대로 베풀고, 편안함을 누리고, 노력의 결실을 만끽하라.

산을 오르기 전에 계획을 세우고, 경로를 설정하고, 혼자 갈 것인지 아니면 신뢰할 수 있는 가이드를 동반할 것인지 선택하고, 감정 상태를 항상 점검한다면 정상을 향해 조금씩 오르는 과정을 즐길 수 있다. 기쁨은 여정 그 자체에 있다. 마음을 편히 먹고 이를 즐긴다면 정상에서 충족감을 오롯이 만끽할 수 있을 것이다.

2장. 세상은 생각보다 괜찮은 곳

"모든 집단의 사람들이": Hans Rosling, Factfulness: Ten Reasons We're Wrong
About the World—and Why Things Are Better Than You Think(New York:
Flatiron Books, 2018).

"2005년 지구상에 사는 인간은 평균적으로": Matt Ridley, The Rational Optimist:
How Prosperity Evolves(New York: Harper, 2010).

"조지아 대학의 존 그레이블John Grable 박사와": John E. Grable and Sonya L. Britt,
"Financial News and Client Stress: Understanding the Association from a
Financial Planning Perspective," Financial Planning Review(2012).

"그들은 사진을 텔레비전으로 보고 싶어 할 사람은": James Estrin, "Kodak's First
Digital Moment," New York Times, August 12, 2015, https://lens.blogs.nytimes.
com/2015/08/12/kodaks-first-digitalmoment/, accessed April 28, 2019.

"기업들은 이미 '실험실 배양육'을": Matt Simon, "Lab-Grown Meat Is Coming,

Whether You Like It or Not," Wired, February 16, 2018, https://www.wired. com/story/labgrown-meat/, accessed April 16, 2019.

"AI는 인류가 개발한 것 중 가장 중요한 것이며": Catherine Clifford, "Google CEO: A.I. is more important than fire or electricity," CNBC, February 1, 2018, https://www.cnbc.com/2018/02/01/googleceo-sundar-pichai-ai-is-more-important-than-fire-electricity.html, accessed April 16, 2019.

4장. 나만의 가이드 선택하기

"미국의 경우 절반에 가까운 국민들이 재무자문가를": Sherman D. Hanna, "The Demand for Financial Planning Services," Journal of Personal Finance, 10 (1), pp. 36-2.

"많은 소비자들의 믿음과는 달리": The National Association of Financial Planners, "Key Policy Issues and Positions," NAPFA.org, https://www.napfa.org/ keypolicy-issues, accessed May 2, 2020.

"10명의 미국인 중 9명은": CFP Board, "Survey: Americans' Use of Financial Advisors, CFP Professionals Rises; Agree Advice Should Be in Their Best Interest," CFP.net, September 24, 2015, https://www.cfp.net/news-events/ latest-news/2015/09/24/survey-americans-useof-financial-advisors-cfp-professionals-rises-agree-advice-should-be-in-their-best-interest, accessed April 16, 2019.

"최근 재무자문가에 대한 인식에 관한 설문조사에서는": Ibid.

"'신의성실 의무'는 주의와 성실함의 결합이다": Berkeley Lovelace, Jr., interview with Jay Clayton, "SEC chairman: New regulations will force brokers to be 'very candid' with investors," CNBC.com, https://www.cnbc.com/2019/06/06/sec-chairman-clayton-newrules-will-force-brokers-to-be-very-candid.html, accessed May 2, 2020.

"명시적으로 허용한다": Securities and Exchange Commission, 17 CFR Part 240, Release No. 34-86031; File No. S7-07-18, RIN 3235-AM35, "Regulation Best Interest: The Broker-Dealer Standard of Conduct," June 5, 2019.

"미국에는 이른바 '재무자문가'가 65만 명이 넘는다.": Financial Industry Regulatory Authority, "2018 FINRA Industry Snapshot," FINRA.org, October 2018, https://www.fi.org/sites/default/files/2018_finra_industry_snapshot.pdf, accessed April 17, 2019.

"중개업자와 재무자문가는 독립적인": Sital S. Patel, "Madoff: Don't Let Wall Street Scam You, Like I Did," MarketWatch, June 5, 2013, https://www.marketwatch.com/story/madoff-dont-letwall-street-scam-you-like-i-did-2013-06-05, accessed April 17, 2019.

"금융감독기구인 금융산업규제기구": Financial Industry Regulatory Authority, http://www.finra.org/investors/professional-designations, accessed April 17, 2019.

"최근의 연구에 따르면": Francis M. Kinniry Jr., Colleen M. Jaconetti, Michael A. DiJoseph, and Yan Zilbering, "Putting a Value on Your Value: Quantifying Vanguard Advisor's Alpha," Vanguard, September 2016, https://www.vanguard.com/pdf/ISGQVAA. pdf, accessed April 28, 2019.

6장. 인생의 보험, 위험 관리

"65세 이상 노인의 40%가": Christine Benz, "40 Must-Know Statistics About Long-Term Care," Morningstar, August 9, 2012, https://www.morningstar.com/articles/564139/40-mustknow-statistics-about-longterm-care.html, accessed April 18, 2019.

"요양원 비용은": Genworth, "Cost of Care Survey 2018," Genworth, October 16, 2018, https://www.genworth.com/aging-and-you/finances/cost-of-care.html, accessed April 18, 2019.

"겨우 44%에 불과하다는 사실을": Benz, Ibid.

"그러나 통계를 더 깊숙이 들여다보면": Ibid.

8장. 시장은 어떻게 작동하는가

"경제학자 저커 덴렐Jerker Denrell과": Jerker Denrell and Christina Fang, "Predicting the Next Big Thing: Success as a Signal of Poor Judgment," Management Science 56 (10), pp. 1653-667. The Path Interior Layout.indd 300 5/22/20 12:50 PM Notes 301.

"열 번 중 서너 번": Tim Weber, "Davos 2011: Why Do economists Get It So Wrong?" BBC.co.uk, January 17, 2011, https://www.bbc.com/news/business-12 294332, accessed April 19, 2019.

"마켓 타이밍을 주요 투자 기준으로": Diana Britton, "Is Tactical Investing Wall Street's Next Clown Act?" Wealthmanagement.com, December 1, 2011, https://www.wealth management.com/investment/tactical-investing-wall-streets-next-clown-act, accessed April 19, 2019.

"1994년에 존 그레이엄John Graham과": John R. Graham and Campbell R. Harvey, "Market Timing Ability and Volatility Implied in Investment Newsletters' Asset Allocation Recommendations," February 1995, available at SSRN: https://ssrn.com/abstract=6006, accessed April 19, 2019.

"마크 헐버트Mark Hulbert가 제공한 데이터를": Kim Snider, "The Great Market Timing Lie," Snider Advisors, July 22, 2009, http://ezinearticles.com/?The-Great-Market-Tim ing-Lie&id=2648301, accessed April 19, 2019.

"조지 소로스가 2008년 금융 위기가": Matt Clinch, "George Soros: It's the 2008 Crisis All Over Again," CNBC, January 7, 2016, https://www.cnbc.com/2016/01/07/soros-its-the-2008-crisis-all-over-again.html, accessed April 19, 2019.

"2016년, 세계가 또 다시": Larry Elliott, "Is 2016 the Year When the World Tumbles Back into Economic Crisis?" Guardian, January 9, 2016, https://www.theguardian.com/business/2016/jan/09/2016-world-tumbles-back-economic-crisis, accessed April 19, 2019.

"RBS 경제학자들이 전한다": Nick Fletcher, "Sell Everything Ahead of Stock Market Crash, say RBS Economists," Guardian, January 12, 2016, https:// www.theguardian.com/business/2016/jan/12/sell-everything-ahead-of-stock-market-crashsay-rbs-economists, accessed April 19, 2019.

"우리 세대 최악의": Chris Matthews, "Here Comes the Biggest Stock Market Crash in a Generation," Fortune, January 13, 2016, http://fortune.com/2016/01/13/

analyst—herecomes—the—biggest—stock—market—crash—in—a—generation/, accessed April 19, 2019.

"약세장의 전형적인 징후가": Amanda Diaz, "These Are Classic Signs of a Bear Market," CNBC, January 20, 2016, https://www.cnbc.com/2016/01/20/these—are—classic—signs—of—a—bearmarket.html, accessed April 19, 2019.

"최초의 대폭락이": Harry Dent, "This Chart Shows the First Big Crash Is Likely Just Ahead," Economy & Markets, March 14, 2016, https://economyandmarkets.com/markets/stocks/this—chart—shows—the—first—big—crash—is—likely—just—ahead/, accessed April 19, 2019.

"새로운 글로벌 금융 위기가": Michael T. Snyder, "The Stock Market Crash of 2016: Stocks Have Already Crashed In 6 Of The World's Largest 8 Economies," Seeking Alpha, June 17, 2016, https://seekingalpha.com/article/3982609—stock—market—crash—2016—stocks—already—crashed—6—worlds—8—largest—economies, accessed April 19, 2019.

"시티그룹이 11월에 거둔": Luke Kawa, "Citigroup: A Trump Victory in November Could Cause a Global Recession," Bloomberg, August 25, 2016, https://www.bloomberg.com/news/articles/2016—08—25/citigroup—a—trump—victory—in—novembercould—cause—a—global—recession, accessed April 19, 2019.

"2016년의 두 번째 조정장으로": Michael A. Gayed, "Stocks Are Inching Closer to the Second Correction of 2016," MarketWatch, September 7, 2016, https://www.marketwatch.com/story/stocks—inch—closer—to—2016s—second—correction—2016—09—07, accessed April 19, 2019.

"2016년 증시 폭락의 원인": Money Morning News Team, "Reasons for a 2016 Stock Market Crash," Money Morning, September 26, 2016, https://moneymorning.com/2016/09/26/reasons—for—a—2016—stock—market—crash/, accessed April 19, 2019.

"경제학자들, 트럼프가": Ben White, "Economists: A Trump Win Would Tank the Markets," Politico, October 21, 2016, https://www.politico.com/story/2016/10/donald—trump—wallstreet—effect—markets—230164, accessed April 19, 2019.

"끝없는 세계 불황을": Paul Krugman, "We Are Very Probably Looking at a Global

Recession with No End in Sight," The New York Times, November 8, 2016, https://www.nytimes.com/interactive/projects/cp/opinion/election-night-2016/paul-krugman-theeconomic-fallout, accessed April 19, 2019.

"경제학자 해리 덴트가": Stephanie Landsman, "Economist Harry Dent Predicts 'Once in a Lifetime' Market Crash, Says Dow Could Plunge 17,000 Points," CNBC, December 10, 2016, https://www.cnbc.com/2016/12/10/economist-harry-dent-says-dow-could-plunge-17000-points.html, accessed April 19, 2019.

"지금 이 주식을 팔 때인지": Laurence Kotlikoff, "Now Might Be the Time to Sell Your Stocks," The Seattle Times, February 12, 2017, https://www.seattletimes.com/business/new-voice-onraising-living-standard/, accessed April 19, 2019.

"곧 다가올 조정장에서": John Persinos, "4 Steps to Protect Your Portfolio from the Looming Market Correction," The Street, February 18, 2017, https://www.thestreet.com/story/13999295/1/4-steps-to-protect-your-portfolio-from-the-looming-marketcorrection.html, accessed April 19, 2019.

"미국 주식시장 조정이": Alessandro Bruno, "The US Stock Market Correction Could Trigger Recession," Lombardi Letter, March 1, 2017, https://www.lombardiletter.com/usstock-market-correction-2017/8063/, accessed April 19, 2019.

"2017년 증시붕괴를": Michael Lombardi, "3 Economic Charts Suggest Strong Possibility of Stock Market Crash in 2017," Lombardi Letter, March 28, 2017, https://www.lombardiletter.com/3-charts-suggest-strong-possibility-stock-market-crash-2017/9365/, accessed April 19, 2019.

"경제학자 해리 덴트의 심각한 경고": Laura Clinton, "Critical Warning from Rogue Economist Harry Dent: 'This is Just the Beginning of a Nightmare Scenario as Dow Crashes to 6,000," Economy & Markets, May 30, 2017, https://economyandmarkets.com/exclusives/criticalwarning-from-rogue-economist-harry-dent-this-is-just-the-beginning-of-a-nightmarescenario-as-dow-crashes-to-6000-2/, accessed April 19, 2019.

"2017년에 증시붕괴가": Money Morning News Team, "Stock Market Crash 2017: How Trump Could Cause a Collapse," Money Morning, June 2, 2017, https://moneymorning.com/2017/06/02/stock-market-crash-2017-how-trump-could-cause-a-collapse/, accessed April 19, 2019.

"우리 시대 최악의": Jim Rogers, interview with Henry Blodget, Business Insider, June 9, 2017, https://www.businessinsider.com/jim-rogers-worst-crash-lifetimecoming-2017-6, accessed April 19, 2019.

"닥터 둠 마크 파버의 경고": Stephanie Landsman, "It's Going to End 'Extremely Badly,' with Stocks Set to Plummet 40% or More, Warns Marc 'Dr. Doom' Faber," CNBC, June 24, 2017, https://www.cnbc.com/2017/06/24/stocks-to-plummet-40-percent-or-more-warnsmarc-dr-doom-faber.html, accessed April 19, 2019.

"늦여름 또는 초가을에": Howard Gold, "Three Reasons a Stock Market Correction Is Coming in Late Summer or Early Fall," MarketWatch, August 4, 2017, https://www.marketwatch.com/story/3-reasons-a-stock-market-correction-is-coming-in-latesummer-or-early-fall-2017-08-03, accessed April 19, 2019.

"주식시장이 심하게": Mark Zandi, "Top Economist: Get Ready for a Stock Market Drop," Fortune, August 10, 2017, https://finance.yahoo.com/news/top-economist-ready-stockmarket-162310396.html, accessed April 19, 2019.

"두 달 뒤에 올 시장 조정에": Silvia Amaro, "Brace Yourself for a Market Correction in Two Months," CNBC, September 5, 2017, https://www.cnbc.com/2017/09/05/braceyourself-for-a-market-correction-in-two-months-invest ment-manager.html, accessed April 19, 2019.

"10월에 주가가 폭락할 수 있는": David Yoe Williams, "4 Reasons We Could Have Another October Stock Market Crash," The Street, October 2, 2017, https://www.thestreet.com/story/14325547/1/4-reasons-we-could-have-another-october-crash.html, accessed April 19, 2019.

"주식시장 폭락 경고": Lana Clements, "Stock Market Crash WARNING: Black Monday Is Coming Again," Express, October 7, 2017, https://www.express.co.uk/finance/city/863541/Stock-market-crash-dow-jones-2017-Black-

Monday-1987-forecast, accessed April 19, 2019.

"모건 스탠리: 주식시장 조정": Joe Ciolli, "Morgan Stanley: A Stock Market Correction Is Looking 'More Likely'," Business Insider, October 17, 2017, https://www.businessinsider.com/stock-market-news-correction-looking-more-likely-morganstanley-2017-10, accessed April 19, 2019.

"뱅가드 그룹, 미국 주식시장이": Eric Rosenbaum, "Chance of US Stock Market Correction Now at 70 Percent: Vanguard Group," CNBC, November 27, 2017, https://www.cnbc.com/2017/11/27/chance-of-us-stock-market-correction-now-at-70-percentvanguard.html, accessed April 19, 2019.

"조정장이 임박했다": Atlas Investor, "Stock Market Correction Is Imminent," Seeking Alpha, December 19, 2017, https://seekingalpha.com/article/4132643-stockmarket-correction-imminent, accessed April 19, 2019.

"소비자 신뢰지수 조사는 '쓸모없다.'": Dean Croushore, "Consumer Confidence Surveys: Can They Help Us Forecast Consumer Spending in Real Time?" Business Review—Federal Reserve Bank of Philadelphia, Q3 (April 2006), pp. 1-.

"이런 조건 하에서 완벽하게 투자할 수": Mark W. Riepe, "Does Market Timing Work?" Charles Schwab, December 16, 2013, https://www.schwab.com/resource-center/insights/content/does-market-timing-work, accessed April 22, 2019.

9장. 정답은 전부 내 머릿속에 있다

"이를 악물고": Justin Fox, "What Alan Greenspan Has Learned Since 2008," Harvard Business Review, January 7, 2014, https://hbr.org/2014/01/what-alan-greenspan-haslearned-since-2008, accessed April 22, 2019.

"과잉확신은 인간이": Scott Plous, The Psychology of Judgment and Decision Making(New York: McGraw-Hill, 1993).

"과신 효과의 어마어마한 영향력을": K. Patricia Cross, "Not Can, But Will College Teaching Be Improved?" New Directions for College Education, 17, 1977, pp. 1-5.

"학생들의 인성과 관련된 연구": David Crary, "Students Lie, Cheat, Steal, But Say They're Good," Associated Press, November 30, 2008, https://www.foxnews.com/printer_friendly_wires/2008Nov30/0,4675,StudentsDishonesty,00.html, accessed April 23, 2019.

"금융학 교수인 브래드 바버Brad Barber 와": Brad M. Barber and Terrance Odean, "Boys Will Be Boys: Gender, Overconfidence, and Common Stock Investment," The Quarterly Journal of Economics 116 (1, February 2001), pp. 261-92.

"2006년 연구에서 제임스 몬티어James Montier가": James Montier, Behaving Badly (London:Dresdner Kleinwort Wasserstein Securities, 2006).

"앤드류 재커라키스Andrew Zacharakis와 딘 셰퍼드Dean Shepherd는": Andrew Zacharakis and Dean Shepherd, "The Nature of Information and Overconfi dence on Venture Capitalists' Decision Making," Journal of Business Venturing, 16 (4), 2001, pp. 311-32.

"리처드 호어Richards Heuer는": Richard J. Heuer, Jr., Psychology of Intelligence Analysis (Washington, DC: Center for the Study of Intelligence, Central Intelligence Agency, 1999).

"닻내림 효과는 인간이 의사결정 과정 전반에": Todd McElroy and Keith Dowd, "Susceptibility to Anchoring Effects: How Openness−to−Experience Influen ces Responses to Anchoring Cues," Judgment and Decision Making 2 (1, February 2007), pp. 48-3.

"'닻내림anchoring' 효과는": Daniel Kahneman and Amos Tversky, "Choices, Values, and Frames," The American Psychologist 39 (4), 1984, pp. 341-50.

"브라이언 완싱크, 로버트 켄트, 스티븐 호치가": Brian Wansink, Robert J. Kent, and Stephen J. Hoch, "An Anchoring and Adjustment Model of Purchase Quantity Decisions," Journal of Marketing Research 35(February, 1998), pp. 71-1.

"심리학자 엘렌 랭어Ellen Langer는": Ellen J. Langer, "The Illusion of Control," Journal of Personality and Social Psychology 32 (5), 1975, pp. 311-28.

"한 연구에서 카너먼과 트버스키는": Daniel Kahneman, Jack L. Knetsch, and Richard H. Thaler, "Anomalies: The Endowment Effect, Loss Aversion, and Status Quo Bias," Journal of Economic Perspectives 5 (1), 1991, pp. 193-06.

"인간의 의식은 한꺼번에": Jonah Lehrer, "The Curse of Mental Accounting," Wired, February 14, 2011, https://www.wired.com/2011/02/the-curse-of-mental-accounting/, accessed April 22, 2019.

"심적 회계의 영향을 강조한 한 연구에서": Kahneman and Tversky, Ibid.

"세금 환급금과 복권 당첨금이 재빨리": Hal R. Arkes, Cynthia A. Joyner, Mark V. Pezzo, Jane Gradwohl Nash, Karen Siegel-Jacobs, and Eric Stone, "The Psychology of Windfall Gains," Organizational Behavior and Human Decision Processes, 59, pp. 331-47.

"소득 소비 방식에도 동일한 원칙이 적용된다는": Viviana A. Zelizer, The Social Meaning of Money: Pin Money, Paychecks, Poor Relief, and Other Currencies (New York: Basic Books, 1994).

"사소한 부정적 좌절감이": Teresa Amabile and Steven Kramer, "The Power of Small Wins," Harvard Business Review 89 (5), pp. 70-0.

10장. 세상의 모든 투자 자산군

"10년짜리 내기를 했다": Carl J. Loomis, "Buffett's big bet," Fortune, June 9, 2008, http://archive.fortune.com/2008/06/04/news/newsmakers/buffett_bet.fortune/index.htm, accessed April 23, 2019.

"S&P 500의 수익은 주요 헤지펀드를": Credit Suisse, "Liquid Alternative Beta and Hedge Fund Indices: Performance" January 2, 2020, https://lab.credit-suisse.com/#/en/index/HEDG/HEDG/performance, accessed February 16, 2020.

"6,169개의 헤지펀드를 대상으로 한": Peng Chen, "Are You Getting Your Money's Worth? Sources of Hedge Fund Returns" (Austin, TX: Dimensional Fund Advisors, LP, 2013).

"롱텀 캐피탈 매니지먼트Long Term Capital Management는 1998년": Kimberly Amadeo, "Long-Term Capital Management Hedge Fund Crisis: How a 1998 Bailout Led to the 2008 Financial Crisis," The Balance, January 25, 2019, https://www.thebalance.com/long-term-capital-crisis-3306240, accessed April 23, 2019.

"투자자들에게는 안타깝게도": Nathan Vardi, "Billionaire John Paulson's Hedge

Fund: Too Big to Manage," Forbes, December 21, 2012.

"2011년 이후로는 총 290억 달러의 자본금을 잃었다": Joshua Fineman and Saijel Kishan, "Paulson to Decide to Switching to Family Office in Two Years," Bloomberg, January 22, 2019, https://www.bloomberg.com/news/articles/2019 -01-22/paulson-plans-to-decide-on-switch-to-familyoffice-in-two-years, accessed April 23, 2019.

"2015년 이래 매년": Nishant Kumar and Suzy Waite, "Hedge Fund Closures Hit $3 Trillion Market as Veterans Surrender," Bloomberg, December 13, 2018, https://www.bloomberg.com/news/articles/2018-12-13/hedge-fund-closures-hit-3-trillion-market-asveterans-surrender, accessed April 23, 2019.

"단순한 인덱스 포트폴리오의 수익이 헤지펀드를 능가할 뿐만 아니라": Morgan Housel, "The World's Smartest Investors Have Failed," The Motley Fool, January 27, 2014, https://www.fool.com/investing/general/2014/01/27/the-worlds-smartest-investors-have-failed.aspx, accessed April 23, 2019.

"헤지펀드는 수익률이 24%에 그쳤으며": Loomis, Ibid.

"충격적인 보고서를 발간했는데": Diane Mulcahy, Bill Weeks, and Harold S. Bradley, "We Have Met The Enemy … And He Is Us: Lessons from Twenty Years of the Kauffman Foundation's Investments in Venture Capital Funds and the Triumph of Hope Over Experience," Ewing Marion Kauffman Foundation, May 2012, https://ssrn.com/abstract=2053258, accessed April 23, 2019.

"비트코인은 대표적인 암호화폐로": Bernard Marr, "A Short History of Bitcoin and Crypto Currency Everyone Should Read," Forbes, December 6, 2017, https://www.forbes.com/sites/bernardmarr/2017/12/06/a-short-history-of-bitcoin-and-crypto-currency-everyoneshould-read/#1b5223393f27, accessed April 23, 2019.

"블록체인은 공유원장과 스마트 계약을": Adam Millsap, "Blockchain Technology May Drastically Change How We Invest," The James Madison Institute, March 7, 2019, https://www.jamesmadison.org/blockchain-technology-may-drastically-change-how-we-invest/, accessed April 23, 2019.

"월마트는 블록체인이": Michael Corkery and Nathaniel Popper, "From Farm to Blockchain: Walmart Tracks Its Lettuce," The New York Times, September 24, 2018, https://www.nytimes.com/2018/09/24/business/walmart-blockchain-lettuce.html, accessed April 23, 2019.

"현재 1,000개가 넘는 암호화폐가": "All Cryptocurrencies," CoinMarketCap, https://coinmarketcap.com/all/views/all/, accessed April 23, 2019.

"사실 블록체인은 해킹이 가능하다.": Michael Kaplan, "Hackers are stealing millions in Bitcoin—and living like big shots," New York Post, April 13, 2019, https://nypost.com/2019/04/13/hackers-are-stealing-millions-in-bitcoin-and-living-like-big-shots/, accessed April 23, 2019.

"1990년대 데이비드 보위": Ed Christman, "The Whole Story Behind David Bowie's $55 million Wall Street Trailblaze," Billboard, January 13, 2016, https://www.billboard.com/articles/business/6843009/david-bowies-bowie-bonds-55-million-wallstreet-prudential, accessed April 23, 2019.

11장. 현명한 포트폴리오 만들기

"2017년에 신흥시장은": Andrew Shilling and Lee Conrad, "Which Mutual Funds Are YTD Leaders?" Financial Planning, November 29, 2017, https://www.financial-planning.com/slideshow/top-mutual-funds-in-2017, accessed April 23, 2019.

"이듬해에는 최악의 뮤추얼펀드였다.": Andrew Shilling, "Worst-Performing Funds of 2018," Financial Planning, December 12, 2018, https://www.financial-planning.com/list/mutual-funds-and-etfs-with-the-worst-returns-of-2018, accessed April 23, 2019.

"2030년이 되면 중국과 인도가": Will Martin, "The US Could Lose Its Crown as the World's Most Powerful Economy as Soon as Next Year, and It's Unlikely to Ever Get It Back," Business Insider, January 10, 2019, https://www.businessinsider.com/us-economy-tofall-behind-china-within-a-year-standard-chartered-says-2019-1, accessed April 23, 2019.

"아마존도 언젠가 망할 겁니다.": Eugene Kim, "Jeff Bezos to employees: 'One day, Amazon will fail' but our job is to delay it as long as possible," CNBC, November 15, 2018, https://www.cnbc.com/2018/11/15/bezos-tells-employees-one-day-amazon-will-fail-and-to-stayhungry.html, accessed April 23, 2019.

12장. 인생에서 가장 중요한 결정

"매사추세츠 종합병원Massachusetts General Hospital 연구": Jeff Huffman, et. al., "Design and Baseline Data from the Gratitude Research in Acute Coronary Events(GRACE) study," Contemporary Clinical Trials, Volume 44, pp. 11-9.

"2015년 미국심리학회American Psychological Association의 연구": Paul J. Mills, Laura Redwine, Kathleen Wilson, Meredith A. Pung, Kelly Chinh, Barry H. Greenberg, Ottar Lunde, Alan Maisel, Ajit Raisinghani, Alex Wood, and Deepak Chopra, "The Role of Gratitude in Spiritual Well-Being in Asymptomatic Heart Failure Patients," Spirituality in Clinical Practice, 2015, Vol. 2, No. 1, pp. 5-7.

"감사하는 마음을 쌓은 사람들을": Rollin McCraty, Bob Barrios-Choplin, Deborah Rozman, Mike Atkinson, Alan D. Watkins, "The Impact of a New Emotional Self Management Program on Stress, Emotions, Heart Rate Variability, DHEA and Cortisol," Integrative Physiological and Behavioral Science, 1988, April-une, 33 (2), pp. 151-70.

"감사 성향이 높은 베트남전 참전 병사들은": Todd B. Kashdan, Gitendra Uswatte, Terri Julian, "Gratitude and Hedonic and Eudiamonic Well-Being in Vietnam War Veterans," Behavior and Research Therapy, 2006, 44 (2), pp. 177-99.

"감사를 자주 표현하는 리더들은": "In Praise of Gratitude," Harvard Mental Health Letter, November 2011, https://www.health.harvard.edu/newsletter_article/in-praise-of-gratitude, accessed April 23, 2019.

13장. 오로지 행복을 추구하라

"미국 종합사회조사기관General Social Survey은": The General Social Survey is conducted by NORC, which used to be known as the National Opinion Research Center and which is headquartered on the University of Chicago's campus. The original data can be found at gssdataexplorer.norc.org.

"미국인의 30%가 스스로를": Bureau of Economic Analysis, U.S. Department of Commerce.

"10명 중 4명의 미국인이": Federal Reserve, Report on the Economic Well-Being of U.S. Households in 2017 (May 2018).

"미국 노동자의 78%가 매달": CareerBuilder, Living Paycheck to Paycheck is a Way of Life for Majority of U.S. Workers (Aug. 24, 2017).

"250달러 이하의 은행 예금을 가진 미국인": Consumer Financial Protection Bureau, Financial Well-Being in America (September 2017).

"잔디를 깎거나 집을 청소하기 위해 사람을 고용하고": Ashley V. Whillans, Elizabeth W. Dunn, Paul Smeets, Rene Bekkers and Michael I. Norton, "Buying Time Promotes Happiness," Proceedings of the National Academy of Sciences, vol. 114, no. 32 (Aug. 8, 2017).

"몰입의 개념에 잘 나타나 있다": Mihaly Csikszentmihalyi, Flow: The Psychology of Optimal Experience (Harper & Row: 1990).

"여성 909명의 일상을 조사했다": Daniel Kahneman, Alan B. Krueger, David Schkade, Norbert Schwarz and Arthur Stone, "Toward National Well-Being Accounts," AEA Papers and Proceedings (May 2004).

"2010년의 한 연구는": Julianne Holt-Lunstad, Timothy B. Smith and J. Bradley Layton, "Social Relationships and Mortality Risk: A Meta-Analytic Review," PLOS Medicine (July 27, 2010). PLOS is an acronym for Public Library of Science.

"사람들이 소유보다 경험을 통해": Leaf Van Boven and Thomas Gilovich, "To Do or to Have? That Is the Question," Journal of Personality and Social Psychology, Vol. 85, No. 6 (2003).

14장. 정상에서 만끽하는 뿌듯함

"일반적으로 사람들은 자신의 삶이": Utpal Dholakia, "Do We Become Less

Optimistic as We Grow Older?" Psychology Today, July 24, 2016, https://www. psychologytoday.com/us/blog/the-science-behind-behavior/201607/do-we-become-less-optimistic-we-grow-older, accessed April 23, 2019.

65세에 백만장자가 되기 위해 필요한 연간 저축액: Christy Bieber, "The Most Important Retirement Chart You'll Ever See," The Motley Fool, November 18, 2018, https://www.fool.com/retirement/2018/11/18/the-most-important-retirement-chart-youll-ever-see.aspx, accessed April 28, 2019.

고정 지출: Human progress, http://humanprogress.org/static.1937, adapted from a graph by Mark Perry, using data from the Bureau of Economic Analysis, http://www.bea.gov/iTable.cfm?ReqID=9&step=1&isuri=1.

전 세계 삶의 질: Historical Index of Human Development: Prados de la Escosura 2015, 0- scale, available at Our World in Data, Rover 2016h. Well-Being Composite: Rijpma2014,p. 259, standard deviation scale over country-decades.\

기대 수명: Max Roser, "Life Expectancy," Our World in Data, https://our worldin data.org/life-expectancy, accessed April 28, 2019.

극빈률: Max Roser and Esteban Ortiz-Ospina, "Global Extreme Poverty," Our World in Data, https://ourworldindata.org/extreme-poverty, accessed April

28, 2019.

교육 기간: Max Roser and Esteban Ortiz-Ospina, "Global Rise of Education," Our World in Data, https://ourworldindata.org/global-rise-of-education, accessed April 28, 2019.

다우존스산업지수 평균: 1896-016: Chris Kacher and Gil Morales, "Human Innovation Always Trumps Fear—20 Year Chart of the Stock Market," Seeking Alpha, March 21, 2017, https://seekingalpha.com/article/4056932-human-innovation-always-trumps-fear-120-year-chart-stock-market, accessed April 16, 2019. Graph 4.1—hat to Avoid

모든 수입자가 동등하지는 않다: Tony Robbins with Peter Mallouk, Unshakeable: Your Financial Freedom Playbook (New York: Simon & Schuster, 2017), p. 86.

S&P 500 연중하락 대비 연도별 투자 수익: JP Morgan Chase and Co., "Volatility Is Normal; Don't Let It Derail You," Guide to the Markets, https:// am.jpmorgan. com/us/en/asset-management/gim/adv/insights/principles-for-invest ing, accessed April 22, 2019.

투자자의 현금 흐름: The Vanguard Group, Inc., "Vanguard's Principles for Investing Success," Vanguard, 2017, https://about.vanguard.com/whatsets-vanguard-apart/principles-for-investing-success/ICRP RINC_042017_Online.pdf, accessed April 23, 2019.

연평균 금 시세, 인플레이션 반영: Tim McMahon, "Gold and Inflation," Inflationdata. com, April 25, 2018, https://inflationdata.com/Inflation/Infla tion_Rate/Gold_ Inflation.asp, accessed April 28, 2019.

미국 상장기업의 수: Samantha M. Azzarello, Alexander W. Dryden, Jordan K. Jackson, David M. Lebovitz, Jennie Li, John C. Manley, Meera Pandit, Gabriela D. Santos, Tyler J. Voigt, and David P. Kelly, "Private Equity," Guide to Markets—S, December, 31, 2019, https://am.jpmorgan.com/blobcontent/1383 654213584/83456/MI-GTM_1Q20.pdf, accessed March 17, 2020.

공모펀드 대비 사모펀드 수익률: Samantha M. Azzarello, Alexander W. Dryden, Jordan K. Jackson, David M. Lebovitz, Jennie Li, John C. Manley, Meera Pandit, Gabriela D. Santos, Tyler J. Voigt, and David P. Kelly, "Private Equity,"

Guide to Markets—S, December, 31, 2019, https://am.jpmorgan.com/blobcontent/1383654213584/83456/MI-GTM_1Q20.pdf, accessed March 17, 2020.

미국 주식 및 채권의 구성 비율에 따른 포트폴리오 성과: The Vanguard Group, Inc., "Foundational Investments," Vanguard, 2019, https://advisors.vanguard.com/iwe/pdf/FAETFCMB.pdf, accessed February 16, 2020.

자산 조합이 수익률 범위를 결정한다: The Vanguard Group, Inc., "Vanguard's Principles for Investing Success," Vanguard, 2017, https:// about.vanguard.com/whatsets-vanguard-apart/principles-for-investing-success/ICRPRINC_042017_Online.pdf, accessed April 23, 2019.

자국편향의 상대적 규모: Christopher B. Philips, Francis M. Kinniry Jr., Scott J. Donaldson, "The role of Home Bias in Global Asset Allocation Decisions," Vanguard, June 2012, https://personal.vanguard.com/pdf/icrrhb.pdf, accessed April 23, 2019.

다우존스 산업평균지수 구성 기업: "The Changing DJIA," S&P Dow Jones Indices, LLC, https://us.spindices.com/indexology/djia-and-sp-500/the-changing-djia, accessed April 23, 2019.

S&P 지수 기업들의 평균 수명: Scott D. Anthony, S. Patrick Viguerie, Evan I. Schwartz, and John Van Landeghem, "2018 Corporate Longevity Forecast: Creative Destruction is Accelerating," Innosight, February 2018, https://www.innosight.com/insight/creative-destruction/, accessed April 23, 2019.

지역별 투자 배분: Samantha M. Azzarello, Alexander W. Dryden, Jordan K. Jackson, David M. Lebovitz, Jennie Li, John C. Manley, Meera Pandit, Gabriela D. Santos, Tyler J. Voigt, and David P. Kelly, "Local Investing and Global Opportunities," Guide to Markets—S, March 31, 2019, https://am.jpmorgan.com/us/en/asset-management/gim/adv/insights/guide-to-the-markets/, accessed April 23, 2019.

가장 높은 스트레스: Blackrock Global Investor Pulse Survey 2019, https://www.blackrock.com/corporate/insights/investor-pulse, accessed April 23, 2019.

/ **감사의 말** /

친구이자 동료인 토니 로빈스에게 감사한다. 나는 토니만큼 많은 이들에게 긍정적인 영향을 미친 사람을 알지 못한다. 내가 이 일에 뛰어드는 데 큰 영향을 주었고 지금까지도 지대한 영향을 미치고 있는 조너선 클레먼츠에게도 감사한다. 조너선 냅Jonathan Knapp은 거의 불가능한 마감을 맞출 수 있도록 쉴 새 없이 도와주었다. 자네 지문이 이 책 전체에 널려 있지. 브레인스토밍, 자료 조사 및 편집에 도움을 준 몰리 로소브Molly Rothove, 제이 비브Jay Beebe, 빙 첸Bing Chen, 앤디 그리조카Andy Gryszowka, 브레나 손더스Brenna Suanders, 짐 윌리엄스Jim Williams에게도 감사의 말을 보낸다. 조시 로빈스Josh Robbins는 이 책에 게재된 그래픽 및 기타 주요 구성 요소를 작업해주었다. 크리에이티브 플래닝의 용감한 내 동료들에게도 감사한다. 그들로부터 의미 있는 것을 배우지 않는 날은 단 하루도 없었고, 이는 항상 재무계획이나 투자와 관련된 것도 아니었다. 이렇게 열정적이고 사려 깊고, 지적이고 활기찬 사람들과 함께 일할 수 있음은 정말 축복이다. 어떻게든 책 쓰는 걸 피해보겠다고 다른 자질구레한 일을 하겠다는 나를 결단력 있게 거부한 내 아름다운 아내 베로니카에게, 긴 휴식을 취할 수 있는 가장 좋은 핑계가 되어준 내 아이들 마이클, JP, 개비에게도 감사 인사를 보낸다. 이 책의 모든 실수는 전적으로 내 잘못이다.

번역 박슬라

연세대학교에서 영문학과 심리학을 전공했으며, 현재 전문 번역가로 활동하고 있다. 옮긴 책으로는
《스틱!》,《위기는 왜 반복되는가》,《부자 아빠의 투자 가이드》,《내러티브 경제학》,《흔들리지 않는 돈
의 법칙》 및 《한니발 라이징》,《부서진 대지》 시리즈 등이 있다.

감수 정철진

서울대학교 경영학과를 졸업하고 〈매일경제〉에서 10여 년간 기자로 활동했으며, 현재는 경제평론가
로서 집필, 강연, 방송 등을 통해 경제 흐름을 읽어주고 투자 자문 및 경제 컨설팅을 하고 있다. 저서
로는 《자본에 관한 불편한 진실》,《대한민국 20대, 재테크에 미쳐라》,《작전》 등이 있다.

돈의 본능

1판 1쇄 발행 2021년 7월 20일
1판 4쇄 발행 2024년 8월 1일

지은이 토니 로빈스, 피터 멀록
옮긴이 박슬라
감수자 정철진

발행인 양원석 **편집장** 차선화 **책임편집** 차지혜
디자인 디자인 유니드 **영업마케팅** 윤우성, 강소정, 이현주

펴낸 곳 ㈜알에이치코리아
주소 서울시 금천구 가산디지털2로 53, 20층 (가산동, 한라시그마밸리)
편집문의 02-6443-8862   **도서문의** 02-6443-8800
홈페이지 http://rhk.co.kr
등록 2004년 1월 15일 제2-3726호

ISBN 978-89-255-8010-4 (03320)